SPRINGTIME

The New Student Rebellions

스프링 타임

초판인쇄 2012. 9. 17. | 초판발행 2012. 9. 24. | 엮은이 클레어 솔로몬·타니아 팔미에리
옮긴이 인윤희 | 펴낸이 김광우 | 편집 최정미 | 디자인 박솔 | 영업 권순민, 허진선, 이은경
펴낸곳 知와 사랑 | 서울시 영등포구 당산동 3가 558-3 더파크365빌딩 908호
전화 (02)335-2964 | 팩시밀리 (02)335-2965 | 이메일 jiwa908@chol.com
등록번호 제10-1708호 | 등록일 1999. 6. 15.
ISBN 978-89-89007-64-7 (03330)
값 19,000원

www.jiwasarang.co.kr

이 도서의 국립중앙도서관 출판시도서목록(CIP)은 e-CIP홈페이지(http://www.nl.go.kr/ecip)와
국가자료공동목록시스템(http://www.nl.go.kr/kolisnet)에서 이용하실 수 있습니다.
(CIP제어번호: CIP2012004126)

일러두기

( ) 속 내용은 저자에 의한 부연설명이며, [ ] 속 내용은 역자 및 편집자에 의한 부연설명입니다.
알파벳으로 표기한 미주는 저자에 의한 것이며, 숫자로 표기한 각주는 역자 및 편집자에 의한 것입니다.

SPRINGTIME
스프링 타임

세상을 바꾸는
새로운 학생운동

투쟁의 최전선, 점령 현장에서 전하는 현장 보고서!

클레어 솔로몬, 타니아 팔미에리 엮음 | 인윤희 옮김

知와 사랑

스프링 타임 차례

2 이탈리아, 투쟁은 아직 끝나지 않았다

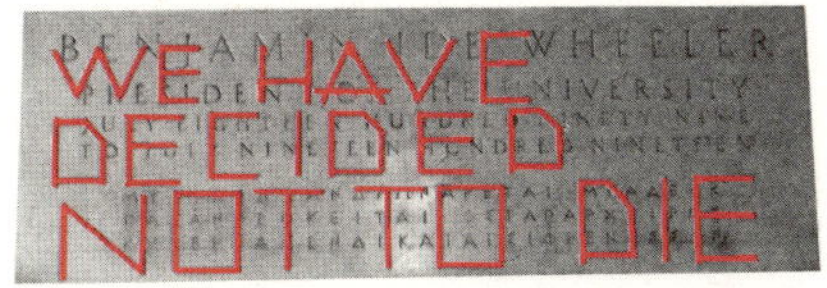

BENJAMIN IDE WHEELER
WE HAVE
DECIDED
NOT TO DIE

"DE" VILLEPIN 1er ministre
"DE" ROBIEN à l'éducation
QUAND LES PARTICULES
S'AGITENT, LE PAYS
EXPLOSE !

©Peter Till

서문

통치자들은 무지와 지식을 동시에 전수하는 전문화 형식을 제도화하고 재정적인 빗장을 걸어 고등 교육에 제한을 둠으로써 고등교육의(또 그 밖의 많은 것들의) 틀을 과감하게 새로 짜기에 지금이 적기라고 생각했다. 또 학생들이 전문화된 연구에 빠져 허우적대기를, 그러면서 지성의 발전이 저해되는 현실을 모른 체하길 바란다. 교육은 그 특성이 무엇이든 사회의 총체적인 구조 및 필요와 별개였던 적이 결고 없다. 그럴 때미다 학생들은 지신들에게 강요하는 한계를 뛰어넘고는 했다. 서양의 대학교들은 제2차 세계대전 후 지난 60년간 전 국민에게 해당되는 무상교육의 권리 등 개혁을 선도했고, 학교를 대규모로 확장할 길을 닦으면서 극적으로 변화했다.

20세기 전에 영국(그리고 비슷한 수준의 국가들)은 자산과 특권 보호를 유지해 왔고, 이에 동의하는 사람들을 교육해 왔다. 놀랄 일도 아니지만 교육은 부유한 사람들의 몫이었고 불의와 불평등을 영적으로 풍부하게 해 주는 교회의 명령이었다. 차티스트들[830~1840년대에 노동자의 정치적 권리, 특히 남성들의 보통 선거권 획득을 위해 싸운 참정권 운동가]과 여성 참정권 운동가들은 투표할 권리 등 민주적인 권리를 두고 100년 넘게 투쟁했다. 무상교육은 더 늦게 이뤄졌다. 그리고 지금 무상교육을 다시 되돌려 놓으려 한다. 그로 인한 긴장이 아래로부터의 반대와 불길한 예감을 품은 저항을 만들어냈다. 만약 훌륭한 교육이 다시 소수의 전유물이 되어 버린다면, 이는 장차 민주적인 절차 자체도 공동화空洞化시키겠다는 속셈이 아니겠는가?

이미 잘못된 길을 걷고 있는 온건한 공화주의가 미국에서 공감대를 얻고 있다. 영국과 유럽도 마찬가지인가? 자신들의 권리를 보호하려 거리를 행진하는 학생들은 그보다 더 큰 대의를 위해 싸우는 것이다.

영국의 통치자들은 '긴축 조치'에 대한 반응에 대처할 준비가 되지 않았다. 미국 서부 해안부터 서유럽 곳곳까지, 버소 사가 자랑스럽게 출판하는 이 책은 광범위한 투쟁의 물결 속에 뛰어든 학생들의 다양한 이야기들이 실려 있다.

시간 순서대로 구성했지만 반드시 그런 것만은 아니다. 경험의 재구성이다. 우리는 지금까지 쌓인 경험들의 영향이 자본주의 사회의 우선순위에 도전할 대안들을 발전시켜 나가기를 희망한다. 시민들에게 약속했고 얼마간 많은 만족을 주었으면서 이제는 거둬들이겠다고 위협하는 사회, 시민들이 한때 당연하게 누렸던 권리를 요구하면 짓누르려고만 하는 이 사회는 어떤 곳인가?

학생들과 혜택받지 못한 자들에 대한 자본주의의 공격에 대항했으나, 그 최종 결과에 대해 확정적인 결론을 내리는 것은 아직 시기상조다. 하지만 새로운 세대가 자신들의 경험을 통해 터득한 사실은 세상의 우선순위가 미래를 내다보게 해줄 전조라는 점이다. 우리가 사는 자본주의 시대는 더 이상 완전 고용을 보장하지 않는다. 많은 대학 졸업생들이 일자리가 없어 사회에 합류하기가 어렵다. 1960년대와 1970년대의 학생 세대가 그랬듯 말이다. 시대는 오늘날이 훨씬 가혹해졌다. 그럴 필요가 있어서가 아니라, 자본이 우리가 살아가는 조건을 결정하기 때문이다.

현대 정치인들과 그 추종자들은 자신들이 20세기 말에 고안한 시스템에 여전히 푹 빠져 있다. 공산주의 붕괴, 그 후 사회 민주주의 붕괴는 정글의 법칙이 전면적으로 작동하는 자본주의가 회귀하는 토대가 되었다. 이론과 실제가 정당화해 준 '탐욕'이 모든 것을 제압했다. 월 스트리트와 시티 오브 런던에서 제도화되면 모두들 신이 나서 따라 하기 바빴다. 은행가, 기업, 정치인들이란 서로 상대의 명령을 실행하는 데 만족했고 자신들이 창조해낸 인류의 비참함에는 눈감았으며, 기업과 개인의 필요에만 민감했다.

그때 2008년 월 스트리트 붕괴가 찾아왔다. 이 사태는 일부 용감한 경제 전문가들이 예고했던 바다. 그러나 대다수 사람들은 두려움을 바탕으로 한 학설이나 근시안적이고 어리석은 전망을 내놓았다. 그래도 언론은 그들을 변호해 주었으니, 그 열정이란 소비에트 공산당 정치국이 무분별하고 잔악한 행위를 방어했던 『프라우다*Pravda*』[러시아의 주요 일간지]와도 비할 만했다. 우선 부끄러움을 모르는 정치인들은 부끄러움을 모르는 은행가를 비난했다. 하지만 비전이 없는 지도자들과 그들의 얼빠진 추종자들은 늘 '양심'을 '추잡한 말'로 여기는 철면피인 금융 자본가들과의 단합이 필요했다. 양측은 덜 부유한 이들과 가난한 사람들이 이번 위기에서 가장 큰 타격을 받아야 한다는 데 동의했다(어떻게 하지 않을 수 있었겠는가?). 레이건-대처의 시대가 끝났다는 사실을 받아들이길 거부하는 부시-오바마와 브라운[당시 영국 총리]-클레그[당시 영국 자유민주당 당수]-캐머런[당시 영국 보수당 당수]은 이를 부정했지만 말이다.

2008년 월 스트리트 붕괴에는 아무런 미스터리도 없다. 붕괴를 이끈 자기만족으로 가득한 정치인들, 은행가들, 투기꾼들의 특질이나 동기를 이해하려 시간을 낭비한다면 어리석은 짓이다. 그들은 대부분 이번 위기에 비슷비슷하게 기여한 자들로 이기적이고 무능하며 공통 목적이 있는 무리다. 그때까지 일부 진지한 목소리를 제외하고는 신자유주의의 자본주의 과잉이 광범위하게 환영받았고, 신자유주의의 발상지인 미국, 충직한 관할지인 영국은 단연 신자본주의를 환영했다. 시장 근본주의는 공화당과 신민주당, 보수당과 신노동당 그리고 세계적인 언론 네트워크들이 외는 주문이 되었다. 민영화와 규제 철폐는 새로운 미덕이었다. 만일 불법이라면 '용기 있는', '멀리 내다보는', '개혁적인'과 같은 표현을 써 가며 그때까지 신성한 영역이었던 사회와 공공의 규정을 위반하도록 강력하게 도왔다. 국가는 적이고 문제였으며, 시장만이 해결책이었다. 복지 국가의 교살을 반대했던 사람들은 두 배의 책임을 져야 했다. 그들은 국가와 결합한 공룡들이며 패배를 인정하지 않는 자들로 간주되었다. 그들은 역사의 그릇된 쪽에 있으며, 그들에게 주어진 선택은 자본주의 명령에 대한 복종이요 침묵이었다. 그러나 실패했음을 이해한다는 것이 결과를 축하하거나 받아들여야 한다는 의미는 아니다.

위기는 체제의 약점과 부쩍 사악해진 국가를 노출시키고 좌파가 탁월했던 부문마저 포함해서 지난 30년을 고발했다. 이제 체제가 완벽하게 붕괴되는 일을 막기 위해 다시 한 번 위기가 필요해졌다. 교육, 보건, 공공 주택, 수송, 기타 생활의 필수 요소들에 투입되어야 할 돈이 갑작스럽게 금융계를 구제하는 데 흘러들어갔다. 연방 준비제도 이사회FRB: Federal Reserve Bank 가 방출한 세금 중 거금 9조 달러가 21,000건의 거래를 통해 다양한 은행들과 기업은 물론이고 월 스트리트의 미세한 지점까지 흘러들어 경영 상태를 회복시켰다. 비슷한 프로세스가 영국에서도 반복됐다. 더구나 영국은 단계를 밟아 금융계 구조에 이용할 수 있는 민간 투자 사업도 없었다. 납세자들과 상의도 없이 국가는 수십 억 파운드를 제공했고 심지어 교활한 자본주의 수호자들을 격려했다. 『파이낸셜 타임즈*Financial Times*』에 실린 마틴 울프Martin Wolf의 기사를 보자.

> 이번 위기의 경우 실패는 시장 시스템 전체가 아니라 세계 금융 및 재정 시스템의 결함에 있다…… 다행인 점은, 각국 정부나 중앙은행들이 1930년대의 교훈을 배웠기에 즉각 금융 시스템 또는 경제의 붕괴를 막기로 결정했다는 사실이다. '점진적 사회 공학'을 정확히 보여준 예다.

곧 피가 반창고를 뚫고 티저 나왔다. 아르헨티나가 1990년대 말에 무너졌듯이 그리스가 붕괴했다. 단지 유동성 악화의 문제가 아니라 훨씬 깊은 문제를 안고 있으며, 이는 매우 구조적인 문제다.

이번에 유로화가 위협받았다. 독일 은행들은 그리스의 구제 금융 요청을 받았다. 그때 포르투갈도 위기에 놓였다. 스페인도 무너졌던가? 아일랜드는 예전 아이슬란드와 유사한 방식으로 무너졌다. 아일랜드의 부패한 정치 및 경제 엘리트들은 EU에 저자세로 찾아가 이렇게 말했다. "우리는 우리 시민들의 본성과 투쟁했고 당신이 원하는 모든 것을 밀어붙이느라 그들을 위협했다. 우리를 실망시키지 말아 달라." '점진적 사회 공학'은 유럽을 채무자의 감옥으로 변형시키고 있다. 정치인과 은행가들은 교도관으로, 학생, 공공 부문 노동자, 실업자, 노인 등 일반 시민들은 수감자가 된 채로 말이다.

버소Verso 출판사는 유럽 전역과 북미에서 중고등학교 및 대학교 학생들이 앞장서고 있는 현 시스템에 대한 반대, 항의, 분노가 부활한 중대한

  서문

흔적을 남기고자 이 책을 출간한다. 놀랍지는 않다. 그들이 직면한 문제들은 경제 위기, 혹은 필요하다고 주장하는 사회 지출 삭감의 결과가 아니다. 21세기 자본주의의 필요는 대학교들이 지적인 창조성을 경시하고, 개인의 창의성을 억누르며 고등교육이 주로 관어해 온 많은 훈련들을 제한하도록 요구한다. 세계의 유일한 제국인 미국은 (한때 영국이 그랬던 것처럼) 제국의 필요에 부응할 인재가 필요하므로, 세계 역사와 언어, 철학 공부는 영국만큼 쉽게 포기할 수 없다. 그러나 동시에 지식을 제한하려고 한다. 이런 식으로 배운 사람들이 곧 지적인 수준이 저하되어 자신들이 놓치고 있는 부분을 깨닫지 못하기를 희망하는 것이다. 참으로 대단한 소망이다. 이들이 원하는 모든 것은 '전문화된 기술자'다. 이들은 기술의 목적에 의문을 품지 않는 젊은이들, 독립성을 억누른 대가로 포상이나 받을 젊은이들을 원한다. 인문학 일선에서는 '테러학', '인권' 부문의 많은 학과들이 기업 교육의 수단으로 이용되는 경향도 드러났다. 대학교는 회사와 가깝게 연계되고 있다. 약학 산업과 군산복합체만 해도 점점 교육과 연관성이 커지면서 대학교의 사회적, 교육적 구조에 방해가 되고 있다. 한때 지성의 자유가 진을 친 전초부대로 여겨졌던 대학교에서 다양한 직함을 달고 학교를 운영하는 경영진은 경제적, 정치적 권력에 비굴하게 굴복했다. 이는 애초에 그들이 임명된 이유이기도 하다.

　학생들은 이 같은 예속에 대결할 길을 찾는다. 그들 이전에도 오랜 투쟁의 역사가 있으며 꼭 학생으로 제한되지 않았다. 현재도 그렇듯이, 자본주의 시스템은 모든 졸업생들을 고용할 수 없다. 그러므로 교육의 접근을 한정 짓는 금융 장벽의 작은 혜택들이 광범위하게 홍보되는 것이다. 자본주의의 미래는 자본주의의 과거 속에 있다.

학생들은 무엇을 항의하는가? 분명 등록금일 뿐만 아니라 영국 정계를 지배하는 삼자 합의에 대한 시위일 것이다.

노동당의 대처주의, 뒤이은 보수당(토리당)의 블레어주의, 자유민주당의 캐머런주의가 괴물처럼 균질화한 선거 공동체를 구축했다. 세 정당의 합의는 정부 정책의 모든 측면에서 분명히 찾아볼 수 있다.

- **복지 혜택과 연금** 복지 법안 축소를 추진하던 노동당은 2007년 투자은행가 데이비드 프로이드David Freud로부터 다양한 혜택들(주택, 무능력 수당, 장애인 지원금)을 까다로운 실사 조사와 연계한 '노동 장려금incentives to work' 지급만으로 대체하라는 자문을 받았다. 보수당의 이언 던컨스미스Iain Duncan-Smith 복지부 장관은 이 계획을 적극적으로 추진했고, 동시에 복지 지출을 180억 파운드 축소하고 혜택 증가분을 물가 상승률과 연계해 등급을 낮추도록 했다.

- **고등교육** 1998년 블레어 정부는 학생들에 대해 공평하게 명목 등록금(보수당의 존 메이저John Major 전 총리가 반대했던 정책)을 부과했으며 이는 작은 실마리가 되었다. 2004년에는 고등교육의 '혜택을 받는 사람들'은 돈을 내야 한다며 등록금이 상당히 치솟았고 학생들이 금융 부문을 이용해 스스로 상환할 수 있도록 낮은 금리의 학생 대출 제도가 생겼다. 대학교에 대한 책임이 지체 없이 교육부에서 산업부로 옮아갔다. 2009년에 신노동당은 영국 석유화학 회사BP: British petroleum의 전 최고경영자인 존 브라운 경Lord John Browne을 고등교육 '개혁' 담당자로 임명했다. 브라운의 제안은 보조금을 70% 이상 삭감하고, 학생들은 대출금을 시중금리로 상환토록 하며, 대학교는 자유 의지에 따라 등록금 인

상을 결정하고 학생들을 끌어 모으기 위해서 서로 등록금 경쟁을 펼치며, 대학교 파산과 폐쇄도 불가피하다는 내용이 포함되어 있다. 이 제안은 오늘날 자유민주당의 빈스 케이블Vince Cable 산업경제부 장관이 실행하려고 한다. 2010년 공약으로 등록금 폐지를 약속했던 자유민주당은 토니 블레어와 고든 브라운 때 노동당 '좌파'를 버릴 때만큼이나 값싸게 (지위는 낮지만 급여가 잘 나오는) 의회 자리 약속으로 매수되었다.

- **보건** 신노동당은 이미 현 예산에서 국가 보건 서비스NHS: National Health Service가 늘어날 노년층 환자와 향후 4년간 상승할 약값에 대응할 비용 200억 파운드를 확보했다고 주장했다. 덕분에 연립정부는 보건 지출을 제한해야 한다고 제안할 수 있었다. 하지만 앤드류 랜슬리Andrew Lansley 보건부 장관은 신노동당의 영구적인 변혁(위에서 아래로 내려오는 경영 구조 조정을 추진했었다)을 끝내겠다던 연합 정부의 약속을 이미 깨뜨렸다. 경영 구조 조정은 문서 작업을 막대하게 증가시켰고, 의료진이 자신들의 시간을 국가 보건 서비스의 '내부 시장' 관리에 할애하도록 강요하는 탓에 환자 관리에 손해를 끼쳤다. 랜슬리는 예전에 민영 보건 회사에서 일한 바 있다.

- **국방** 잘 알려졌지만, 신노동당 시절의 산물인 50억 파운드에 달하는 최신형 항공모함 두 대는 조지 오스본 재무부 장관의 삭감에서 살아남았다. 이유는 계약을 파기하기에는 '너무 비싸기 때문'이라고 한다.

이 책에서 드러나듯이 경험, 우리가 사는 사회, 우리가 이끄는 삶이 의식을 결정한다. 그래서 튀니지와 이집트, 예멘의 시위처럼 항상 현재진행형인 것이다. 이전 투쟁들을 담은 회상은 계속성을 나타낸다. 1967년 베를린에서 청년들을 겨냥해 '쐐기 전략wedge tactics'을 활용한 독일군에 대한 이야기는 2010년 12월 런던에서 영국 학생들이 '케틀링'당한[1] 이야기를 묘사한 것 같다.

다행히도 구세대와 신세대의 지혜는 환상적인 조합을 이뤘다. 뭔가 새로운 분위기가 감지되고 분노는 눈을 녹일 듯 끓어올랐다. 자만한 정부에 도전하고, 언론에 등장하는 아첨꾼들과 야당에 자발적으로 경고를 보낸 새롭고 젊은 학생 '12월의 당원들'을[2] 우리 모두 환영한다. 우리는 아직도 누보 블레어Nouveau Blair를 마신 여파로 마비 증세를 보이는 숙취에서 회복하는 중이다.

젊은 12월의 당원들은 짐거했고, 노래를 불렀으며, 블로그와 페이스북, 트위터를 하는 한편 거짓말을 일삼는 정치인들에 자신들의 경멸을 보여줬다. 봉쇄된 12월의 당원들이 의회 광장에 지폈던 불길은 부패한 연합 정부에 열기를 전달하는 상징이 되었다. 철면피인 캐머런 총리는 더 이상 유럽의 상대국들한테 영국이 모든 면에서 정치, 경제적인 관타나모 기지라고 뽐내며 얘기할 수 없을 것이다. 더 이상은 안 된다.

자본주의 사회 하에서 민주주의는 갈수록 공허해지고, 서구식 정당들이 설립되며, 언론이 절대적인 힘을 쥐게 되었고, 기본적으로 자본주의 집단으로서 다른 진지한 대안은 생각조차 할 수 없다. 이런 사회가 부과한 이념의 한계를 뛰어넘는 일은 투쟁의 시대이기에 가능하다. 영국은 공식

---

1 **케틀링kettling:** 경찰이 '봉쇄'라고 부르는 방식으로, 시위대를 장시간 일정한 장소에 가둔 뒤 물과 음식을 주지 않고 화장실조차 가지 못하게 하는 시위 진압 방식.

2 **12월의 당원들:** 1825년 12월 14일 청년 장교들이 니콜라이 1세의 즉위에 맞춰 혁명을 감행했으나 실패했다. 그러나 이 사건은 이후 러시아 지식인들에게 혁명의 영감이 되었고 이 청년 장교들을 제카브리스트Decemberist, 즉 '12월의 당원들'이라고 한다.

적인 야당이 없는 나라다. 국회 밖의 대격변이 필요하며, 단지 삭감에 항의하기 위해서뿐만 아니라 기업의 이해관계에서 불과 몇 보만 진전한 지금의 민주주의 정신을 드높여야 한다. 은행가들과 부자들을 위한 구제 금융, 미국의 전쟁터에서 싸우는 데 들어가는 지긋지긋한 국방 지출, 덜 부유하고 가난한 이들에게 가하는 지원 삭감. 뒤죽박죽이 되어버린 세계는 자신만의 우선순위를 만든다. 그것들에 이의를 제기해야 한다. 우리는 우리를 스스로 가르쳐 나가야 할 것이다. 우리는 싸우고 방어해 나갈 사회 헌장이 필요하다. 거의 2세기 전에 우리에게 충고해 준 셸리^{Percy Bysshe Shelley}의 시처럼.

자유의 외침
The Call to Freedom (1819)

말로 다 할 수 없는 고통을 견뎌 온 그대들이여
혹은 느꼈거나 보았던 이들이여
당신들의 잃어버린 조국은 누군가가 사고팔았고
피와 금으로 값을 치렀으니.

(......)

잠에서 깨어난 사자처럼 일어나라
정복할 수 없는 압도적인 무리로,
속박을 이슬과 같이 털어내라
잠든 사이 네게 채워진 족쇄를.
너희들은 많고, 저들은 한 줌이니.

2011년 1월

1. 영국

등록금 투쟁으로
희망을 말하다

©Jon Cartwright

우리는 진정한 자유를 느꼈다

클레어 솔로몬Clare Solomon

런던대학 학생회 회장.

2010년이 저물 무렵, 느닷없이 영국의 학생운동이 다시 고개를 들었다. 2009년 초 가자지구와 연대해 폭발했던 35건의 점령 시위가 억압받는 사람들과의 연대, 그리고 일부 학생들의 직접행동을 통해 되살아난 것이다.[1] 2010년 철학과 폐지를 저지하기 위한 미들섹스대학Middlesex University 장기 점령, 교육예산 삭감에 맞선 서식스대학Sussex University 점령 등 몇몇 대학에서 일어난 강한 항의와 점령 시위는 학생운동이 여전히 진행 중임을 보여주었다.

2010년 11월에 등장한 학생운동은 연장교육기관Further Education College[16세 이상의 영국 청소년과 성인을 위한 사회교육 기관] 학생들과 일반 학생들을 포함해 전국 곳곳에서 많은 이들이 참가한 대규모 시위였다. 우리가 겪은 모든 일에 관해 일일이 논하기란 불가능하다. 하지만 여러분이 이제부터 읽

---

1 **직접행동direct action:** 개인이나 집단이 정치, 경제, 사회적 목적을 이루기 위해 규범이나 제도를 무시하고 의사를 관철하려는 행동.

을 이야기들은 전반적인 교육 체계 안에서 정치적 부활의 모습을 담은 스냅사진에 관한 것이다. 여기에는 다양한 사람들의 경험과 증언, 그리고 분석이 담겨 있으며, 이들 대다수는 정치적 직접행동에 처음 참가한 사람들이다.

2010년 11월 10일, 전국학생연합^{NUS: National Union of Students}은 대학연합^{UCU: University and College Union} 교수들의 후원 아래 '타파 2010'이란 구호를 내걸었다. 수년 동안 좌파 학생 출신의 운동가들은 노동당^{Labor Party}이 이끄는 전국학생연합이 고등교육을 지키기 위해 전국적인 시위를 열 것을 설득해왔다. 하지만 그 사이, 토니 블레어와 고든 브라운은 대학 등록금 법을 시행하기로 결정했다. 신노동당^{New Labour}[토니 블레어가 1990년대에 이끈 새로운 모습의 노동당]이 집권해 있는 동안 전국학생연합 지도부는 신노동당을 견제할 만한 어떤 행동도 하지 않았다. 신노동당에 대항하지 않은 건 재앙이었다. 전국학생연합이 신노동당에 저항했더라면 2010년, 우리가 토리당^{Tories}과 자유민주당^{Lib Dems}에 대항할 때 훨씬 확고한 지위에 있었을 것이다. 4월에 열린 전국회의에서 곧 시행할 것을 염두에 둔 고등교육 지원금에 대한 브라운 리뷰^{Browne Review}[신노동당이 설립한 위원회. 영국의 고등교육예산 방향을 논의하며 등록금 인상 필요성을 제안했다.]가 발표되었고, 그 논의는 마침내 성공을 거뒀다. 결의안이 채택되었으며 전국적인 시위의 후원과 행정을 맡아줄 대학연합과 공공서비스노조^{UNISON}의 즉각적인 지지를 받았다. 관료정치의 목적은 전국학생연합의 공식적인 정치 체제(오늘날 영국 정치의 상당 부분을 차지하는 삼자합의를 차용하는 것)를 안전하게 지키면서 예산 삭감 및 등록금 인상에 반대하는 점잖은 캠페인을 펼치는 것이다.

5월 토리당과 자유민주당 연립정부의 등장은 신노동당이 흔들리지 않을 것이라고 자신하는 이들에게 진지한 세력을 과시했다. 이번만큼은 전국학생연합의 중요한 자원들을 시위에 총동원하여 현장 운동가들에 견줄 만한 성과를 거뒀다. 암암리에 친노동당 성향을 드러내는 전국학생연합 지도부는 런던 중심가를 즐겁게 거닐며 안전한 행렬을 하다가, 해산하기 전에 편지 쓰기 캠페인 같은 수동적인 행사를 기대했을 것이 뻔하다. 하지만 현장의 운동가들은 조만간 더 큰일이 일어날 것을 감지했다. 그리고 연좌시위나 예고성 파격 시위 행진이 벌어지기를 은밀히 기대하기 시작했다. 이에 반해 경찰과 정부는 평소와 별반 다르지 않을 것이라고 안이하게 예측했다. 런던 경찰청의 홍보 담당자는 시위 전날 기자들에게 '기껏해야 민 명' 정도 모일 것이라고 밀했다. 정찰은 학생들 사이에시 자유민주당이 인기가 없다는 사실을 알아채고 적절한 시기에 자유민주당 본부를 지키기 위한 전담반을 한두 조 파견했다. 하지만 시위 경로에 자리한, 토리당 본부가 있는 밀뱅크 타워는 무방비 상태였다.

11월 10일, 모든 예상이 빗나갔다. 스코틀랜드와 잉글랜드 북부에서 온 2천여 명의 학생들이 오전 8시에 런던대학에 모여 아침식사를 했다. 정오에는 런던의 각 대학에서 온 만여 명의 강력한 학생 군단이 정치에 무관심하기로 악명 높은 대학을 규탄하면서 런던대학을 떠나 시위에 돌입했다. 5만여 명의 학생들이 오후 2시까지 행진했으며, 트라팔가 광장에서 밀뱅크 구역까지 가득 몰려들었다. 전국학생연합의 내실을 다진 신노동당의 전통에 비추어볼 때 학생들의 무관심은 지극히 당연했다. 학생들은 그야말로 자신들의 교육에 관심이 없었다. 그런데도 몇 세대 만에 가장 큰 규모의 학생 시위가 여기에서 열렸다. 수천 명의 대학입시준비과정 학생들과 연장교육기관 학생들이 교육유지수당EMA: Education Maintenance Allowance (저소

 우리는 진정한 자유를 느꼈다

득층 학생들에게 매주 30파운드까지 지원하는 제도) 폐지에 항의하고 나선 것이다. 믿기 힘들겠지만, 당초 계획하지 않았던 대규모 점령이 밀뱅크 타워에서 벌어졌다. 토리당 본부는 거의 무방비 상태였다. 많은 학생들이 로비에 걸어 들어가 구호를 외치기 시작했다. 우리 뒤의 시위자들도 흡사 파도가 밀려들 듯 건물 앞마당으로 진입했다. 5천여 명의 학생들이 전국학생연합 대표자들의 제지를 무시하고 건물로 몰려들었다. 이러한 행동은 대중에게 활기를 준 자연스럽고 창의적인 것이었다. 타블로이드 신문들은 갖은 비난을 쏟아냈지만 대중의 의견은 대부분 우리 편이었다.

약 50명의 학생들이 7층 건물의 옥상에 올라갔으며, 휠체어를 타고 있던 한 시위자도 자신의 몸을 이끌고 계단을 올랐다. 옥상에 도착한 그들은 현수막을 걸고 공공부문 노동자들에게 연대 메시지를 보냈다. 지상에서는 실제 벌어지고 있는 일에 대한 분노와 불신이 합쳐져 열광적인 분위기였다. 이는 '급진적'이라기보다는 불가피한 상황이라고 해야 옳을 것이다. 50여 명의 경찰들이 도착했지만 학생들의 분노만 가중시켰을 뿐이다. 경찰들과 건물 안에 있던 토리당 당직자들의 적대적인 행동은 시위자들을 자극했고, 우리가 학생운동의 부활을 자축하는 동안 미처 알아챌 새도 없이 유리창이 박살나고 불이 타올라 열기를 내뿜었다. 다른 건물의 로비에서는 커다란 TV 화면으로 이 상황이 뉴스로 생중계되고 있었다. 언론은 어떻게 그렇게 충격적인 사건만 잘 골라서 보여주는가. 우리는 춤추는 모습을 보았지만 언론은 타오르는 불길을 내보냈다. 우리는 분노에 찬 구호를 외치며 춤을 추었지만 언론은 시위가 난장판이 된 것처럼 보이는 장면 한 두 개만을 반복해서 보여주었다.

사람들은 자유로워진 것을 느꼈다. 열기가 고조되었을 때 시위에 처음 참가한 한 젊은이가 옥상에서 소화기를 집어던졌고, 그는 본보기로 32개월의 징역형을 받았다. 우리는 그를 구제하기 위해 연대 캠페인을 시작했다. 그 일로 70여 명의 학생들이 체포되었다.

밤이 깊어지면서 군중이 줄어들기 시작했고, 우리는 시위를 자축하기 위해 런던정치경제대학으로 향했다. 기세는 충만했지만 우리가 얼마나 중요한 일을 했는지는 미처 깨닫지 못했다. 뉴스에서는 그날의 영상을 반복해서 보여주었다. 그 뒤 전국학생연합 회장인 아론 포터^{Aaron Porter}가 이번 시위를 '소수의 과격한 학생들'이 벌인 '비열한' 행위라고 비난하는 말이 흘러나왔다. 런던정치경제대학과 전국의 각 대학에 모여 있던 학생들은, 우리가 분노한 원인을 설명하지 않고 어리석고 단발적인 사건을 강조하면서 조직 일원을 비난하는 아론 포터를 받아들일 수 없었다.

그날 저녁 나는 호전적 성향을 가진 제러미 팩스맨^{Jeremy Paxman}이 진행하는 BBC 시사 프로그램 〈뉴스나이트^{Newsnight}〉에 자유민주당 부총재 사이먼 휴즈^{Simon Hughes}, 그리고 아론 포터와 함께 출연했다. 토론 주제는 '당신은 폭력을 비난합니까, 비난하지 않습니까?'였다. 물론 우리는 평화적으로 요구사항을 달성하고 싶었다. 하지만 유리창 몇 장이 깨지지 않았더라면 우리가 방송에 나올 수 있었을까?

다양한 계층의 사람들이 압도적으로 우리를 지지했다. 이 책에는 우리가 얼마나 폭넓은 지지를 받았는지 보여주는 사례들이 담겨 있다. 방송국 여론조사에 따르면 56~76%의 학생들이 우리를 지지했다. 우리는 노동조합원들에게도 지지해줄 것을 요청했다. 용기 있는 일부 교수 단체 대표들도 우리를 옹호해주었으나 '폭력'을 두둔했다는 잘못된 비난과 함께 언론으로부터 엄청난 역풍을 맞았다.

    우리는 진정한 자유를 느꼈다

대학생들 또한 서로 연대할 것을 주장했다. 학생들은 시위 현장을 떠나 학교로 돌아와서 다음 단계를 논의했고 점령 시위에 대한 의견을 주고받았다. 런던대학의 소아즈 SOAS: School of Oriental and African Studies[아시아·중동·아프리카 지역학을 전문으로 하는 런던대학의 단과대학]에서 벌어진 격렬한 논쟁 끝에 우리는 점령 시위에 찬성하는 결의안을 채택했다. 학생들이 어떻게, 왜 그러한 결정을 내렸는지, 그리고 그 뒤 이번 학생운동의 중요한 토대가 된 50여 건의 대학 점령 시위가 어떻게 일어났는지에 대해서는 엘리 배드콕 Elly Badcock 이 뒤에서 설명할 것이다.

시위에 관여했거나 시위 학생들을 응원했던 모든 사람들이 지금쯤 깨닫고 있듯이 이번 일은 시작에 불과했다. 현재 좌파가 이끄는 캠페인 중 하나는 '등록금 인상과 지원금 삭감에 반대하는 전국적 캠페인 NCAFC: National Campaign Against Fees and Cuts'이다. 우리는 이번 시위가 벌어지기 이전에 11월 24일을 '전국 행동의 날 National Day of Action'로 이미 정했으며, 이러한 결정이 11월 10일의 시위에 가속을 붙일 것으로 예상하고 있었다. 전국학생연합과 교육 노조들은 전국 행동의 날에 대한 지지를 거부했으며, 특히 밀뱅크 사건 이후 그런 태도를 명백히 했다. 그러나 우리들은 시위가 더 진전되어야 한다고 확신하게 되었다. 이번 시위는 전국학생연합의 공식적인 지지 없이 우리 스스로가 조직한 첫 대규모 시위였다. 11월 10일 시위에 참가한 학생들에 대한 공격과 체포 이후, 운동가들은 단체와 대학 간의 협조와 지원을 목표로 런던학생의회 LSA: London Student Assembly를 소집했다. 우리는 런던대학에서 의회 주 건물에 이르기까지 '저항의 축제'를 준비했으며, 역사적으로 정치 집회와 관련이 깊은 트라팔가 광장을 출발점으로 삼아 정오부터 축제를 시작한다는 사실을 페이스북을 통해 알렸다.

우리는 공개 무대를 만들면서 집회 연설가들이 아니라 가수 로키 엠씨Lowkey MC를 초대했다. 학생들이 연설에 참여하고 축제에 앞장서도록 하기 위해서였다. 트라팔가 광장 만남의 장소에서 온 보고에 따르면 수천 명의 연장교육기관 학생들이 이 축제에 몰려들었다. 시간이 흐를수록 여기저기에서 젊은 학생들이 모습을 드러냈다. 마치 무리를 지어 언덕을 넘어오는 기병대 같았다. 학생들은 도착해서 동상마다 걸려 있는 상징적인 현수막과 깃발을 보고 이내 흥분하기 시작했다. 수천 명의 학우들이 서로 손을 잡고, 껴안고, 흥을 돋우며 춤을 추었다.

안타깝게도 경찰이 트라팔가 광장으로 가는 길목인 알드위치 입구에서 축제를 진압했다. 시위대 뒤쪽은 스트랜드에서 발이 묶였다. 그러나 광장에서 기다리고 있던 사람들은 길목이 막힌 걸 전혀 눈치 채지 못하고, 우리가 도착하기도 전에 엄청난 소리를 내며 화이트홀로 향했다.

경찰의 저지선이 즉각 움직였다. 그들은 우리를 케틀링했다. 우리는 얼음장 같은 추위 속에 음식과 물도 없이, 화장실에 가는 것도 금지당한 채로 9시간 동안 좁은 지역에 갇혀 있었다. 시위에 참가한 대부분의 사람들은 처음으로 시위에 참가한 사람들이며 그중에는 열 살밖에 안 된 어린 학생도 있었다. 이들은 분명 자신들이 이렇게 갇히게 될 줄 예상하지 못했을 것이다. 몇 시간이 흘렀다. 로키와 음향기기 덕분에 음악은 끊이지 않았고 축제 분위기는 끝까지 이어갈 수 있었다. 사람들은 단체로 호키 코키hokey cokey[율동이 있는 영어 동요]를 부르기 시작했으며, 사방의 담과 동상 주변에서 몸에 열을 내기 위해 춤을 췄다. 현장의 건물 공사로 생긴 구덩이에는 플래카드와 신문, 쓰레기들을 가득 채워 임시 난로로 썼다. 시위에 처음으로 참가한 한 젊은이는 벽에 '혁명'이란 단어를 스프레이로 그려 넣었는데, 사람들에게 그 단어의 느낌이 고스란히 전해졌다.

경찰과의 대치가 끝나갈 무렵, 경찰관들이 말을 타고 군중 속으로 돌진했다. 경찰은 그런 적이 없었다고 부인했지만, 유튜브^{YouTube} 동영상을 통해 거짓말임이 드러났다. 몇몇 사람들도 비슷한 증언으로 경찰의 무자비함을 폭로했다. 맨체스터대학^{Manchester University} 학생회 복지 담당인 한나 패터슨^{Hannah Paterson}은 학생들이 처음에 협력적이었음에도 불구하고 경찰이 "말을 타고 온순한 학생들 사이로 뛰어들었다. 이들 중에는 12~13세 정도의 어린 학생들도 있었다"라고 밝혔다.

전국학생연합과 대학연합은 다시 한번 시위 학생들의 폭력적인 행동을 비난하는 성명을 발표했다. 그리고 그 일은 우리에게 진정으로 공감하고 격분했던 학부모와 학생들에게 분노를 불러일으켰다.

영국 내 다른 지역에서는 이 시위에 대한 반응으로 엄청난 규모의 학생운동이 일어났다. 전국에서 학생들의 수업 거부가 이어졌고 몇십 년 동안 볼 수 없었던 수많은 항의들이 빗발쳤다. BBC는 전국에서 13만여 명이 시위에 참가한 것으로 추정했다.

고양이와 쥐

11월 30일 페이스북에서 또 다른 시위 요청이 들어왔다. 이번에는 런던 학생의회의 일부 학생들이 다시 케틀링당할 일을 피하기 위해 시위를 취소하자는 의견을 내기도 했다. 그러나 시위의 견인력은 너무 강했다. 수천 명의 사람들이 들썩거렸고, 젊은 학생들이 압도적으로 참여했다. 전국의 학생들이 시위에 참가하기 위해 제적의 위험을 무릅쓰고 수업과 학급에 불참했다. 트라팔가 광장은 다시 주목을 받았다.

런던에서 우리는 다시 경찰의 케틀링에 대비할 준비가 되어 있지 않았다. 경찰이 저지선을 만들자마자 화이트홀로 향하던 군중이 방향을 돌려 반대쪽으로 뛰었다. 또 다른 경찰 저지선이 구축되면 다시 방향을 돌렸다. 눈 오는 추운 날씨 속에서 온종일 이런 일이 반복되었다. 우리는 무리를 작게 쪼갠 뒤 런던 전 시가를 행진했다. 남쪽으로는 빅토리아 역과 하이드 파크 코너까지, 북쪽으로는 옥스퍼드 가를 따라서 행진했다. 다른 그룹은 세인트폴 대성당과 바비칸까지, 또 다른 그룹은 워털루와 피커딜리 광장까지 행진했다. 몇몇 사람들이 트라팔가 광장에서 모이자고 트위터를 했고, 우리 모두 이에 응했다.

소수 사람들은 케틀링당했고, 수십 명이 폭행당하는 일도 있었다. 경찰은 시위대의 '평화로운 해산을 위한 조치'였다고 밝혔다. 경찰은 150명이 넘는 시위자들을 체포하고 구금했다.

의회에서의 표결: 형광봉과 온실

12월 3일, 등록금 법안 표결이 12월 9일에 있을 예정이란 소식이 알려졌다. 그날까지는 일주일도 채 남지 않았다. 몇 주 동안 숨어 지낸 듯 보이던 전국학생연합과 전국대학연합은 하원을 상대로 점잖은 시위를 하는 한편 오후 3시에 임뱅크먼트Embankment에서 '형광봉 농성'을 벌일 것이라고 정중하게 발표했다. 우리는 이번에 어떻게 해서든 대규모 시위 인원을 공식 지도부보다 앞서 의회에 진입시키는 것을 목표로 삼았다. 런던학생의회는 인원수로 경찰의 봉쇄를 저지하는 행진에 동의했고, 런던대학 학생회와 대학연합 런던 지부가 실행 계획을 지원해주었다.

경찰과 벌인 협상이 난항을 겪은 결과, 의회 광장으로 진입했던 우리

   우리는 진정한 자유를 느꼈다

는 다시금 '공식' 시위에 돌입했다. 분위기가 삼엄했다. 경찰은 시위대를 따라 길게 저지선을 구축하고 진압 요원들을 대기시켜 놓았다. 짤막한 연설 후 우리는 출발했다. 3만여 학생들이 런던 중심부에 밀려들었고, 경찰관들도 계속 늘어났다. 시끌벅적하고 억제되지 않은 군중이 경찰의 예상보다 앞서 의회 광장에 도착했다. 경찰의 바람과는 달리 사람들은 광장에 머물렀다. 의회가 목표였다. 형광봉 농성은 필요 없었다. 우리는 교육의 죽음이 아니라 학생운동의 탄생을 축하했다. 울타리가 허물어졌고 광장 전체가 점거되었다. 다시 음악과 춤, 구호가 이어졌다. BBC <뉴스나이트>의 폴 메이슨Paul Mason은 훗날, 이 날의 시위를 '덥스텝 반란Dupstep Rebellion'이라고 이름 붙였다.

이상이 당시의 상황에 대한 나의 회고이다. 새로운 학생 반란에 관해서는 수천 가지 이야기들이 존재한다. 나는 그 이야기들을 모든 사람과 공유하고 싶다. 책을 준비하는 동안 튀니지와 이집트, 요르단에서 일어난 폭동에 대해 전해 듣고 이번 학생운동에 대해 보다 확신하게 되었다. 우리는 못살게 구는 정부에 맞서는 모든 사람과 연대할 것이며, 투쟁은 계속될 것이다.

팔레스타인에 자유를 그리고 늙은 두더지에 대한 따뜻한 환대가 다시 나타났다. 혁명이다.[2]

---

2   **마르크스의 말** "We recognize our old friend, our old mole, who knows so well how to work underground, suddenly to appear: the revolution"의 차용.

반란의 배경

제임스 미드웨이James Meadway

소아즈 경제학과에서 박사 과정 중이다.
『카운터파이어*Counterfire*』편집부원이자
뉴 이코노믹스 재단New Economics
Foundation의 수석 연구원이다.

난데없이 위대한 학생들의 반란이 일어났다. 오랫동안의 무관심을 떨쳐버린 젊은 세대가 캠퍼스와 대학을 벗어나 거리로 뛰쳐나왔다. 이 젊은이들의 에너지와 이상주의는 어려움에 직면한 모든 이에게 영감을 주고 있다. 이번 반란은 새로운 방식의 조직화를 만들어냈고 사회에 대한 비전을 제시해주었다. 그러나 이처럼 새롭게 떠오른 반란에는 물리적인 뿌리가 있다.

현 상황은 이미 잘 알려져 있다. 고등교육기관에 재학하는 18~19세의 학생들은 40년 전 고작 5%에 불과했지만, 오늘날에는 45%에 이를 만큼 극적으로 확대되었다. 오늘날 영국의 교육기관에는 170만 명의 대학준비과정 학생과 연장교육생들을 합해 총 420만 명의 학생들이 등록되어 높은 출석률을 유지하고 있다.

교육이 확장된 경위는 같은 기간에 일어난 자본주의의 변화와도 관련이 있었고, 지금도 그렇다. 대규모의 서비스 근로자 계층이 생겨나면서 교육의 변화를 이끌어냈다. 특히 공학과 엔지니어링 분야에서 전문성이 뚜렷해졌다. 또한 예술 및 인문학, 사회과학 학위를 받은 사람들이 많이 늘어나면서 정보처리 기술이 대중화되었고, 사람들의 이해력이 높아졌다. 평균적으로 노동 계층이 보다 전문적으로 변했다.

이 과정에서 민간 기업보다는 정부가 주도적인 역할을 수행했다. 직원 교육비는 민간 자본에서 국가로 이전되었다. 예전에는 직원을 쉽게 해고할 수 없어 상대적으로 고용 여건이 안정적이어서 기업은 비용 부담을 감수하고라도 사내에서 직무 교육과 도제 제도를 실시했다. 당시 노동자가 직업을 바꾸기란 쉽지 않았고, 기업은 자신들의 장기 투자가 특정한 직무에 한정되어 있기를 바랐다.

전통 제조업은 1970년대에는 꽤 활발했으나 1980년대에 들어서자 형편없어져 붕괴되기에 이르렀다. 그 결과 기업의 사내 교육 체제 역시 공개적으로 붕괴되었다. 도제 훈련을 받은 사람의 수는 1960년대 중반 24만 명에서 1990년에는 5만 3천 명으로 줄어들었다. 회사에서 제공해온 다양한 비공식 '졸업 후 훈련'은 정부가 맡은 교육이 증가한 만큼 감소했다. 연장교육을 받는 사람들(16~18세)은 1985년에 35%였으나 2009년에는 70%에 육박했다.

이는 학교 졸업 이후의 교육에 대량의 비용이 사회화되었음을 보여준다. 이 비용은 민간 부문(각 가정이나 기업)에서 정부로 이전된 것이다. 교육 전반에 대한 국가의 고민은 커져가고 강박관념마저 되어가고 있다. 1944년부터 1979년 사이에 4개의 교육 법안이 통과되었지만, 1988년부터 2007년 사이에는 무려 17개의 법안이 통과되었다.

고등교육 체제는 지긋지긋한 연구성과평가와 같은 번거로운 평가 체계 도입으로 계속 시달려왔다. 이것들은 교육 내용 자체에 관한 정부의 새

로운 근심거리를 보여준다. 민간에서 16세 이후의 교육을 담당하던 시절
에는 정부가 거의 손을 놓기도 했다. 그러나 이는 오늘날 정부의 직접적인
고민거리로 자리 잡았다. 한때 자유로운 교육 시스템의 본질로 칭송받았
던 대학의 자율성이 이제 공격의 대상이 된 것이다.

정부는 그때까지 민간 기업이나 대학처럼 자율성이 높은 교육기관
에 맡겨온 기능을 수행하려고 시도했다. 그리고 여러 기관들의 기능을 통
합하는 과정에서 시장 결정에 맡기려고 했다. 마크 피셔Mark Fisher는 이를
일컬어 모든 것을 기업 윤리에 맞추려는 교육의 '비즈니스 존재론business
ontology'이라고 했다. 즉 기업의 표준과 목표를 적용하고, 성과급 체계를 흉
내 내며, 심지어는 시장의 결정을 따르는 것이다. 그러면서도 정부의 통제
와 소유권은 유지하려고 한다.

정부가 교육 부문 개입을 확대하는 동안 초기 공적 비용은 억제되었
다. 학생당 지출이 1970년대부터 1990년대 중반까지 40%나 줄었다.

'교육, 교육, 교육'을 최우선으로 하겠다는 약속으로 1997년에 선출된
신노동당은 이 비용의 재민영화 해법을 제시했다. 하지만 이 비용 부담은
민간 기업이 아니라 각 학생에게, 더 정확히 말하면 학부모들에게 전가되
었다. 1998년에는 보조금이 폐지되고 대학 등록금이 도입되었으며, 2004
년에는 등록금 상한제가 적용되었다. 이러한 조치들은 고등교육 체제 내
에서 학생당 지출 수준을 일정하게 유지하고자 만든 제도였다.

정부는 자체 평가에서 이러한 일련의 제도가 성공적이라고 결론지었
다. 학생당 드는 비용은 심지어 정부의 개입 확대가 지속되는 동안에도 안
정세를 나타냈다. 공공부문의 대학 졸업자 취업도 활발하게 이루어졌다.
그 밖에도 체제 내에서 일부 제한적인 개혁이 이뤄지기도 했다. 현저하게

눈에 띄는 부분은 저소득층 가정의 학생들에게 일주일에 최대 30파운드까지 지원해주는 교육유지수당EMA: Education Maintenance Allowance의 도입이었다. 교육유지수당은 신노동당의 학생 정책에서 주목할 만한 토대가 되었다. 등록금 도입이 불가피했지만 낮은 수준을 유지했고, 정부 개입 확대는 재정 지원과 함께 지속되었으며, 일자리는 대학 졸업에 맞춰 구할 수 있었다. 이런 상황이 지속되기만 했다면 그들의 지배에 이처럼 강력한 도전을 하지는 않았을 것이다. 2000년대 초 반전 시위, 2010년 말 가자지구 침략에 반대하는 점령 시위 등 혁명의 불꽃이 곳곳에서 타올랐지만 블레어주의[1]는 모든 불꽃에 찬물을 끼얹었다.

정교하게 균형 잡힌 구조를 완전히 뒤엎은 사건은 2007년~2008년에 시작된 경제 위기였다. 전 세계 각국 정부는 타격을 입은 자국의 금융 체제에 구제금융을 실시했다. 믿을 만한 영국 중앙은행의 추정치에 따르면 영국은 이 과정에서 상상하기도 어려운 금액인 약 1조 2천억 파운드를 투입했는데, 이는 영국의 1년 경제 활동 생산량에 가까운 금액이었다. 이 비용은 최근 국가 부채와 적자를 늘리는 요인이 되고 있다.

국가 부채가 공공 서비스 부문에 대한 '과도한' 정부 지출 때문이라는 말은 사실과 다르다. 경제 위기 이전인 1997년과 2007년 사이에 신노동당은 공공부문에 평균적으로 국내총생산GDP의 38.9%를 지출했으나, 토리당 정부는 1979년과 1997년 사이에 국내총생산의 43.8%를 지출했다. 토리당 정부는 신노동당보다 더 '낭비가 심했던' 것이다.

---

1 **블레어주의Blairism:** 토니 블레어의 정치 이념으로 인간의 잠재성을 개발하여 모든 사람에게 최대, 최적의 기회를 제공하자는 것. 이는 경제의 운용을 시장 결정에 맡기자는 보수당의 대처리즘에 노동당의 전통 정치철학을 가미한 '수정사회민주주의'라고 말할 수 있다.

어찌됐든 핵심은 그들의 주장이 터무니없다는 것이다. 금융 체제 실패로 생긴 예외적인 지출 증가가 국가 부채를 증가시켰다. 금융 체제 개혁의 실패는 오늘날 일반화된 예산 삭감으로 이어졌다. 사실상 은행에 대한 구제금융으로 은행가들은 무사히 빠져나갔고, 올해 70억 파운드에 이르는 보너스 잔치를 연 것에서 알 수 있듯이 지금도 전과 똑같은 행태를 반복하고 있다. 하지만 금융 체제의 회생은 국민의 돈을 쏟아부어 가능했던 결과다.

자기 잘못에 대한 벌을 받지 않는다면 은행가들은 버릇없는 아이처럼 같은 잘못을 반복할 것이다. 그들의 도박과 망상은 고스란히 남아 있다. 현새 금융 체세 내부에 상당한 위험이 쌓이고 있다. 나시금 위기가 낙치리라고 예상할 만한 강력한 이유가 있는데, 그것은 국가가 마지막 구제금융 이후 휘청대고 있으며 돈을 투입할 여력이 더 이상 없다는 것이다.

국제결제은행은 지난해 연례보고서에서 "엄청난 빚을 진 국가가 은행을 구하기 위해 최종 매수자처럼 행동해서는 안 된다"고 분명히 밝혔다. 그러나 프랑스, 독일, 스페인, 영국의 재무제표는 이러한 상황에 대처하기에는 너무 '망가져' 버렸다.

뉴 이코노믹스 재단은 몇 가지 수치로 이를 뒷받침하고 있다. 영국의 은행들은 현재 공적 자금 지원이 부족해짐에 따라 2011년에 1,560억 파운드에 달하는 자금 부족에 직면할 것이다. 은행들은 또 다른 구제금융을 찾아 나서게 될 것이다. 심지어 국제통화기금IMF조차도 구제금융 체제가 안정화를 위협하는 세계 경제의 '아킬레스 건'이라고 말할 정도이니, 최초의 구제금융이 버릇없는 아이들을 만들어낸 셈이다.

이런 상황이 지금의 위기를 규정한다. 더불어 아주 특별한 문제도 생겨났다. 우리가 지난 경제 위기 때 금융 체제 비용을 사회화하는 데 동의했기 때문에 분명 다음에 발생할 위기 비용도 떠맡게 될 것이다. 그다음에도, 또 그다음에도 말이다. 하지만 영국의 자본주의는 그렇게 커져버린 금융 비용과 다른 공공서비스 비용들을 감당할 수 있을 만큼 크지도 역동적이지도 않다. 영국 정부는 도저히 두 비용 모두를 감당할 수 없다.

여기서 한 가지 질문을 던져본다. 금융을 살릴 것인가, 공공 서비스를 살릴 것인가?

백만장자 연립정부는 뻔뻔하게도 전자를 선택했다. 그 선택은 우리 정부가 최대한의 지출을 짜내도록 강요했다. 그 결과 전면적인 민영화로 대학은 민간 부문에 맡겨지고, 접근성과 불평등 문제가 일어나는 등 고등교육이 곤경에 처했다. 이는 교육 유지비용을 폐기함으로써 신노동당의 진정한 개혁들 가운데 하나를 버린다는 뜻이다.

학생들은 다른 답변을 해왔다. 신노동당의 합의 폐기가 수십 년 동안 영국에서 볼 수 없었던 대규모의 급진주의를 만들어냈다. 학생들은 구제금융과 보너스 잔치에 반대하면서 공공서비스 자금 지원 확대를 요구한다. 또한 캐머런 총리와 클레그 부총리가 주장하는, 단지 가격으로만 가치를 매기는 자유 시장에 반대하면서, 교육 그 자체에 가치를 매기자는 폭넓고 새로운 비전을 제시했다.

그렇게 함으로써 학생들은 연립정부가 해온 교육 지원금 삭감 합의를 깨뜨렸고, 다른 사람들이 따를 수 있는 새로운 길을 열었다. 2011년의 결실은 얼마나 많은 사람들이 스스로 앞장서느냐에 달렸다.

회상　　자본주의의 불만[A]

에릭 홉스봄 Eric Hobsbawm

영국 역사학자로 진보사관에 충실한
마르크스주의 학자.

자신들에게 모든 혜택을 제공해주는 사회에 반기를 드는 학생들, 갚아야 할 할부금도 잊은 노동자들, 그들이 벌이는 자발적인 대규모 운동 덕분에 우리의 삶은 초과수당을 받거나 팔마Palma에서 보내는 휴가 그 이상을 누리게 된다. 비단 프랑스만의 일이 아니라 전 세계적으로 일어날 수 있는 현상이다.

　비록 정치인들은 모르더라도 우리는 사람들이 만족하지 못함을 안다. 사람들은 소비사회에서 자신의 삶이 의미 없다고 느낀다. 또한 사람들은 안락할 때조차(많은 이들이 안락하지 않지만) 예전보다 훨씬 무력하고, 자신들을 인간이 아닌 물건으로 취급하는 거대한 조직이 짓누르고 있음을 안다.

　사람들은 선거와 정당같이 자신들을 대변하는 공식적인 메커니즘들이 공허한 의식을 수행하는 일련의 허울뿐인 단체가 되어가고 있음을 안다. 사람들은 그것이 싫으면서도 자신이 무엇을 해야 할지 몰랐다. 어쩌면 그들이 할 수 있는 일이 있기나 한 것인지 궁금해할지도 모른다. 프랑스 정부는 사람들이 시위할 때 더 이상 나약하지 않음을 증명했다. 그들은 다시 행동을 시작할 수도 있을 것이다. 그 이상일지도 모른다. 좀비가 아닌 인간답게 행동하려는 많은 이들을 가로막는 건 무력감뿐이다.

다시 행동을 시작할 수도 있을 것이다. 그 이상일지도 모른다. 좀비가 아닌

자율 대학의 진정한 얼굴

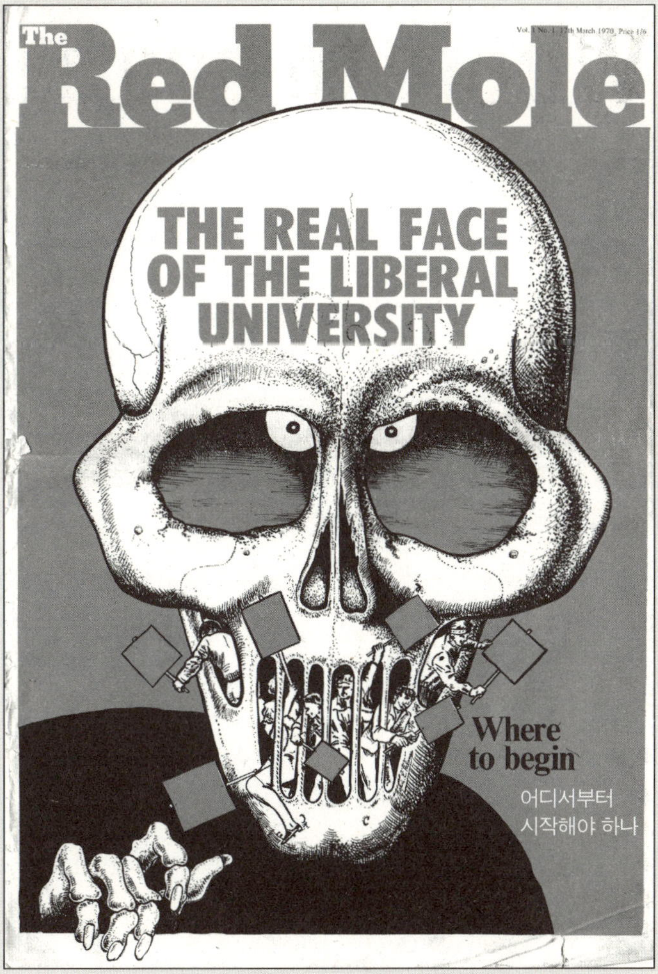

출처: Front Cover of *The Red Mole*,
Vol. 1, No. 1, 1970년 3월 17일.

   자본주의의 불만

교육예산 삭감, 계급과 인종차별

칸자 세사이|Kanja Sessay

전국학생연합의 흑인 학생 담당자.

2010년 11월 10일은 5만 명이 넘는 학생과 교수들, 학부모들이 등록금 3배 인상안에 반대하며 런던 거리로 나와 학생운동에 일대 변혁을 불러일으킨 날이다. 영국은 교육비가 세계에서 가장 비싼 나라 가운데 하나면서 터무니없이 비싼 교육비로 우리 사회에서 가장 가난한 사람들을 배척하고 있다. 이는 학생들뿐만 아니라 그 주변 사회에 큰 충격을 줄 것이다. 전국학생연합의 흑인 학생운동은 백만 명 이상의 아프리카, 아시아, 아랍, 그리고 카리브 연안의 학생들을 대표한다. 또한 자율 교육에 찬성하는 장기간의 정책을 옹호하고 자율 교육을 방어해왔으며 역대 정부를 상대로 홍보 활동을 펼치기도 했다. 하지만 불행하게도 전국학생연합의 지도부는 등록금 인상안 투표를 앞둔 몇 주 동안 자체적으로 회의를 소집하기는커녕 도와주는 일에도 계속 실패했다.

토리당이 이끄는 정부의 교육예산 삭감 정책은 모든 영국인들의 삶에 영향을 미치겠지만, 특히 가장 가난하고 취약한 계층의 사람들이 충격을 받을 것이다. 경찰은 젊은이들에게 무자비하게 굴고, 전국학생연합 지도부는 스스로에게 '줏대 없고 머뭇거린다'는 꼬리표를 붙여버렸다. 그럼에도 불구하고 학생들의 항의, 점령, 저항의 물결은 토리당 정부 안건에 대한 반대의 시작일 뿐이다. 등록금 인상과 교육유지수당 폐지안이 표결에 붙여졌지만 학생운동은 "단지 시작일 뿐"이라고 되풀이하고 있다. 영국 최대 노조 유나이트Unite의 렌 맥클러스키Len McClusky, 통신일반노조Communication Workers Union의 빌리 헤이스Billy Hayes와 같은 사람들의 지지를 받는 학생운동은 사회에 중요한 공공서비스 수호와 누구나 접근할 수 있는 질 높은 교육을 위한 최초의 저항임이 확실하다.

등록금을 연간 최대 9천 파운드까지 인상하는 안에 대한 투표는 많은 사람들의 예측보다 훨씬 아슬아슬했다. 국회의원들 노한 이번 선으로 얼마나 압력을 받았는지 드러났다. 나는 투표가 있던 날, 경찰의 케틀링과 기병대 투입, 경찰봉을 사용한 군중 통제 속에서도 의회까지 행진한 수만 명의 학생들과 함께했다는 사실이 자랑스럽다. 반면 전국학생연합 지도부는 같은 날 자율 교육의 상실을 애도하며 쓸쓸히 촛불 시위를 벌이고 있었으며, 심지어 아론 포터 대표는 시위 과정에서 43명의 부상자를 낸 경찰의 무자비함에 대해 비난하지도 않았다. 경찰의 무자비한 진압 때문에 시위 도중 의식을 잃고 쓰러진 무슬림 여성을 포함해 부상자들이 속출했다. 그 무슬림 여성은 뇌진탕으로 의료 조치를 받는 동안 의료진으로부터 히잡hijab에 대한 모욕적인 발언을 듣기까지 했다. 아론 포터는 등록금 인상에 반대하지 않았으며 다만 인상폭을 줄여야 한다고 주장했다. 이는 지난 1월 학생들의 시위에 대한 지지를 거부했던 사이먼 휴즈 부총재의 경우와 마찬가지로 강력한 배신 행동 중 하나였다. 그렇더라도 새롭게 떠오르는 학생운동이 언론의 관심을 받고 그 순간의 분위기를 잡아내는 일을 막지 못

    교육예산 삭감, 계급과 인종차별

했다.

이번 시위는 우리가 여태껏 보아온 어떤 시위보다도 연령층이 젊고 참여폭이 넓었다. 어린 학생부터 대학준비과정 학생, 교수와 교사 및 학부모들까지 시위에 참가했다. 이토록 넓은 참여폭은 지원금 삭감이 여러 세대에 가져다줄 잔인한 충격을 반영한다. 또한 페이스북과 트위터 같은 소셜미디어는 그 어느 때보다도 역동적인 시위를 창출하는 기반이 되었다. 학생들에 대한 언론의 편견에 비해 소셜미디어는 보다 중요한 사실들을 알려주었다. 데모, 점령, 토론회, 연좌시위, 플래시 몹[1]과 같은 단어들이 잇달아 머리기사를 장식하면서 화제가 되었다. 이 단어들은 경찰관들의 손이 빚어낸 무자비한 진압과 의회의 표결 속에서도 사라지지 않았으며 등록금 인상 반대 시위의 공통 언어가 되었다.

이번 지원금 삭감안은 이념적이고 시대에 역행하는 조치이다. 이 법안은 우리의 사기를 꺾은 게 아니라 오히려 활기를 불어넣었다. 학생운동 내에서는 교육예산 삭감을 반대하는 쪽이 국가 경제에 가장 이익이 된다는 논리가 이해를 얻고 있다. 처음부터 사회 전 부문에서 정책의 권위가 약화되었으므로 어느 정부라도 물러서야 하는 매우 위험한 상황이다.

교육 투자는 국가 성장을 촉진하고 손실을 막아줌으로써 이익으로 되돌아온다. 고등교육에 230억 파운드를 투자하면 일자리, 수출, 혁신 등과 같은 다양한 형태로 600억 파운드만큼의 경제 효과를 만들어낸다[A]. 고등교육에 1파운드 투자할 때마다 경제가 2.60파운드 확대되는 셈이다. 재무부

1　**플래시 몹flash mob**: 미리 정한 장소에 모여 아주 짧은 시간 동안 약속한 행동을 한 후, 바로 흩어지는 불특정 다수의 군중 행위.

의 모델은 정부가 파운드당 추가 수입을 국가 부채 상환과 다른 공공서비스 투자에 쓰고 나면 절반인 약 1.30파운드가 세수로 돌아옴을 보여준다.[B] 교육 투자 감소는 대학 졸업자 감소로 이어질 것이다. 영국은 2000년만 해도 대학 졸업 비율이 세계 최고 수준이었지만 현재 경제협력개발기구[OECD] 가입국의 평균에도 미치지 못한다.

등록금 인상에 반대하는 사람과 노동운동가들은 교육예산 삭감이 경제적 반달리즘[vandalism]이며, 가장 가난하고 빚까지 짊어진 학생들에게 타격을 입히고 있다고 본다. 영국에서 흑인의 75%가 가난한 지역으로 알려진 88개 구에 거주하고 있으며, 그곳에서 흑인 학생들은 극도로 가난하게 살아간다. 흑인 학생들 대부분이 연장교육을 받고 있으므로 교육유지수당 폐지는 이들이 가진 삶의 기회에 무차별적인 충격을 가져다줄 것이다. 뿐만 아니라 지방에도 큰 충격을 안겨줄 것이다. 잉글랜드 지역의 16~18세 청소년 중 거의 64만 7천 명이, 버밍햄과 레스터에서는 16세 청소년 중 5분의 4가 교육유지수당을 받는다. 교육유지수당 폐지로 대학준비과정 학생의 70%가 중도 탈락할 것이라는 전망도 이미 나왔다.

이번 예산 삭감은 이들 세대에 보다 비참한 상황만을 가져다주고 우리의 어깨에 무거운 짐을 지울 것이다. 그리고 젊은이들의 실업, 특히 흑인 젊은이들의 실업률이 지속적으로 상승하게 될 것이다. 일터에서의 차별은 흑인들이 빚을 갚는 데 더 오래 걸림을 의미한다. 흑인들은 또래의 백인들보다 적게 번다. 정부 조사 결과를 보면, 아프리카계 흑인 여성들의 경우 실력을 고려한다고 하더라도 27%나 적게 버는 것으로 나타났다.[C]

대학 졸업생들 중에서도 흑인이 백인보다 취업하기 어렵다는 사실이 상황을 더 심각하게 만든다. 2009년 정부는 함정수사를 통해 아프리카계

  교육예산 삭감, 계급과 인종차별

와 아시아계 이름의 지원자들을 상대로 광범위한 인종차별이 있었음을 밝혀냈다. 백인으로 예상되는 지원자는 긍정적인 답변을 들을 때까지 아홉 번의 지원서를 냈지만, 같은 자격 조건과 경험을 갖춘 소수민족 지원자는 유사한 답변을 받기까지 열여섯 번 지원했다고 한다.[D]

　이러한 모든 요인이 현 정부에서, 무엇보다 교육예산 삭감안으로 보다 명확해졌다. 정부의 움직임으로 촉발되어 새롭게 떠오른 행동주의와 분노는 정치 풍경의 일부로 계속될 것이다. 젊은이와 학생들에게 불공평한 경제 정책들이 준 충격은 영국뿐 아니라 유럽 곳곳에서 비슷한 긴축정책에 대한 저항의 폭발 지점을 제공했다. 최근에는 튀니지의 물가 상승이 부패한 벤 알리Ben Ali 정부에 맞선 폭동을 불러일으키며 젊은이들을 자극했다. 영국에서 교육 지원금과 관련해 항의하는 학생들과 마찬가지로 튀니지 학생들도 "이것은 단지 시작일 뿐이다"라고 말한다. 토리당 정부가 주도하는 기타 공공 부문의 예산 삭감은 다른 부문으로 바통을 넘길 것이다. 명백한 것은 교육예산 삭감에 대한 폭넓은 반대가 영국 사회에서 교육의 사회적, 경제적 및 정치적 중요성을 증명해준다는 사실이다. 영국 교육을 살리기 위한 투쟁은 계속될 것이다.

A　　Lord Mandelson의 연설, "The Future of Higher Education-The Peering Lecture", 2010년 2월 11일.
B　　*Treasury Economic Working Paper*, No. 5, 2008년 11월.
C　　"*An Anatomy of Economic Inequality in the UK*", the National Equality Panel 보고서, 2010년 1월.
D　　*Observer*, 2009년 10월 18일자.

런던정치경제대학의 어제와 오늘

아스콕 쿠마Askok Kumar
런던정치경제대학 학생회에서 교육을
담당하고 있다.

1968년 10월 27일, 영국에서 학생들의 저항운동이라는 판도라 상자가 열렸다.

베트남전이 한창이었고, 동양에 대해 수십 년 동안 팽창정책을 추진해온 서양은 신랄한 내부 비판의 수렁에 빠져들고 있었다. 또 힘 있는 기성세대를 대신해 전쟁터로 내몰린 열정적인 젊은이들로 넘쳐나고 있었다. 그 결과 1960년대에 대학은 저항과 쇄신, 그리고 혁명의 진원지로 떠오르게 되었다. 버클리대학은 언론의 자유를 주창했고, 소르본대학은 총파업을 주도했으며, 베를린대학은 대규모 연좌시위를 이끌었다. 이제 런던대학 차례였다. 활기가 넘치던 10월의 어느 날, 호턴 거리에 밀집한 3천여 명의 학생들은 교내에 바리케이드를 치고 런던정치경제대학이라는 신성한 전당에서 꺼져가는 듯했던 민주주의의 혼에 다시 한번 불을 지폈다.

그로부터 42년 후 우리는 데자뷰를 경험하게 되었다. 2010년 11월 10일, 정부가 내놓은 교육 지원금 삭감과 등록금 3배 인상안에 항의하며 1,400여 명의 성난 학생들이 '68 정신'이란 기치를 내걸고 런던정치경제

대학 안에 있는 호턴 거리를 행진했으며, 영국 역사상 최대 규모의 학생 시위 단체인 '자유교육연합Free Education Bloc'과 연대했다. 1960년대의 구호인 "런던, 파리, 로마, 베를린-우리는 싸우리라! 우리는 이기리라!"는 "하나-둘-셋, L-S-E, 우리는 부당한 등록금 인상을 거부한다!"로 바뀌었지만, 1968년의 강력한 저항과 시위는 지울 수 없는 기억으로 우리들 가슴속에 남아 있다. 다시 말해 결과는 다르지만 방법은 같은 것이다.

노예 출신으로 인권운동의 선구자인 프레더릭 더글러스Frederick Douglass 는 "권력은 요구하지 않으면 아무것도 내주지 않는다. 과거에도 그랬고 앞으로도 그럴 것이다"라고 주장했다. 런던정치경제대학 학생회 선출직 위원으로서 나는 다음과 같은 생각을 하며 시위 학생들을 적극 지지하지 않을 수 없었다. 지난날 저항 정신을 기반으로 일어난 학생들의 행동이 오늘날의 학생들에게 어떤 직접적인 영향을 끼쳤을까?

1960년대 이전 서구의 고등교육 기관들은 사회의 각 계층이 대립하던 문제들에 대해 권력의 편에 서는 지식인들을 엘리트로 대접했다. 그러나 1960년대 이후 다양한 계층의 사람들이 대학에 들어오면서 상황이 달라지기 시작했다. 이전까지 예외로 치부했던 심한 억압, 즉 일상화된 인종차별, 국제적인 폭력, 정치 억압 등의 여러 상황에서 대학이 저항하기 시작했다.

1968년 런던정치경제대학을 살펴보면, 이러한 변화가 반전 행진과 학생들이 주도하는 시위의 형태로 명확하게 모습을 드러냈다. 저항의 방식은 더 이상 교수의 명령이나 교과서적인 절차, 또는 역사 속의 선례를 따르지 않았다. 학생들은 대학을 자신들이 뿌리 내릴 대상으로 보지 않고 주변을 둘러싼 권력과 맞서 싸우기 위한 도구로 활용했다. 대학의 유산이란 돌이나 회반죽으로 만든 건물에 한정된 것이 아니라, 스스로 유산을 창조하고 자신들의 것으로 가꿔나가겠다는 학생들의 의식 속에 있는 것이었다.

최근까지 런던정치경제대학에서 단체 행동주의는 역사책에서 읽거나 수업시간에야 접할 수 있는 것이었다. 우리는 1895년 런던정치경제대학을 창립한 페이비언들[1]의 영혼과 1968년 혁명의 횃대에 불을 붙인 급진주의자들을 먼 과거의 사람들처럼 느껴왔다. 하지만 집단의 기억 속에 남아 있고 오늘날 런던정치경제대학의 안내 책자에 새겨진 그들의 상징적 이미지는 지금 우리에게 투쟁의 영감이 되고 있다.

1968년과 현재 일어나고 있는 런던정치경제대학의 대규모 학생운동 사이에는 40년이 넘는 세월이 가로놓여 있지만, 둘은 명백히 닮았다. 학생들이 호턴 거리를 행진했고 올드 빅 극장에서 열정적인 학생총회를 열었으며 수백 명의 학생과 교수들, 그리고 많은 지지자들…… 모두 함께했다. 우리 런던정치경제대학인들은 우리의 '(히)스토리'에서 배우고 우리의 '(히)스토리'를 만들어간다.

---

1 **페이비언들Fabians:** 런던정치경제대학을 설립한 베아트리체 웹Beatrice Web, 시드니 웹Sidney Web, 그레이엄 월러스Graham Wallas, 조지 버나드 쇼George Bernard Show 4명의 페이비언협회Fabian Society 회원들을 말한다. 페이비언협회는 점진적이고 민주적인 방법을 통해 사회주의를 실현하고자 한 단체이다.

교수들이여,
학생들 편에 서라!

니나 파워 Nina Power

로햄튼 대학교 철학과 부교수.
『1차원 여성 *One Dimensional Woman*』
의 저자.

학생들의 점령 시위가 한창일 때, 대학 경영진은 교수들에게 '종합 보안 대책'과 '학생 시위: 교수를 위한 종합 대책' 등이 적힌 지침을 매일 나눠주었다. 이 지침의 핵심은 '교수 개인이 시위자들과 연루되거나 논쟁해서는 안 된다', '시위의 옳고 그름에 대한 논쟁에 휩쓸리는 것을 점잖게 피하라(시위 관련자든 아니든, 반대자든 상관없이)'였다.

교수들은 더 나아가 '학교 측 계획을 함구하라—시위와 관련 없는 사람이나 교수들에게도 정보를 누설하지 마라', 그리고 '철저한 출입문 단속, 모든 보안 문서는 캐비닛에 보관, 민감한 아이템은 가급적 제거할 것, 모든 컴퓨터 차단(긴급 상황이 아닌 경우 메시지 확인을 위해 한 대만 켤 것)' 등의 추가 지침을 받았다.

'학생들에게 말하지 말고, 그들의 말에 귀를 기울이지 말며, 왜 학생들이 분노하는지 이해하려고 들지 말라'는 것이다. 교육예산 삭감과 등록금 인상에 대해 교수와 학생들이 반대하는 공통의 명분은 이러한 절망적인 내부 커뮤니케이션을 괴롭힌다. 경영진의 메시지는 분명하다. '학생들은, 늘 대학 측의 재산을 파괴하거나 내부 커뮤니케이션을 방해하고, 상업화된 대학의 원활한 운영을 방해하는 흉포한 무리가 되는 것과는 거리가 멀다.'

2011년 1월 초, 런던 경찰청 대테러국의 한 담당 경찰관이 런던대학 전 교직원에게 '향후 예상되는 시위나 점령과 관련된 정보를 알려준다면 큰 도움이 될 것입니다'라는 내용의 이메일을 보냈다. 교수들은 정보원이 되고 학생들은 내부의 적인 '테러리스트'가 된 것이다.

2010년 11월에는 학생 시위를 지지한 교수들의 사진이 '폭도를 찬양하는 교사들'이란 제목 아래 신문 1면을 장식하기도 했다. 이는 토리당의 본거지인 밀뱅그 다워 점령을 옹호힌 골드스미스대학 교직원들을 공격하는 기사였다. 2010년에 미들섹스대학의 철학과 폐지 관련 시위를 옹호했다는 이유로 경영진이 교수와 학생들을 징계한 사례가 있었다. 그때와 마찬가지로 이번 사건도 뚜렷하게 찬반이 나뉘었다. 교수들의 명분이 학생들과 같다며 이해하는 사람들이 있는 한편 학생들은 성가신 대상일 뿐이며, 점점 줄어드는 일자리를 얻기 위해 돌아다녀야 하는 존재라고 생각하는 사람들도 있었다. 하지만 일부 대학 교수들과 학생들의 고민을 이해하고 공유하는 경영진이 있다는 사실은 주목할 만하다. 12월 초 로햄프턴대학의 폴 오프레이Paul O'Prey 부총장과, 베드퍼드셔대학의 레스 엡던Les Ebdon 부총장, 울버햄프턴대학의 캐롤린 깁스Caroline Gipps 부총장은 당초 모두 지지하기로 했던 등록금 인상안 서명을 거부했다.

교직원과 학생들이 등록금 인상과 교육 예산 삭감 문제에서 서로 대립하고 의심하는 상황은 오늘날의 대학에서 학생과 교수의 관계에 있어 보다 폭넓고 근본적인 혼란을 보여준다. 등록금 도입, 그리고 대학이 학생

    교수들이여, 학생들 편에 서라!

들을 '고객'이라 칭하는 것은 이들을 재난과 같은 상호 파괴적인 관계로 이끌었다. 학생들이 학위를 돈 주고 사는가? 교수가 그들에게 상품을 파는가? 학생들은 서비스 요금을 내니까 자신들이 원하는 게 무엇이든 교수들이 제공해줄 것이라고 기대해야 하는가? 교수와 학생들이 함께 행진할 때, 혹은 교수들이 학생들의 점령 시위를 지지하고 학생들은 교수들을 옹호할 때 오늘날 대학 체제의 진정한 위기는 분명해진다. 그들은 우리를, 우리 모두를 공격할 것이다. 하지만 경찰이 아무리 무리한 요구를 해온다 해도, 아무리 편집증적인 내부 지침을 받는다 해도 우리 교수들은 기필코 학생들 편에 서야 한다.

앨비언 장미

수잔 매튜스Susan Matthews
로햄튼대학 영문학과 부교수.

런던에서 학생 시위에 참가한 내 아들이 무상당한 2010년 12월 9일 이후로 나는 윌리엄 블레이크의 그림 <앨비언 장미 *Albion Rose*>에 사로잡혀 있다. 그것은 너무나 익숙해서 식상하기까지 한, 영원히 1960년대에 속한 듯한 여러 이미지들 가운데 하나다. 블레이크는 <앨비언 장미>를 1790년대에 그렸지만 '1780년'에 헌정했다. 1780년은 군중이 일주일 동안 런던 시내를 활보하며 교도소에 불을 지르고 영국 중앙은행을 위협한 폭동이 일어났던 해이다. 폭동에 참여하지 않은 동시대의 대다수 사람들에게 고든폭동은[1] 순식간에 기억에서 사라진 광신주의자들의 추악한 소요였을 뿐이다. 하지만 블레이크의 이미지는 이상할 정도로 기쁨에 차 있고, 국가 또는 세계가 다시 태어난 듯한 모습을 담고 있다.

1 **고든폭동Gordon Riots**: 1978년 영국의회에서 가톨릭 해방법이 통과되어 가톨릭교도에 대한 신분상의 차별조치가 처음으로 완화되었다. 영국 국교도인 조지 고든은 이 법을 반대하는 시위를 이끌었는데, 시위 중 일부가 폭도로 변해 대규모의 폭동사건이 일어났다. 주로 부유한 가톨릭교도의 집과 점포, 유력한 정치가의 저택 등이 공격당했다.

12월 9일 이후로, 이번 일이 아니었다면 만나지 못했을 다양한 사람들의 연락을 받았다. 시위에 참여한 자식을 둔 부모들은 교육을 지키는 데 공헌한 아이들을 뿌듯해했다. 운동가들은 정신적 회복이 어려울 것이라고 경고했고, 정치경제학자들은 정부의 파괴적인 프로젝트에 대한 분석을 내놓기도 했다. 물론 회의적인 시각을 드러낸 사람들도 있었다. 동료 교수들은 시위자들이 교육예산 삭감의 영향을 직접적으로 받지 않은 학생들이라는 점에서 불신의 징조라고 우려했다. 인터넷의 익명성에 기댄 일부 사람들은 중산층 시위 학생들을 겨냥해 소란스런 분위기에 휩쓸렸느냐, 가난한 학생들 학비 보조금을 모금하러 나왔느냐며 비난을 퍼붓기도 했다.

일부 사람들이 이번 시위를 광기에 찬 사람들의 폭동이 아닌 다른 어떤 것으로 생각하기란 힘든 일이다. 몇몇 교육받은 사람들은 오랫동안 자신들이 군중의 무분별함이라는 힘에 대항하고 있다고 상상해왔다. 아담 커티스Adam Curtis의 BBC 다큐멘터리 <자아의 세기 *The Century of the Self*> 또는 1992년 존 캐리John Carey가 모더니스트 미학에 숨어 있는 속물근성을 묘사한 『지식인과 일반 대중 *The Intellectuals and the Masses*』을 보면 잘 알 수 있다. 이런 두려움은 데이비드 캐머런 총리가 이번 시위에 보여준 반응에서도 고스란히 찾아볼 수 있다. 캐머런은 이제 편을 정했다. 그는 '그들'에 대항하는 '우리'라고 말하면서, 시위자들이 '완전히 극악무도한 방식으로' 행동하고 있으며, 시위에 폭력이 만연해 있다고 주장했다.

캐머런처럼 나도 옥스퍼드대학 출신이지만, 그와는 달리 나는 1992년부터 20년 동안 대학에서 학생들을 가르친 폭넓은 경험이 있기에 탁월한 교육이 일류 대학의 전유물이 아니라는 사실을 안다. 대학은 학생들에게 시설이나 평판, 그럴듯한 광고를 내세우며 학교를 선택하게끔 홍보한다. 대학에서 일을 해본 나로서는 홍보 내용 대신 확실한 근거를 바탕으로 대학을 선택할 것이다. 내 아들은 현대 유럽철학을 선도하는 곳에서 공부하고 싶어, 1992년 이후 4년제 대학이 된 미들섹스대학을 선택했다. 하지만 이 대학의 철학과는 학생당 교수 비율을 높게 유지했고, 거기에 대학원생 비율 또한 높았던 탓에 결국 폐쇄되고 말았다. 이러한 경험은 러셀그룹Russell Group[뛰어난 교육 여건과 우수한 연구 실적을 가지고 있는 영국의 20개 대학] 학생들에게는 흔한 일이다. 12월 9일 의회 광장을 걸으면서 나는 어색함을 느꼈고, 차라리 테이트 브리튼Tate Britain 갤러리에 들러야 하는 게 아닌가 하는 생각마저 들었다. 하지만 '케틀링'이라는 집단 처벌이 시위자들 사이에 어떤 차이를 만들어내지는 못했다. 나는 사람들을 자극하는 경찰의 결정 속에서도 추위와 두려움, 분노와 당혹감을 견디고 기다렸던 사람들 편이다. 이것이 '개혁'이라는 연막을 가르며 자신들의 논리를 행동으로 보여주는 시위자들의 목소리다. 나는 많은 시위자들이 등록금 인상이나 교육유지수당 폐지로 직접적인 타격을 입지 않은 사람들이라는 사실에 감동받았다. 이타주의의 가능성을 의심하는 건 암담한 미래를 상상하는 것이다.

12월 9일 이후로, 나는 블레이크의 진부한 이미지를 새로운 방식으로 바라보게 되었다. 블레이크는 폭동을 직접 보았고, 무심코 군중 속에 휘말려 들었으며, 그 속에서 동시대에 기록되지 못한 것들을 보았음에 틀림없다. 내가 바라본 시위 학생들의 이미지는 신문 1면을 장식한(내가 목격하지 못한) 폭력적 이미지, 또는 다치고 얻어맞은(비록 다친 내 아들 옆에 앉아 있기는 했지만) '희생물'이 아니다. 내가 기억하는 건 불공평한 대우에 항의하고, 필요성에 대한 잘못된 논리에 의문을 품으며, 수십 년 동안 확장해온 고등교육의 손상되기 쉬운 성과를 보호하려고 다양한 사람들이 보여준 결의였다.

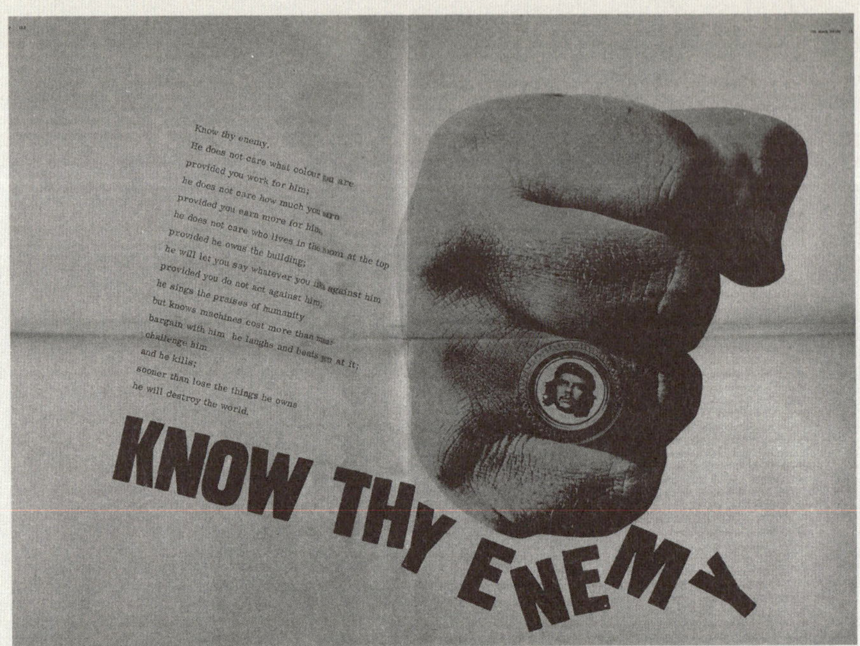

회상

출처:
크리스토퍼 로거
Christoper Logue
의 포스터시
(*Black Dwarf*, 1968).

적을 알라

적을 알라.

그는 네가 무슨 색이든 상관없어 한다.

네가 그를 위해 일한다면,

그는 네가 얼마를 벌든 상관없어 한다.

네가 그를 위해 더 벌어준다면,

그는 옥탑방에 누가 살든 상관없어 한다.

그가 건물을 소유한다면,

그를 반대하는 너의 어떤 말이든 그는 허락하리라.

네가 그에 반하는 행동을 하지만 않는다면,

그는 인류를 칭송하며 노래를 부를 것이다.

허나 기계가 사람보다 값이 나간다는 걸 아는구나.

그와 흥정하라, 그는 웃으며 너를 치리라.

그에게 도전하라.

그러면 그는 목숨을 앗아가리라.

그는 가진 것을 잃느니

세상을 멸망시킬 것이다.

학생 행동주의의 부활

헤샴 야파이|Hesham Yafai

킹스 칼리지 런던 학생.

오늘날 학생 행동주의 동향의 가상 놀라운 특성 중 하나는 연립정부의 공격을 받고 있는 영국 내 지역사회뿐 아니라, 교육받을 권리를 놓고 다투는 세계의 다른 지역 사람들에게까지 퍼져, 더욱 광범위한 투쟁으로 자리 잡았다는 점이다. 우리는 의회의 예산 삭감에 항의하며 뎃퍼드Deptford 타운홀에서 열린 골드스미스대학 점령 사건, 티켓 판매소 폐쇄에 반대하며 전국철도해양운수노조RMT: National Union of Rail, Maritime and Transport Workers와 연대하여 지하철역에서 시위한 킹스 칼리지King's College 학생들, 그리고 불공정한 계약 변경을 막고자 소방관들과 연대해 피켓 시위를 한 런던정치경제대학 학생들을 보았다. 하지만 세계에서 벌어지고 있는 학생운동에 대해 제대로 알아보려면 2008년 12월 27일로 돌아가야만 한다. 바로 그날, 이스라엘은 가자지구를 포위하고 국제사면위원회Amnesty International에서 이른바 '죽음과 파괴의 22일'이라고 칭한 22일간의 공격에 나섰다. 이 공격에 대한 유엔의 공식 조사를 보면 이스라엘은 전쟁이라는 범죄를 저질렀고, 어쩌면 인류에 대한 범죄를 저질렀을지도 모른다. 세계의 지도자들이 늘 해왔던 뻔하고 지겨운 '비난'을 되풀이하는 동안, 영국에서는 거리마다 분노가 끓어오르고 전국적으로 수십만 명의 사람들이 시위에 함께 참여했다.

분노는 거기서 끝나지 않았다. 학생들은 학교로 돌아와 조직을 만들기 시작했다. 판에 박힌 시위 방식으로는 실패한다는 점을 인정했기 때문이다. 학생들은 진정한 변화를 이루려면 스스로 조직을 만들고 앞으로 전개될 전쟁에서 싸우기 위해 독자적인 길로 나아가야 한다는 사실을 깨달았다. 2009년 초, 소아즈 학생들은 팔레스타인인들과 연대하여 이 대학의 대규모 미술관들 중 한 곳을 점령했다. 이른바 '아이팟 세대'의 신화가 폭발했고, 갑작스럽게 68정신이 되살아나 입에 오르내리기 시작했다. 에섹스, 버밍엄, 옥스퍼드, 캠브리지, 맨체스터 등 여러 대학들이 곧 뒤따랐다.

점령 현장에 있던 학생들이 조직을 효과적으로 만들기 시작했고, 타리크 알리, 알렉스 켈리니코스, 가다 카르미, 린지 저먼 등 경험이 풍부한 정치·사회 활동가와 운동가들이 이들을 방문했다. 폐강, 수업 거부, 시위, 무대 장치, 이목을 끄는 경이적인 기술, 기획 회의와 대규모 행사 등이 대학과 나라 곳곳을 뒤덮었다. 이는 진정한 학생 행동주의의 부활이며, 권력을 빼앗겼던 학생들이 최전방의 저항자로 변모한 것이고, 지구 반대편에서 행해진 불의가 자극이 되어 새로운 학생 정치의 시대를 열게 한 사건들이었다. 영국 학생들이 자신들의 이름으로 항의했다는 사실이 수천 건의 지지와 감사의 메시지를 보낸 팔레스타인인들에게 효과적이지는 못했다. 오늘날 팔레스타인에서는 웨스트 뱅크^{West Bank}[가자지구와 더불어 이스라엘과 팔레스타인의 대표적인 영토분쟁 지역]의 분할이 심각하게 지연되고 있으며, 검문소에서 주기적으로 학생들이 수업에 들어가지 못하게 하는 등 다양한 형태의 공격을 받으면서도 교육을 계속하고 있다. 통제받고 있는 팔레스타인 경제 상황 하에서 수만 명의 학생들이 공부하고자 해도 공부할 수 있는 경제적 여유를 갖지 못하고 있다. 운즈와UNRWA: United Nations Relief and Works Agency[국제 연합 팔레스타인 난민 구제 사업 기관] 직원들은 수업을 취소할 수밖에 없는 팔레스타인의 현실, 학생들이 체포되거나 군사 법정에서 재판을 받을지도 모르는 위험, 학교와 대학이 폐쇄되거나 군대 막사로 변용될 위기에 처해 있다는 점 등을 들어 파업을 결행했다. 이렇듯 많은 역경 속에서도 팔레스타인인들은 투쟁을 계속해 나가고 있으며, 놀랍게도 아랍 세계에서 글을 읽고 쓸 줄 아는 국민의 비율이 여전히 두 번째로 높다.(B)

팔레스타인의 비르자이트대학Birzeit University에 뿌리를 둔, 세계적인 '교육받을 권리Right to Education' 캠페인은 2010년 여름 웨스트 뱅크에서 국제회의를 개최하는 등 속도를 내고 있다. 교육받을 권리 주간은 서서히 상설 주간으로 자리 잡고 있으며, 자유롭고 공정한 교육을 위해 싸우는 전 세계의 다양한 투쟁 간의 연계를 도와주고 있다. 이러한 투쟁은 프랑스와 그리스 학생들, 노동자들이 연대한 사례에서 볼 수 있듯이 국경을 뛰어넘은 것이다.

가자지구에서 골더스 그린Golders Green[런던의 유대인 마을]까지, 또 그리스를 뛰어넘어 더 먼 지역들에서도 공동의 투쟁이 일어나기 시작했다. 국제적 연대에서는 의제에 대한 지지, 공유하는 대의명분에 대한 공통의 정서가 스며들어 있다. 이러한 일체감은 전 세계 여러 단체들이 가장 명확한 메시지를 담은 다음과 같은 성명을 통해 가장 잘 표현될 것이다. "우리의 투쟁은 여러분의 투쟁이요, 여러분의 투쟁은 우리의 투쟁입니다."

A   'Israel/Gaza: Operation "Cast Lead": 22 Days of Death and Destruction', Official Amnesty International Report: at www.amnesty.org

B   Human Development Report 2009, *Overcoming Barriers: Human Mobility and Development*, at: http://hdr.undp.org

잔인한 새 시대를 위한 새로운 전략이 필요하다

피터 홀워드 Peter Hallward

미들섹스대학 철학과 교수로 미들섹스대학 철학과 폐쇄에 반발해 해직되었으나, 킹스턴대학이 그곳의 철학과를 그대로 수용하면서 현재 킹스턴대학에 현대 유럽철학과 교수로 재직하고 있다. 『절대적인 탈식민주의*Absolutely Postcolonial*』, 『댐으로 홍수 막아내기*Damming the Flood*』 등 여러 권의 저서를 남겼다.

12월 9일, 정부는 영국 역사상 가장 반동적이고 나쁜 의도가 담긴 법안 하나를 통과시켰다. 등록금 인상은 단번에 정부 지원금뿐 아니라 영국의 고등교육까지 망가뜨리고 이른바 민주주의로 꾸려온 가장 광범위한 권력과 기회의 이동을 공고히 할 것이다. '학생들의 선택'이라는 공허한 말로 위장하고 덜 부유한 사람들에게 몇몇 형식적인 양보만 한 채 새 법안은 소수 특권층을 위해 부정한 수법으로 전 시스템을 조작할 것이다. 이 법안은 진정한 교육을 시장이 이끄는 직업훈련소로 바꿔버리고, 예술과 인문학, 특정 사회과학 분야에 돌이킬 수 없는 피해를 입힐 것이다.

　재난이라고 할 만한 교육예산 삭감을 반대하기 위해 전례 없이 많은 학생과 교직원들이 모여들었다. 대중과의 논쟁에서 이기기는커녕 버틸 수도 없으며, 일반적인 자문과 논의에 최소한의 시간을 들이는 것조차 꺼리는 정부는 우리 시위를 '벌거벗은 권력naked force'[전통이나 사회적 합의에 바탕을 두지 않은 무력에 기초한 힘]으로 위협하고, 집단 처벌로 진압하는 방식을 선택했다. 나라 안 여기저기에서 중고등학생들은 지역 시위행진에 참여한 일로 퇴학의 위협을 받았다. 수십 명의 시위자들은 과격한 경찰관들에 의해 부상당했고 수백 명이 체포되었으며, 수천 명의 사람들이 자신들의 의지와는 상관없이 반복적으로 억류되었다(그리고 사진도 찍혔다).

시위를 일부 격앙된 사람들이 선동한 '폭동'으로 꾸미려는 것은 위태로운 실제 쟁점을 회피하려는 흔해빠진 시도였다. 이번 시위에 참가한 사람들 모두가 알겠지만 우리는 정부의 계획에 대해 엄청나고 강력한 분노를 표출했고, 대학 지원금 삭감과 정부가 펼치는 신자유주의 우선 정책들을 단호히 거부했다. 정부가 교육을 지키기 위해 싸우는 수만 명의 학생과 교수들에게 폭력에 공모한 책임을 묻고 교육 체제를 망가뜨리려면 약간의 담력이 필요할 것이다(아프가니스탄 전쟁 중이고 새로운 핵무기 개발에 투자하고 있으며 많은 국민들을 '반테러' 법으로 기소하는 와중에 말이다).

실제로 대부분의 시위자들은 폭력을 행사한 것이 아니라 오히려 폭력으로 고통을 받았다. 우리가 당면한 재난을 고려하면 시위자들은 놀라울 정도로 규율을 지키고 절제했다. 경찰은 폭력을 막기 위한 수단으로 시위자들을 '봉쇄'한 사실을 정당화하려고 하지만, 사실 12월 9일 집회에서 발생한 폭력 행위 대부분은 대규모 케틀링 작전이 실시된 후 시작되었다.

나는 나의 학생들(킹스턴대학에서 철학을 공부하는 학생들이나 2010년 여름까지 나의 강의를 들었던 미들섹스대학 학생들)이 겪은 일이 그 밖의 많은 사람들의 경우와 비슷할 거라고 생각한다. 그들 대부분이 이미 엄청난 시간과 에너지를 들여 교육예산 삭감 반대 캠페인을 펼쳐왔으며, 많은 사람들이 지난달 런던에서 열린 대규모 집회에 참석했다.

12월 9일 표결 직후, 한 경찰관이 경찰봉으로 우리 대학원 재학생 한 명의 머리를 내리쳤다. 나중에 그 학생은 딱딱한 금속 막대기로 세게 맞은

      잔인한 새 시대를 위한 새로운 전략이 필요하다

것 같았다고 말했다. 그를 재빨리 살펴본 경찰 의료진은 눈이 불빛에 반응하는지 확인했다. 그 학생은 부상당한 것이 분명했기 때문에 다른 학생들이 붕대를 감아주고 난 뒤 케틀링에서 풀려났다. 그의 말에 따르면 의료진이 런던 북부에 있는 병원에 가서 진찰받을 것을 권했고, 그 병원에 가서 상처를 봉합했다고 한다.

나의 학생들 가운데 최소한 열두 명이 케틀링에서 일찍 빠져나오지 못한 채, 오후 9시 이후 수천 명의 학생들과 함께 웨스트민스터 다리로 내몰렸다. 더구나 그 상태로 물 공급은커녕 화장실도 갈 수 없었고, 어떤 정보나 설명도 없이 얼음장 같은 추위와 바람 속에서 언론사들이 철수하고도 한참 지난 뒤까지 억류되었다. 많은 학생들은 경찰봉을 휘두르는 과격한 경찰관들이 만들어 놓은 저지선 안에서 몇 시간 동안 빼곡하게 들어차 있었고, 공격적인 학생을 진정시키려고 손을 펴 높이 들었다가 경찰봉으로 얻어맞았다고 말했다.

미들섹스대학 철학과 학생 요한 호이비Johann Hoiby는 내게 "저는 옴짝달싹할 수 없는 상태로 사람들 앞줄에 서 있었어요. 제 두 손은 어떤 도발 행위도 없이 펼쳐 보인 상태였는데, 격분한 경찰관 하나가 '물러나'라고 소리 지르며 제 얼굴을 방패로 가격했어요. 저는 분명히 움직일 수조차 없는 상황이었거든요. 가장 무서웠을 때는 경찰관이 계속 우리를 밀어 넣어서 모두가 소리를 지를 때였어요. 더 이상 갈 곳이 없는데도 경찰관들은 우리를 계속 뒤로 밀어붙였어요"라고 했다.

그 비슷한 시각에 요한의 같은 반 친구인 자인 아산Zain Ahsan에게 일어났던 일도 들었다. "경찰봉으로 복부를 맞았어요. 저는 손을 공중에 들어 경찰관에게 항의했고, 그 와중에 뒤에 있는 사람들한테 계속 밀렸어요."

킹스턴대학 학생들은 시위 도중 공황 발작을 일으킨 사람, 천식 증상으로 움직이지 못한 사람, 군중의 발 아래로 넘어진 사람들을 보았다고 말했다. 한 학생은 "다리 위에서 아무도 죽지 않은 게 진짜 기적이에요"라고 털어놓았다.

일부 학생들은 경찰이 만든 좁은 통로를 한 줄로 통과하면서 천천히 풀려날 때 경찰관들에게 발로 걷어차였다고도 했다. 경찰관들은 강제로 모든 사람의 사진을 찍었고, 많은 사람들이 심문을 받기 위해 연행되었다.

미들섹스대학에서 나의 수업을 들었던 학생 알피 메도우^{Alfie Meadows}의 이야기는 이미 악명 높다. 알피는 두개골 측면을 정통으로 맞았다. 나와 내 동료는 오후 6시가 조금 넘었을 때 의회 광장에서 알피를 보았는데, 창백한 얼굴에 제정신이 아닌 상태로 집으로 가는 길을 찾아 헤매고 있었다. 머리 오른쪽에 커다란 혹이 나 있었다. 우리는 그를 발견하고 재빨리 바리케이드가 쳐진 가장 가까운 출구 쪽으로 갔다. 그레이트 조지 스트리트^{Great George Street}를 막고 있는 경찰 벽으로 가는 데 몇 분이 걸렸고, 알피를 방패 사이로 내보내달라고 경찰관들을 설득했다. 그러나 그들은 나와 나의 동료는 물론 그 밖의 어느 누구에게도 알피의 의료 조치를 돕기 위한 동행을 용납하지 않았다. 우리는 당연히 알피가 경찰 벽 다른 쪽에서 즉각 적절한 의료 조치를 받았을 것이라고 생각했지만 사실은 빅토리아 쪽으로 혼자 헤매고 다니게 내버려졌던 것이다.

알려진 바와 같이, 그 후 알피의 생존은 세 가지 사건에 달려 있었다. 만약 알피의 어머니(로햄튼대학 교수로 다른 사람들과 마찬가지로 의회 광장에 억류되어 있었다)가 그의 전화를 받고 즉시 만나러 가지 않았더라면, 알피는 거리에서 의식을 잃었을 가능성이 높았을 것이다. 알피와 그의 어머니가 근처에 대기 중이던 구급차를 우연히 발견하지 못했더라면, 그의 진단이 치명적으로 늦어졌을 것이다. 마지막으로 구급차 운전사가 첼시앤웨스트민스터 Chelsea and Westminster 병원 응급실 측에서 알피를 받아주지 않겠다는 결정을 뒤집지 않았더라면, 긴급 뇌수술을 받기 위해 채링크로스 Charing Cross 병원 신경의학 병동으로 옮기는 시기가 너무 늦어졌을 것이다.

거듭 새로운 저항을 하면서 우리가 맞닥뜨린 것에 대해 좀 더 알게 되었다.

지난 수십 년 동안 기업의 이해관계자들은 현대화된 증진이라는 방식으로 신자유주의의 '개혁'을 장려하고 이행해왔으며, '모두의 이익을 위한' 이익을 아무런 제약 없이 추구하며 거침없이 역사의 진전을 이어왔다. 지난 수십 년 동안 기업들은 이렇듯 터무니없는 현실 왜곡으로 아직은 이익을 발생시키지 못하고 있는 서비스나 일부 자원에 대해 맹렬하게 공격하는 일을 감춰왔다. 그뿐이 아니다. 보다 혜택을 받은 지역에 안주하고 있는 많은 사람들에게 그와 같은 '발전'이 그들의 안락함과 안전을 위해 지불해야 할 필요한 비용이므로 참아야 한다고 설득했다. 하지만 이젠 아니다. '대안이 없다'던 날들은 먼 옛날의 기억이 되었고, 유럽 전역에서 은행가들의 가면이 경찰관들의 복면 뒤로 숨기 시작했다.

12월 9일 화요일, 정부는 연장교육과 고등교육에 대한 공격을 법으로 바꾸었지만, 법을 집행할 때 경찰봉만을 사용하도록 허가한 것에 불과했다. 지금까지의 정부 반응으로 판단해 보건대, 경찰봉이 물대포나 고무탄으로 바뀌는 것, 목숨을 잃을 정도의 부상이 사망자 발생으로 이어지는 것은 시간문제일 뿐이다. 하지만 미셸 푸코 Michel Foucault 가 말했듯이 권력 행사의 성공은 "권력 자체의 메커니즘을 숨기는 능력에 비례한다." 신자유주의 프로그램이 영국에서 공론의 장으로 깊숙이 밀고 들어오지 않았더라면 그렇게 노출되는 수단을 추진하지는 못했을 것이다. 경찰관들이 아무리 잔혹하게 굴어도 순응하지 않는 수많은 사람들에게 인기 없는 조치를 강행할 수는 없기 때문이다. 경찰이 학생들을 내모는 위협으로 다수가 아닌 고립된 소수의 학생들에게 으름장을 놓으려고 한다면, 경찰관들은 곧 우스갯거리가 될 것이다.

정부는 등록금을 세 배 인상하고 교육유지수당을 폐지할 권한이 없으며, 의회는 믿을 만한 대안을 제시하지 못하고 있다. 토리당의 삭감안 실행을 저지할 유일한 방법이란 정부가 법안을 철회하도록 앞으로 몇 달 동안 학교들이 뿔뿔 붕지는 것이다. 토리낭은 선결 발의를 끝냈다. 하워드 진이 우리에게 상기해주었듯이 달리는 기차 위에 중립이란 있을 수 없다.

    잔인한 새 시대를 위한 새로운 전략이 필요하다

회상

케틀링, 1967년 베를린 스타일[A]

프리츠 퇴펠 Fritz Teufel

1960~70년대 독일 정치계를 뒤흔들어 놨던
초의회 반대파의 일원.

'시대를 초월한 위대한 개혁가'이자 테헤란 오페레타의 폭력배, 이란의 미국 석유회사 총독이 베를린에서 장렬한 행진곡이 울려 퍼지는 가운데 환영을 받았다.[1967년 6월, 이란의 팔레비 국왕이 독일을 방문한 일을 가리킴] 제3세계 해방에 반대한 정권을 지지한 독일과 미국 같은 제국주의자들의 공모에 동의했다는 인상을 주고 싶지 않은 사람들, 문맹, 굶주림, 질병 및 이란 착취에 동의했다는 인상을 주고 싶지 않은 사람들에게 시위 말고 다른 대안은 없었다. 불행하게도 그 공동체는 시위가 다른 나라 비밀경찰로부터 동포인 이란 학생들을 보호한다는 구실과 상관없이 일어났다는 점을 진지하게 생각하지 않았다. 그런데도 우리는 무슨 일이 일어나는지 보려고 이란 국왕에 대항하는 시위에 참가했다.

국가 방문과 관련해서 특히 한 가지가 분명해졌다. 공식적인 정치는 점점 더 많은 서커스 캐릭터를 낳는다는 사실이다. 정치인들은 교체 가능한 엉터리 배우가 된다. 우리가 말하는 정치 무대에 우연한 사건이란 존재하지 않는다(물론 서독 대통령 하인리히 뤼브케Heinrich Lubke 같은 일부 배우들은 매우 깜찍하다. 사람들은 과거에 뤼브케가 집단 수용소를 고안했다는 사실을 결코 믿으려 하지 않았고, 기껏해야 히틀러 본부의 전 수석 웨이터 정도로 생각한다). 인기는 극장 관객들이 매기는 것이다. 나는 연극이 관객들의 마음에 들지 않으면 계란과 토마토를 던질 정당한 명분이 생긴다고 생각한다.

오페라하우스 앞의 저녁 풍경

나는 7시 반이 조금 넘어 현장에 도착했다. 바리케이드 사이로, 난간과 건물 울타리 사이의 좁은 통로 안으로 시위자들을 몰아넣고 있는 경찰들을 보고는 알 수 없는 불안을 느꼈다. 경찰 병력은 어마어마했다. 하지만 나는 이런 만반의 준비가 시위자들을 위협하기 위한 것이지(나중에 실제로 일어나긴 했지만), 시위자들을 조직적으로 구타하기 위한 것이라고는 믿지 않았다. 7시 45분쯤 울타리 뒤의 건물에 자리하고 있던 경찰관들이 담 위에 앉아 있는 시위자들 쪽으로 이동하면서 충돌이 시작되었다. 고무밴드들이 울타리를 넘어 시위자들에게 날아갔고, 일부는 통로가 너무 좁았던 탓에 길가에 떨어졌다. 아무도 돌을 던지지 않았다. 일부 시위자들이 고무밴드들을 다시 날아온 쪽으로 던졌을 뿐이었다. 그런데 VIP가 도착했을 때 오페라하우스 입구 앞쪽으로 달걀과 토마토가 날아왔다. 그러자 빽빽하게 들어선 대규모 시위자들 쪽으로 연막탄이 날아왔다. 나는 한 개의 돌도 던지지 않았고, 다른 사람들에게 돌을 던지라고 선동하지 않았다고 장담할 수 있다. 나는 경찰관이나 시위자들이 돌을 던지는 모습도 보지 못했다.

경찰과의 관계

우리는 경찰에 대항하지 않았다. 오히려 1966년 12월에 경찰을 위해 주 35시간 노동 시간 도입에 찬성하는 시위를 벌였다. 하지만 경찰이 정치적 도구로 이용되는 것을 볼 때, 또는 의식산업 consciousness industry[엔첸스베르거 H. M. Enzensberger가 만든 개념으로 정치, 언론, 교육 등 비물질 산업을 의미]의 주체들이 일부러 경찰과 학생이 대치하도록 선동하는 시도를 볼 때, 우리는 불안했다. 바닥에 누워 있는 여성을 경찰봉으로 때리는 경찰관들의 모습을 본다면 사람들이 돌을 던진다 해도 이해가 될 것이다. 찬성하지는 못하더라도 말이다.

하지만 한 가지 분명한 것은 이와 같이 비인간적으로 행동하는 사람들은 인간적인 대우를 받을 수 없다는 것이다. 이런 사람들은 민주사회의 자유시민이 아니라, 베트남전의 미국 특수 부대원처럼 야만성에 길들여진 블러드하운드 bloodhound와 다를 바 없다.

토마토, 달걀, 그리고 연막탄

나는 시위에 걸맞는 물체, 예를 들면 달걀이나 토마토, 연막탄(즉 부상을 입히지 않는 물체)을 던지는 사람들과 함께하겠다고 선언했다. 예를 들어 그가 토마토를 던졌다는 사실을 증명할 수 없다고 하더라도, 법원이 그를 토마토나 달걀, 연막탄을 던진 사람들과 마찬가지로 대해주기를 바랐다.

8시가 넘어서자 내가 "확실한 쐐기 박기"라고 일컬었던 일이 발생했다. 경찰 기동대가 시위자들을 경찰봉으로 때리고 좁은 공간으로 밀어 넣었다. 나는 무슨 일이 일어나고 있는지 보다 확실하게 보기 위해 시위 현장으로 다가갔다. '쐐기 박기'를 해낸 후, 경찰관들이 시위자들을 한 무리의 소떼를 몰듯 크룸Krumme 거리로 몰아넣었다. 제젠하임Sesenheimer 거리 부근에 서 있던 사람들은 비슷한 꼴을 당하지 않으려고 그 자리에 주저앉아 버렸다. 시위 현장 가까운 곳에서 나는 크룸 거리 방향을 바라보며 건물 울타리와 난간 중간쯤에 앉아 있었다.

잠시 후, 세젠하임 거리 쪽에서 '쐐기 박기'가 두 번째 일어났고, 나는 상황을 확인하려고 몸을 돌렸다. 그렇게 나는 시위자들과 대면하게 되었다. 경찰관들은 그때 앉아 있던 시위자들 쪽으로도 접근하기 시작했다. 나는 경찰관들을 무시하려고 애썼으며 줄곧 경찰관들과는 등진 채로 있었다. 그런데 갑자기 머리채를 잡혔고 누군가가 나에게 말했다. "일어나!" 하지만 나는 일어나지 않았고, 발로 차이는 건 물론 경찰봉으로 세게 맞기까지 했다. 나는 어떤 저항도 하지 않고 다만 얼굴과 팔을 막으면서 이미 깨진 안경을 치우려고 했다.

나는 넋을 잃고 말았다. 내가 정신을 못 차리고 길 한가운데까지 갔을 때, 사복 차림의 한 남자(영국 경찰청 범죄수사과CID 수사관 뵈메Böhme로 보였다)가 사람들 무리를 향해 다가오면서 "뭐야, 저 사람은 퇴펠이야!" 하고 소리쳤다. 잇달아 내가 다이너마이트로 험프리Humphrey를 공격하려던 사람들 가운데 하나라는 말이 흘러나왔다. 나는 길을 건너는 동안 계속 얻어맞았고, 크게 소리 질렀다. 마침내 매질이 멈췄다.

나는 키스Keith 거리의 경찰서로 가는 경찰차로 옮겨져 경찰관 두 명과 동행했다. 하얀 제복 상의를 입은 경찰관(나중에 그 사람 이름이 헤스너Hessner라는 걸 알았다)은 나를 호송하는 내내, 다이너마이트 공격을 준비하고 돌을 던진 사람들이 누구인지 말하라고 신경질적으로 다그치면서 계속 주먹과 경찰봉으로 때렸다. "천 명이나 되는 독일사회주의학생동맹SDS: Sozialistische Deutsche Studentenbund 골칫거리들은 다 잡아와야 돼"라고 말하기도 했다. 경찰이 우리에 관해 알지 못할 거라고는 상상할 수 없었다. 그들에게는 우리 사진이 다 있었다. 게다가 그는 큰소리로 했던 말을 하고 또 했다. 또 다른 경찰관인 메르틴Mertin은 모든 일이 남의 일인 양 그곳에 앉아 있기만 했다. 한 번은 나는 돌을 던지지 않았다고 설명하려 했다. 그러나 그 말 때문에 헤스너가 다시금 공격을 시작했고, 너희가 돌을 던진 게 맞다며 소리 질렀다.

나는 차량 이동이 끝나자 기뻤다. 기소장에는 "경찰서에 오는 동안 특이 사항 없었음"이라고 적혀 있었다.

<hr>

1   퇴펠은 그해 독일을 방문한 미국 부통령 휴버트 호레이쇼 험프리Hubert Horatio Humphrey의 암살을 시도했다는 혐의로 체포되었으나 폭탄이 밀가루와 푸딩, 요구르트를 섞은 물질로 밝혀져 무죄로 풀려났다.

A   Extract from Fritz Teufel, 'Prophylactic Notes for the Self-Indictment of the Accused', in Tariq Ali, ed., *New Revolutionaries: Left Opposition*(London: Owen, 1969), pp. 198-201.

적자는 누가 메우나?

존 리즈John Rees

영국의 정치가, 방송인, 작가.

학생운동의 실질적 영향은 널리 알려져 있다. 학생운동은 연립정부의 계획에 대해서 수만 명의 사람들이 보여준 능동적 저항의 수준을 확실히 높여주었다. 그리고 자유민주당과의 연립정부가 처음으로 분열하게끔 이끌었다. 장기적으로는 학생운동의 이념적 영향이 중요함을 인정받게 될 것이다. 학생운동이 시작될 때까지 연립정부는 적자 축소 계획에 대해 "아무도 좋아하지는 않지만 불가피하다"는 수사적 표현으로 반대자들을 숨 막히게 해왔다. 이번 정책에 대해 대중이 공통적으로 반감을 느끼는 부분은 "자, 여러분의 마음에 드는 삭감 정책을 선택할 수 있습니다"라는 구절이다. 『가디언 *Guardian*』지는 복지예산 삭감과 실업률이 불가피한 것이 아니라고 말하는 사람들을 '적자 거부자'라고 칭한 바 있다. 학생운동은 순식간에 '적자 거부자' 논쟁을 정치적 쟁점의 가장자리에서 중심으로 옮겨왔다.

이번 논쟁은 거리에서 '은행가들이 지불하게 하라', '기업들이 지불하게 하라', '복지예산 대신 전쟁예산을 줄여라', '세금 얼버무리기를 중단하라'와 같은 슬로건과 코멘트로 표현되었다. 하지만 슬로건 뒤에 핵심이 있는가? 체제 어딘가에 적자를 메우고 복지예산을 삭감하지 않게 해줄 돈이 있는가? 돈은 충분한가? 먼저 진실을 살펴보도록 하자.

은행은 지불할 여력이 있는가?

은행과 금융기관들은 확실히 돈을 '지불해야만' 한다. 그들이 우리를 지금의 혼란 속으로 몰아넣었기 때문이 아니다. 영국 중앙은행의 추산에 따르면 구제금융 총액이 1조 3천억 파운드에 이른다. 이는 한 해 동안 영국에서 생산되는 모든 재화와 서비스의 가치에 이른다. 그런데 금융기관들의 단독 부채가 국내총생산GDP의 절반을 넘어서고 있다. 기업 부문의 부채는 30%, 가계 부채는 GDP의 20% 정도밖에 되지 않는다. 그러므로 정치인들이 계속 "이 지경에 이른 것은 '나라가 신용카드 한도를 넘어섰기 때문'"이라고 말한다면, 다른 사람들보다 더 빚을 많이 상환해야 하는 '가족' 구성원들이 있다는 말일 것이다.

은행들은 확실히 지불할 여력이 있다. 영국에서 상위 네 개의 은행 가운데 가장 작으며, 국가가 41% 지분을 소유한 로이즈Lloyds은행은 영국 GDP의 74%에 해당하는 자산 가치를 보유하고 있다. 다음으로 큰 홍콩–상하이은행HSBC: Hongkong and Shanghai Banking Corp. Ltd.은 GDP의 105%에 이르는 가치를, 바클레이스Barclays은행은 GDP의 110%를, 스코틀랜드 왕립은행Royal Bank of Scotland은 122%의 자산 가치를 지니고 있다. 상위 10위 안에 드는 은행들의 총 자산은 1960년 GDP의 40%에 그치던 것이 459%까지 상승했다. 그래서 전체 부채가 GDP의 500%라면 은행의 자산만으로도 해결이 가능하다. 그런데 실제로는 은행한테 돈을 요구하는 게 아니라 정부가 은행에게 돈을 주고 있다. 가장 많은 자산을 보유한 스코틀랜드 왕립은행에 케냐와 탄

자니아의 GDP를 모두 합한 455억 파운드라는 사상 최대의 금액을 구제금융으로 지원한 2008년 이후로 영국 납세자들의 돈이 줄곧 스코틀랜드 왕립은행을 떠받치는 데 사용되고 있다. 또한 영국 정부가 스코틀랜드 왕립은행 자산의 84%를 소유하고 있는데도 2010년에는 130만 파운드의 보너스 잔치를 멈추지 않았으며, 2011년에는 그 이상을 지급할 계획이다. 정부가 올해 임명한 스코틀랜드 왕립은행장 스티븐 헤스터 Stephen Hester는 세금을 제하고도 대략 680만 파운드를 연봉과 보너스, 그리고 기타 급여로 받게 될 것이다.

연립정부가 유일하게 제안한 것이라고는 20억 파운드 규모의 은행세뿐이다. 하지만 닐 포크너 Neil Faulkner는 "법인세는 줄었고, 늘어난 은행세는 터무니없이 적으며, 그 와중에 연봉과 보너스는 경제 위기 이전 수준으로 다시 상승했다. 옥스팜 Oxfarm[영국에서 결성된 국제적인 빈민구호단체]은 은행세가 200억 파운드는 되어야 한다고 주장했고, 심지어 국제통화기금에서도 60억 파운드를 주장했다"고 밝혔다.

기업은 지불할 여력이 있는가?

영국의 법인세는 산업국가들 가운데 가장 낮다. 1996년부터 2001년까지 주요 나라들의 법인세율은 캐나다 35.6%, 프랑스 36.4%, 독일 38.3%, 이탈리아 40.3%, 일본 40.9%, 미국 39.3%였다. 한편 영국의 법인세율은 30%로 평균보다 정확히 7% 낮은 수준이다. 신노동당은 마가렛 대처 때보다 낮은 28%로 법인세를 인하했었다. 올해 연립정부는 27% 수준까지 더 내릴 예정이고, 대신 우리들에게 20%의 부가가치세를 내도록 하기 시작했다[영국은 2011년 1월부터 부가가치세가 17.5%에서 20%로 인상되었다].

경제 위기 동안에 영국 회사들의 이익이 크게 타격을 입은 것도 아니다. 물론 기업의 수익이 감소하기는 했지만(비금융 부문에서 약 10%), 이는 미국에서 26% 줄어든 것과 비교했을 때 매우 적은 수치이다. 또한 1990년대 경제 위기 때 20%, 1980년대에 30% 수익이 감소한 것과 비교해도 훨씬 적다. 강조할 점은 이 숫자가 비금융 분야의 평균치라는 것이다. 많은 회사들이 여전히 막대한 이익을 벌어들였고, 줄어든 법인세를 납부했으며, 반대로 실질 임금은 1970년대 후반 이후 처음 하락했다.[E]

금융 부문을 보자. 은행 수익은 2009년 말 이후로 회복되었다. 영국 중앙은행은 당시 지난 6개월간 은행들의 이익이 증가하고, 미래 손실에 대한 걱정이 줄어들었으며, 외부 자본을 추가로 끌어들였다고 발표했다.[F] 은행가들에게 지급한 대규모 보너스도 수익 회복을 알려주는 하나의 신호였다.

부자들에게 세금을?

그렇다면 '부자들에게 세금을'이란 말이 단지 어려운 시기에 감정을 자극하는 슬로건에 불과했는가, 아니면 효과가 있었는가? 공공상업서비스연합PCS: Public and Commercial Services Union이 세금정의네트워크Tax Justice Network와 공동 조사한 결과, 탈세(불법으로 세금을 내지 않기)와 절세(법의 허점을 찾아 세금을 내지 않기)가 멈추면 나라 전체의 적자가 세수입 증가분으로 메워질 것이라고 했다.

수치를 살펴보면 절세로 250억 파운드, 탈세로 700억 파운드가 빠져나가고 있는데, 이 금액을 합치면 국가 적자의 4분의 3 정도가 된다.[G]

공공상업서비스연합은 다음과 같이 지적했다. "우리의 대인세personal

tax 체제는 현재 매우 역행하고 있다. 전체 인구 중 가장 가난한 5분의 1이 그들 수입의 39.9%를 세금으로 내는 반면, 가장 부유한 5분의 1은 그들 수입의 35.1%만 세금으로 납부한다. 우리는 대인세에 세금 정의가 필요하다고 생각한다. 이는 가장 부유한 사람들에게는 더 높은 소득세율을 적용하는 것이고, 세금 정의에 역행하는 부가가치세나 지방세는 줄이는 것이다." 하지만 연립정부는 그 반대 방식을 택했다.

전쟁과 트라이던트 : 우리가 얼마나 많이 절약할 수 있을까?

트라이던트Trident[미국, 영국이 사용했던 핵미사일을 장착한 잠수함] 교체에 드는 비용은 250억 파운드로 국가 전체 부채의 20%에 약간 못 미치는 정도로 추정된다. 이 금액이면 향후 10년 동안 매년 10만 명의 소방관을, 아니면 향후 20년 동안 매년 6만 명의 신규 교사를, 또는 향후 10년 동안 매년 간호사 12만 명을 채용할 수 있으며, 향후 10년 동안 학생들의 등록금 상한제를 폐기할 수도 있는 금액이다.(H)

2010년 중반에 발표된 공식 수치에 따르면 아프간전쟁 비용은 예상보다 훨씬 많이 들어갔다는 사실이 밝혀졌다. 9·11 사태 이후 아프가니스탄과 이라크에서 일어난 전쟁과 외교, 재건에 쓰인 비용 중 영국 납세자들이 충당한 비용은 200억 파운드를 넘어섰다. 이는 영국 공무원들의 지원과 보안에 드는 수억 파운드, 일반 방어 예산과 군사 작전 비용 180억 파운드를 포함하는 금액이다. 하지만 부대의 기본 급여나 심각하게 다친 병사들에 대한 장기치료 비용 등이 포함되지 않았으므로 최종 총액은 훨씬 많을 가능성이 높다.(I)

트라이던트 교체 비용과 거의 맞먹는 비용은 다음과 같은 곳에 고루

쓸 수 있다. 영국 국민 모두에게 190파운드씩 나눠주거나, 새로운 병원 23 곳을 짓고, 6만 명의 신규 교사나 7만 7천 명의 신규 간호사를 채용할 수 있다. 말하자면 이 정도의 금액이라면 10년 동안 학생들의 등록금을 폐지하는 데 쓸 수 있다는 뜻이다.

아프간전쟁 비용과 트라이던트 교체 비용을 합치면 국가 부채의 3분의 1에 근접한다. 이 비용을 부채 상환에 쓴다면, 국가 부채는 더 이상 과거 수년 동안의 규모보다 크지 않게 될 것이다. 정부의 예산 삭감 프로그램을 정당화하기 위한 '긴급 대책'도 모두 사라지리라고 본다.

이념이냐 필요성이냐?

2010년 10월 조지 오스본 재무장관은 하원의 첫 번째 예산 삭감안을 발표했다. 당시 노동당 앨런 존슨 예비 재무장관은 삭감안이 발표될 때마다 토리당 평의원들이 환호하는 데 주목하고 그들에게 응수하기 위해 자리에서 일어났다. 존슨은 전체는 아니더라도 상당수의 삭감안이 경제적 필요성 때문이 아니라 토리당의 이념에 따라 정해졌다고 주장하면서 "이번 재정 지출 계획은 경제적 필요성이 아니라, 정치적 선택"이라고 했다.[J] 노동조합총협의회TUC: Trade Union Congress도 같은 노선을 채택하고 모든 '불필요한' 예산 삭감안에 반대하고 있다.

하지만 우리가 살펴보았듯이 돈이 나올 구석이라고는 전혀 없다는 점에서 예산 삭감이 '필요한' 곳은 없다. 대조적으로 다른 곳에 많은 재원이 있다. 따라서 이 문맥에서 '필요하다'는 말은 사람들이 자본주의 체제의 논리를 받아들일 경우 예산 삭감이 '필요하다'는 뜻이다. 토리당과 자유민주당이 이 논리를 절대적, 열정적으로 받아들인 것이다. 그들은 부채 상환을 은행과 기업의 이익으로 계급 간 힘의 균형을 바꾸기 위한 메커니즘으로 이용하는 데 열심이다. 오히려 구조조정을 해야 할 필요에 직면한 기업 총수처럼 이 두 정당은 먼저 노조 대표를 해고하려고 노력할 것이다. 13년을 집권하는 동안 시장 가치의 강력한 주창자였던 노동당 지도자들은 이제 삭감이 '필요했을지도' 모르는 확신이 없는 경우를 찾아내고자 열을 올리고 있다.

하지만 여기서 정말 필요한 것은 자본 논리의 거부 그 자체에 기반한, 정부에 대한 반대다. 이 논리는 기어이 첫 번째 경제 위기 시절에 우리에게 자리 잡았다. 우리는 금융 위기를 불러온 것이 단지 은행들 또는 금융계와 월가의 '가지노 경제'가 아니라는 점을 돌이켜보아야 한다. 사실은 금융 부문과 주택시장의 상호작용에서 비롯한 것이다. 미국에서 주택 구매자들에 대한 서브프라임 대출이 은행과 다른 대부자들이 자신들의 이익을 조금이라도 더 만들어낼 수 있는 한계 시장과 고위험 시장을 찾도록 한 데서 이번 위기가 시작되었다. 은행에 대한 규제 철폐는 이 체제를 통해 위험을 퍼뜨렸고, 그 탓에 금융 위기의 영향이 한층 증대되었다. 하지만 체납의 근본 원인은 빚을 상환할 능력이 없는 사람들에게 대출해준 데 있다. 그리고 대출이 다른 곳들처럼 경쟁력 있는 시장이었으므로 그런 식의 대출이 생겨날 수 있었던 것이다. 가령 A 은행이 할 수 없으면 B가 할 것이다. 정부가 해주는 부채 상환은 같은 경쟁 과정을 수반한다. 만약 A 국가가 B만큼 신속하게 빚을 상환하지 않으면 신용기관과 IMF가, 말하자면 B 국가가 '그 문제를 떠맡도록' 해줄 것이다. 이것이 정치인들이 말하는 '필요성'이다. 다른 어떤 방법으로도 자금 마련이 불가능한 데서 오는 절대적인 필요성이 아니라, 다른 모든 부문이 그렇듯 시장이 유도한 부채 상환 경쟁에서 오는 절대적인 필요성인 것이다.

막대한 복지예산을 삭감하지 않고도 부채를 상환할 수 있는 충분한 자금이 우리 체제 안에 있다는 당연한 인식이 인정받는다면, 자본의 논리를 깨야 한다는 우리의 주장이 힘을 얻을 것이다. 하지만 이는 결코 전적으로 지적인 과정만은 아니다. 시장주의자들에게 시장의 논리는 항상 논리의 힘보다 위에 있을 것이기에, 논리의 힘은 그것이 실현되는 거리와 노조, 그리고 일터의 힘을 필요로 하게 될 것이다.

권력 정치

현장에서 권력을 얻고 잃는 데는 다양한 방식이 있다.

1968년 프랑스에서 권력은 경찰과 싸우는 학생들, 그리고 그 학생들과 함께 행진하고 대담하게 총파업을 벌인 노조 조합원들에게 넘어갔다. 그러나 그 후 드골Charles De Gaulle 정권을 구제한 선거 과정에서 권력을 잃고 말았다[1968년 6월의 프랑스 총선]. 영국에서는 권력이 파업을 벌인 광부들과 에드워드 히스Edward Heath 정부를 패배시킨 노조 조합원들한테 넘어간 적이 있다. 그러다가 노동조합총협의회와 노동당과의 '사회 계약'에서 권력을 잃고 2차 세계대전 후 처음으로 실질 임금이 하락하는 사태에 이르렀다. 그 패배는 대처리즘의 위기보다도 훨씬 큰 재난으로 우리를 이끌었다.

영국의 노동자들은 마거릿 대처와의 긴 힘겨루기에서 1984~1985년 광부들의 패배로 낮은 점수를, 1990년 인두세[납세 능력의 차이를 고려하지 않고 각 개인에게 일률적으로 매기는 세금] 시행의 패배로 큰 점수를 얻었다. 결국 1997년 압도적인 득표로 사회적인 대변혁이 일어났고, 토리당은 이후 10년 이상 권력에서 멀어지게 되었다. 이상하게도 토리당이 정권을 되찾기는 했지만 지난번 선거에서는 유권자들이 우향우 행보를 보이지 않고 대부분 중도 좌파에 투표했다. 그러나 자유민주당이 토리당과 연합하기로 결정했으므로 결과적으로 우파 정부를 갖게 되었다. 이번 위기의 근원이 된 자유민주당의 지지 증가는 상당 부분 좌파인 노동당에 대한 환멸 때문이었다. 많은 사람들이 이라크전쟁과 트라이던트 교체에 반대하고, 학생들의 등록금 인상에 반대하는 자유민주당에 투표했다. 하지만 지금 자유민주당이 보여주는 배신 행위는 한 자릿수 투표율뿐만 아니라 민주주의 체제의 위기를 다시 만들어냈다.

2010년 학생운동은 이러한 분위기에 첫 번째 촉매제가 되었다. 물론 여기까지 이르게 한 중요 사건이 있었다. 1999년 세계무역기구WTO 시애틀 회의에서 시작된 반세계화운동anti-globalization movement은 학생운동의 본보기가 되었다. 10년 동안 반기업, 반자본주의 가치를 표현한 대중의 시위가 정치계의 일부를 이루어왔다. 이는 젊은 세대의 태도에 흔적을 남기고 정치 참여의 틀을 형성했다.

특히 영국에서의 반세계화운동은 2001년 9월 11일 세계무역센터 공격 이후에 일어났기 때문에 반전운동에도 반영되었다. 대규모 반전 시위와 정치 집회, 피켓 시위 등은 이 시기 젊은이들에게 정치적 행위의 수단을 제공해주었다.

이제 이러한 모든 요소가 다 합쳐져 하나의 단순한 질문으로 귀결된다. 정부는 붕괴될 수 있는가? 연립정부의 경제정책은 1990년 인두세만큼이나 인기가 없다. 블레어 정부가 전쟁을 반대하기 위해 모여든 대중을 대면하고서도 이라크를 침략했을 때 결국 정통성을 잃고 만 것처럼, 현 정부도 민주주의 정통성을 상실했다. 학생들은 싸우기 시작했지만 홀로 이길

 적자는 누가 메우나?

수가 없었다. 운동이 시작되었지만 아직은 그 힘이 불완전하다. 이제 남은 과제와 도전은 연금생활자, 노조 조합원, 지역 공동체, 주택 관련 운동가, 장애인 운동가, 여성, 흑인, 아시아인을 대표하는 기관들에 속한 많은 이들이 학생들과 함께하는 것이다.

A   *The Times*, 2010년 10월 26일자, p. 41.

B   World Development Movement, 'Take Action: Stop Taxpayers' Money Funding Climate Change', www.wdm.org.uk.

C   BBC News online, 'Bank Bonuses "to run to billions in 2011"', www.bbc.co.uk/news.

D   Neil Faulkner, 'Eleven Reasons to Fight the Con-Dem Cuts#6', www.counterfire.org.

E   RBS, 'UK Corporate Profits and Employment: Resilient-but can it last?, www.royalbos.org[현재 http://www.rbs.com/downloads/pdf/economic_insight/uk/grpec_uk_profitsjobs.pdf로 바뀌었음].

F   BBC News online, 'UK Banking Sector "significantly more stable"', www.bbc.co.uk/news.

G   Public and Commercial Services Union, 'There Is an Alternative: The Case Against Cuts in Public Spending', www.pcs.org.uk.

H   CND, 'No to Trident Replacement Campaign Pack', www.cnduk.org.

I   Stop the War Coalition, 'UK Cost of Afghan and Iraq Wars at least £20 billion', http://stopwar.org.uk.

J   *Hansard*, 2010년 10월 20일자, www.publications.parliament.uk.

WE WILL MARCH 10.11.10

© Noel Douglas

우리는
행진하리라

2010년 11월 10일

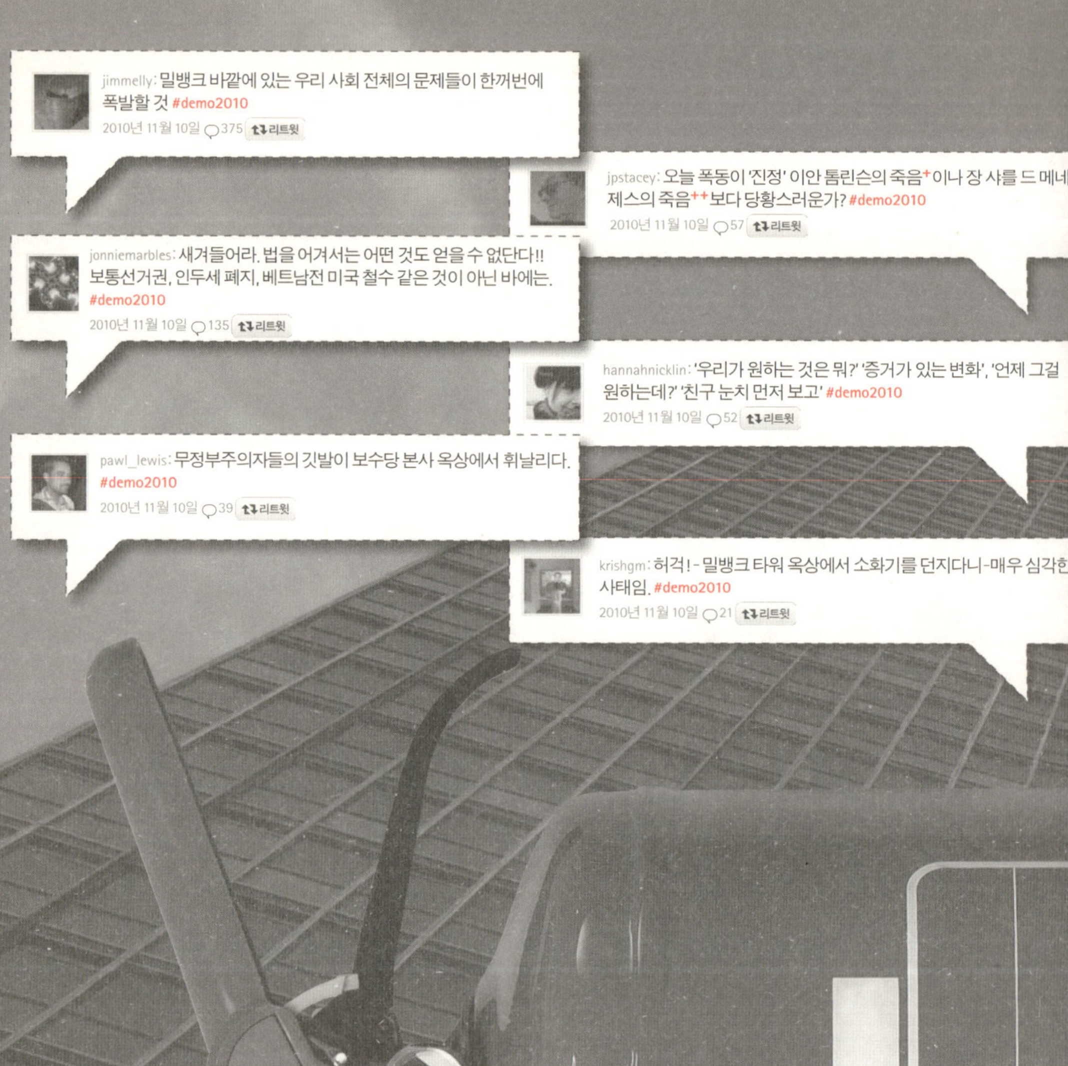

+**이안 톰린슨의 죽음:** 　　2009년 4월, 영국에서 G20 정상회담 반대 시위가 열린 날 경찰이 퇴근하던 신문 판매원 이안 톰린슨을 세게 밀어서 심장마비로 숨지게 한 사건. 처음에는 경찰이 부인했지만, 『가디언』지가 현장을 찍은 비디오를 공개하면서 진실이 알려졌다.

++**장 샤를 드 메네제스의 죽음:** 　　2005년 7월, 영국에서 경찰이 브라질 청년을 전날 있었던 폭탄테러미수 사건의 용의자로 오인해 총을 쏴 숨지게 한 사건이다.

jackthorne: 여기에 얼마나 많이 모였는지 알려져야 한다. 예상보다 훨씬 심각하다. 왜냐고? 교육은 특권이 아니라 권리이니까. #demo2010
2010년 11월 10일 ◯75 리트윗
tomtaylor91: "호그와트에 이런 일은 없으련만…." #demo2010
2010년 11월 10일 ◯150 리트윗
chickpeajones: 유리창 몇 장 깨진 거? 수천 명의 미래가 깨졌거든?
#demo2010 #ema #hecuts #tuitionfees
2010년 11월 10일 ◯15 리트윗
chris_coltrane: 화이트홀이 완전 미어터진다. #demo2010 - 그리고 사람들이 계속 오고 있다! 우리가 원하기만 하면 오늘 틀림없이 혁명을 이룰 것이다.
2010년 11월 10일 ◯9 리트윗
lynnjackson: 장담컨대 보수당은 예산 주변에 도랑을 파두려고 한다. #demo2010
2010년 11월 10일 ◯14 리트윗
aaronporter: 우리 세대에서 가장 큰 학생 시위인 듯. #demo2010
2010년 11월 10일 ◯33 리트윗

co11metpolice: 우리는 여러분의 시위할 권리를 인정합니다. 런던에서 시
위를 할 계획이 있다면, 우리와 함께 하길 원합니다. http://bit.ly/2Hc9zq
#dayX #demo2010
2010년 11월 10일 ♡13
리트윗

DAY X
24: 11: 10

pennyred: 종이 더미가 타는 곳 근처에 11살 아이들과 함께 앉아 있다. 한 친구가 다른 친구를 안아준다. "나는 널 모르지만 널 사랑해"라고 아이가 말한다. #demo2010

2010년 11월 24일 ◯35 ↑↓리트윗

lisaansell: 여러분은 시위를 무시하고 노조를 약화시키려는 정부를 보며 성장한 학생들에게 평화로운 시위가 통한다고 말할 수 없다. #demo2010

2010년 11월 24일 ◯69 ↑↓리트윗

marshajane: @jonrogers1963은 봉쇄 지역 바깥에서 성난 부모들과 함께 있다. 경찰은 부모를 들여보내지도, 아이들을 부모한테 내보내주지도 않는다. #demo2010 #dayx

2010년 11월 24일 ◯15 ↑↓리트윗

boycottbgbizsoc: 알려졌듯이 경찰 #CA950 & #U2128이 아이들을 때렸다. 그들을 쫓아가자. #demo2010 #dayx #ukuncut

2010년 11월 24일 ◯69 ↑↓리트윗

drpetra: 정치인들 잘 봐두시오. 모든 시위 학생에게는 그들을 지지하는 부모와 교사들이 있다는 걸. #demo2010

2010년 11월 24일 ◯41 ↑↓리트윗

jackieschneder: 와우! 큰아들이 마침내 #demo2010 에서 돌아왔다. 경찰의 행동이 우리가 했던 것보다 훨씬 더 무자비하구나!

2010년 11월 24일 ◯51 ↑↓리트윗

arg1985: 데이비드 윌릿David Willetts, BBC 등등에게 전함. 시위는 등록 금뿐 아니라 삭감에 대한 시위도 하는데, 언제 우리가 '아이들 때리는 경찰들' 헤드라인을 볼 수 있나? #dayx
2010년 11월 24일 ♡33 리트윗

arkadyrose: 15살짜리 딸아이가 봉쇄 현장에 있어요. 전화도 자동 응답으로 바로 넘어가고, 부모로서 너무 걱정되네요. #demo2010 #dayx
2010년 11월 24일 ♡85 리트윗

simoncollister: 사복 경찰관이 봉쇄 현장에서 밖으로 빠져나가는 것이 보인다. 프락치인가?
#demo2010
2010년 11월 24일 ♡28 리트윗

darrylmason: 학생들이 경찰관들을 향해 "당신들 일이 중요한 게 아니다!"라는 구호를 외치고 있다. 아이쿠.
#painfultruth #DayX #demo2010
2010년 11월 24일 ♡452 리트윗

streets: 경찰이 '용의자들'을 찾는 동안 봉쇄가 계속될 거라고 말하자, 봉쇄되어 있는 많은 사람들이 옷을 바꿔 입는다고 한다.
#dayx #demo2010
2010년 11월 24일 ♡26 리트윗

andrewtindall: "진짜 중요한 건 깨진 유리창이 아니다. 진짜 중요한 이야기는 붕괴된 공교육 체제다" #demo2010 #dayx
2010년 11월 24일 ♡38 리트윗

삭감 반대
등록금 반대

삭감 반대 행동 네트워크

DAY X2
30 : 11 : 10

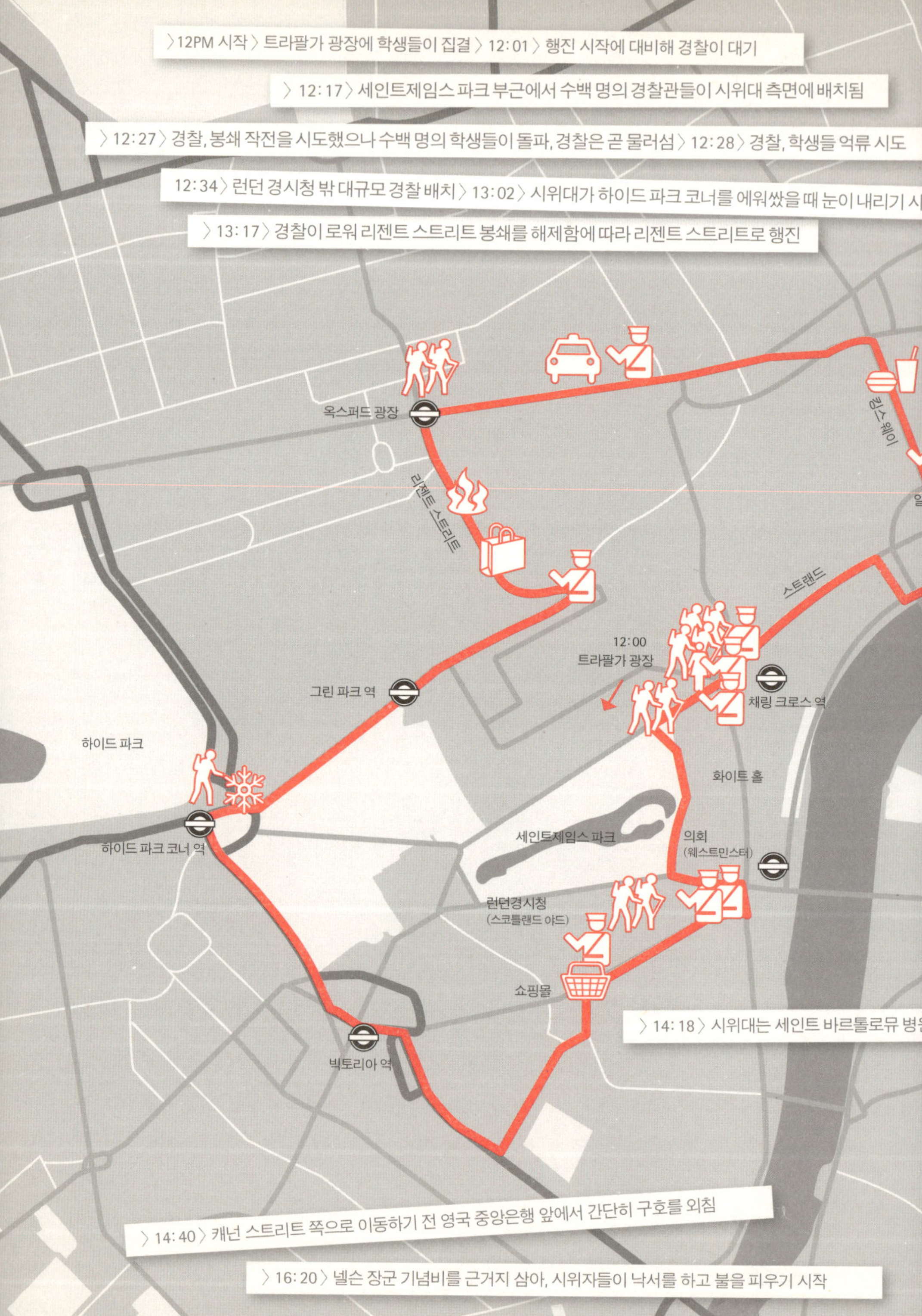

〉12PM 시작 〉트라팔가 광장에 학생들이 집결 〉12:01 〉행진 시작에 대비해 경찰이 대기
〉12:17 〉세인트제임스 파크 부근에서 수백 명의 경찰관들이 시위대 측면에 배치됨
〉12:27 〉경찰, 봉쇄 작전을 시도했으나 수백 명의 학생들이 돌파, 경찰은 곧 물러섬 〉12:28 〉경찰, 학생들 억류 시도
12:34 〉런던 경시청 밖 대규모 경찰 배치 〉13:02 〉시위대가 하이드 파크 코너를 에워쌌을 때 눈이 내리기 시
〉13:17 〉경찰이 로워 리젠트 스트리트 봉쇄를 해제함에 따라 리젠트 스트리트로 행진
옥스퍼드 광장
리젠트 스트리트
킹스웨이
알
스트랜드
12:00
트라팔가 광장
채링 크로스 역
그린 파크 역
화이트 홀
하이드 파크
의회
(웨스트민스터)
하이드 파크 코너 역
세인트제임스 파크
런던경시청
(스코틀랜드 야드)
쇼핑몰
빅토리아 역
〉14:18 〉시위대는 세인트 바르톨로뮤 병원
〉14:40 〉캐넌 스트리트 쪽으로 이동하기 전 영국 중앙은행 앞에서 간단히 구호를 외침
〉16:20 〉넬슨 장군 기념비를 근거지 삼아, 시위자들이 낙서를 하고 불을 피우기 시작

〉 12:10 〉 시위자들이 경찰 저지선에 대치하며 화이트홀까지 올라갔다가 후퇴 〉 12:13 〉 쇼핑몰로 행진 방향을 전환

〉 12:25 〉 의회 앞에 철책이 둘러지자 참가자들은 경찰 저지선에서 다시 후퇴

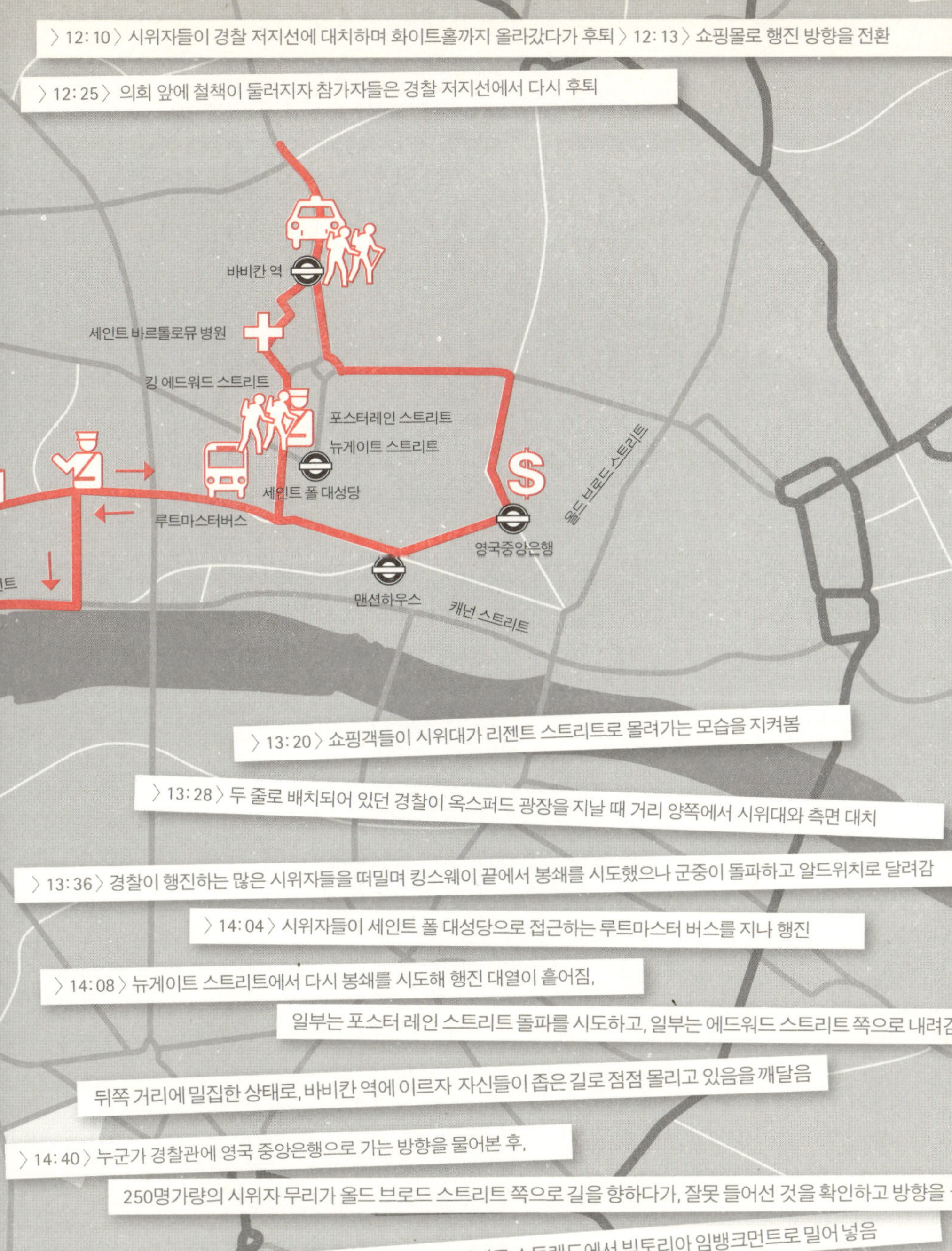

〉 13:20 〉 쇼핑객들이 시위대가 리젠트 스트리트로 몰려가는 모습을 지켜봄

〉 13:28 〉 두 줄로 배치되어 있던 경찰이 옥스퍼드 광장을 지날 때 거리 양쪽에서 시위대와 측면 대치

〉 13:36 〉 경찰이 행진하는 많은 시위자들을 떠밀며 킹스웨이 끝에서 봉쇄를 시도했으나 군중이 돌파하고 알드위치로 달려감

〉 14:04 〉 시위자들이 세인트 폴 대성당으로 접근하는 루트마스터 버스를 지나 행진

〉 14:08 〉 뉴게이트 스트리트에서 다시 봉쇄를 시도해 행진 대열이 흩어짐,

일부는 포스터 레인 스트리트 돌파를 시도하고, 일부는 에드워드 스트리트 쪽으로 내려감

뒤쪽 거리에 밀집한 상태로, 바비칸 역에 이르자 자신들이 좁은 길로 점점 몰리고 있음을 깨달음

〉 14:40 〉 누군가 경찰관에 영국 중앙은행으로 가는 방향을 물어본 후,

250명가량의 시위자 무리가 올드 브로드 스트리트 쪽으로 길을 향하다가, 잘못 들어선 것을 확인하고 방향을 돌림

〉 14:58 〉 경찰이 경찰관 50여 명과 경찰차 3대로 시위자들을 강제로 스트랜드에서 빅토리아 임뱅크먼트로 밀어 넣음

〉 15:27 〉 트라팔가 광장으로 돌아왔으나 경찰이 모든 출입구 봉쇄, 한 번에 몇 명씩만 출입 허용

〉 16:35 〉 트라팔가 광장 쪽에서 많은 시위자들이 경찰 봉쇄 탈출

국가를 점령하라 !

2010년 말미에 영국을 휩쓴
학생들의 점령 지도(잠정 집계)

DAY X3
09 : 12 : 10

omywow: 우리 캠브리지대학 여학생이 말이랑 충돌해서 쇄골이 부러졌다고 방금 들었어요. #dayX #demo2010
2010년 12월 9일 115 리트윗

carlmaxim: 경찰 왈, "시위자들이 약속한 경로를 지키는 데 실패했다." 공정하게 말하면 자유민주당도 못 지켰잖아. #dayx3 #solidarity #demo201
2010년 12월 9일 1,286 리트윗

queen_uk: 찰스 왕자한테서 온 문자: "수백 명의 사람들이 카밀라와 나를 얼핏 보고는 내 차를 신나게 두들겼다." #dayx3
2010년 12월 9일 518 리트윗

unitonehifi: 경찰이 웨스트민스터 다리에서 계속 봉쇄하고 있어요. 들이 잇달아 기절한다는 소식도 있고요. 리트윗 부탁드려요. 언론은 런 걸 보도 안 하는군요. #dayx3 #wkuncut
2010년 12월 9일 216 리트윗

00arlka00: "런던 거리의 공포, 버밍엄 거리의 공포" 캐머런은 여전히 스미스 대학 팬인가?? #demo2010
2010년 12월 9일 27 리트윗

studentactivism: 알피 메도우가 경찰한테 구타당하고 머리 수술 후에 한 말 "깨어나라, 그리고 말하라." #dayx3 http://bit.ly/h3q97x #solidarity #demo2010
2010년 12월 10일 23 리트윗

t Worker
**K
EES
ave EMA
Free
education
jesshurd/reportdigital.co.uk

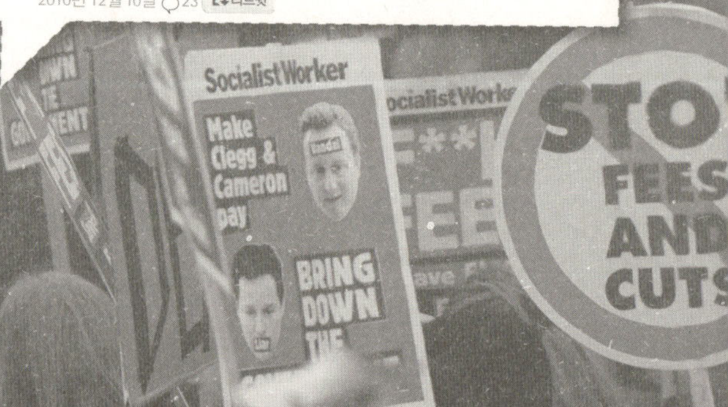

Socialist Worker
Make
Clegg &
Cameron
pay
BRING
DOWN
THE
Socialist Worker
**
EE
STO
FEES
AND
CUTS

azkaahass: 이라크 전쟁에 지출할 돈은 있고, 은행 구제금융 해줄 돈은 있으며, 보너스 줄 돈도 있으면서 교육에 쓸 돈은 없다니! #disgusting #fees #dayx3
2010년 12월 9일 83 리트윗
pawl_sagar: 믿을 수 없을 정도로 용감한 캠브리지 대학 학생들이 인간 벽을 만들어서 경창관이 탄 말이 의회 광장으로 들어오지 못하도록 막았네요. #dayx3
2010년 12월 9일 88 리트윗
policestateuk: "우리 중에 몇 명이 말과 난폭한 경찰관들 사이에 맞닥뜨렸어요. 우리는 손을 들고 있는데도 경찰은 우리를 바닥으로 마구 내팽개치네요." http://bit.ly/eJlh26 #dayx3
2010년 12월 0일 리트윗
bloggerheads: 조디 맥킨타이어(@jodymcintyre)가 경찰관 때문에 휠체어에서 넘어지고+짐짝처럼 끌려갔어요. http://j.mp/dWtsBC #dayx3
2010년 12월 13일 21 리트윗
dsvidcameronesq: 자유민주당 기권자들 덕분에 펜스에 앉아 있다. 우리 미래의 학생들을 부당하게 대우하지 말았어야 했다. #dayx3
2010년 12월 9일 28 리트윗
milesbarter: 경찰관이 말 타고 아이들에게 돌격하는 모습을 보고 아이들이 일 끝나고 시위하러 가지는데, 누구 함께 갈 사람? #dayx #dayx3 #demo2010 #nocuts
2010년 12월 9일 43 리트윗

1   영국, 등록금 투쟁으로 희망을 말하다

자본주의 대학 역할의 변화[A]

어네스트 만델Ernest Mandel
벨기에 출신의 마르크스주의 사회철학자.

기술 지상주의 대학의 개혁과 대학의 기능주의(급진적인 독일 학생들이 '직업의 크레틴병Professional Cretinism'이라고 일컫는 전문성의 분열, 지나친 전문화, 비통합으로 이끄는 고등교육의 쇠퇴)는 점점 더 조직화된 무능함으로 번져가고 있다.

현재의 사회 혼란에 대해 제기되는 날카로운 비난들 가운데 하나는, 과학 지식이 폭발적인 속도로 팽창하던 시기에 대학 교육의 수준은 오히려 꾸준히 낮아졌다는 지적이다. 그래서 고등교육은 과학 생산력이 지닌 풍부한 잠재력을 충분히 탐험하지 못하고 있다. 심지어 무능한 노동력을 만들어내고 있다. 이는 물론 절대적인 수준을 의미하는 것이 아니라 과학이 창조해낸 가능성과 비교했을 때 무능하다는 의미다.

서독 대학의 개혁 프로그램 입안자들 같은 일부 신자본주의 대변자들은 공공연하게 그들이 원하는 것을 말한다. 옛 훔볼트Humboldt 대학의 지나친 자유주의 성향에 대한 냉소적인 공격도 대략 그런 경우다. 그들은 자신들의 관점, 즉 신자본주의의 입장에서 바라보았을 때 학생들이 읽고, 공부하고, 강의를 들을 수 있는 자유는 학생 자신의 선택으로 줄어든 것이 분명함을 인정한다.

자본주의의 핵심은 상품이 인간의 필요에 종속된 것이 아니라, 상품에 인간의 필요가 종속되어 있다는 것이다.

그러므로 자주관리는 과학의 기능과 잠재적인 생산력을 충분히 발전시키는 데 꼭 필요한 요소다. 대학과 사회의 미래는 이 지점에서 만나고 마침내 수렴된다. "많은 사람들이 대학 교육에 적합하지 않다"고 말할 때, 그것은 분명 상투적인 말이다…… 우리 사회의 맥락에서 살펴볼 때 말이다. 생리적으로 또는 유전적으로 결정되는 것이 아니라 가정과 사회 환경이 오랜 과정을 거쳐 사전 선택한 것이다.

하지만 우리는 인간의 발전을 재화의 생산보다 경시하는 사회가 그들의 앞에 놓인 가치에 현실적인 서열 구조를 세울 것이라고 생각한다. 또한 우리는 사소한 경우를 제외하고 이 부적합함에 대해 필연적인 것이란 없다고 본다.

사회가 '사람에 대한 교육'을 '재화의 축적'보다 우선시하는 방식으로 재구성되고, 오늘날의 사전 선택과 경쟁을 반대 방향으로 밀고 나갈 때, 즉 사회가 재능이 부족한 모든 아이에게 많은 관심을 보이면 그 아이들은 '타고난 약점'을 극복할 것이다. 그렇게 되면 보편적인 고등교육의 성취가 불가능한 일이 아니게 된다.

이와 같이 보편적인 고등교육, 근무 시간을 절반으로 줄이기, 풍부한 소비재를 바탕으로 경제와 사회 모두를 아우르는 자주관리 등은 '교사들이 무엇을 가르칠 수 있겠는가?' '누가 경찰을 지켜볼 것인가?'와 같은 20세기의 문제에 대한 답이 된다.

보편적인 고등교육이 조성될 때 모든 이들이 스스로 학습하는 기본 환경이 이루어져 사회가 발전할 수 있을 것이다. 인류가 끊임없이 자신의

사회적 운명을 결정지을 수 있는 능력을 가지고 있다면 진정한 의미의 '진
전'이 될 것이다.

A   Trevor Pateman, ed., *Counter Course: A Handbook for Course Criticism*(Penguin, 1972), pp. 23-4.

사회적 운명을 결정지을 수 있는 능력을 가지고 있다면 진정한 의미의 '진

전'이 될 것이다.

소아즈 : 행동주의를 배우는 학교

엘리 배드콕Elly Badcock

소아즈 연합 간사이자 전국학생연합
여성위원회 회원.

2009년, 가자지구에서 전쟁이 정점에 치닫고 있을 때 소아즈SOAS: School of African and Oriental Studies 학생들은 이스라엘의 만행과 이스라엘에 대한 강력한 비난을 쟁점화하지 못한 경영 실패에 항의하며 처음으로 대학을 점령했고, 팔레스타인 대학들과의 관계를 구축했다. 우리의 행동은 런던정치경제대학에서 BBC 방송국 본사에 이르는 전국의 점령 시위에 촉매제가 되었다.

불과 1년 후, 영국 학생들은 자신들 앞에 위태롭게 걸려 있는 정부의 '예산 삭감'이라는 도살자의 칼을 불안한 마음으로 바라보게 되었다. 우리는 무엇을 해야 하는지 알고 있었다. 우리는 공개질의에 대한 책임자의 지속적인 답변에서부터 지원금 삭감과 등록금 인상 없는 예산 통과에 이르기까지, 여러 요구사항들을 내세우며 처음으로 점령 시위에 돌입했다.

이번 점령 사태는 여러 가지 면에서 매우 달랐다. 첫째로 24시간 내내 상황을 이어갔고, 둘째로 힘은 들었지만 환상적인 3주에 걸친 점령이었다. 그동안 고되었지만 환상적이었던 나날들이 지속되었다. 2009년, 우리는 대규모의 낯익은 행동주의 단체들과 함께했다. 2010년에는 다양한 사회의,

다양한 배경을 가진 학생들과 함께했으며, 정치적 신념도 뒤따랐다.

하지만 2010년에는 이전과 근본적인 차이가 있다. 개방적이며 점령에 대한 의사 결정의 본질이 포함되었다는 점이다. 우리는 총회에서 점령 시위를 요구하는 결의안을 제안했다. 실질적인 측면과 정치적 견해에 대해 모든 학생의 토론이 이어졌고, 미어터지는 휴게실에서 이뤄진 투표에서 점령하자는 우리의 의견이 우세했다. 그리고 일단 점령하고 나자 개방과 대중민주주의 정신이 계속되었다. 200명의 운영진이 참가한 대규모 집회에서 우리의 요구가 받아들여질 때까지 학생들이 점령을 유지하기로 결정했다.

그렇다고 2009년에 우리가 학생연합이 아닌, 그보다 작은 규모의 행동주의 단체들과 외부에서 점령 시위를 벌인 결정이 잘못이었다는 뜻은 아니다. 정치적 분위기는 놀라울 정도로 달랐으며, 즉각적인 행동이 요구되는 결정이었다. 전에 있었던 시위 운동이 아무리 규모가 크고, 분노로 가득하며, 활기차고 환상적이었다고 할지라도 시위에 한 번도 참가해보지 않았던 수십만의 학생들이 등록금 인상에 반대하며 시위에 동참한 것과는 비교가 되지 않았다. 2009년에 우리가 하나의 불꽃처럼 행동했다면, 2010년에는 활활 타오르고 공격적인 학생운동의 토대가 되었다.

오히려 우리의 사례는 최근의 학생 시위와 같은 대규모 운동에서 무엇을 할 수 있는지 보여주고 나중에 일을 어떻게 꾸려나가야 하는지를 알려준다. 최대한 많은 이들이 참여한 가운데 가능한 한 큰 포럼의 형태로 결정과 토론, 논쟁이 이루어져야 한다. 우리가 원하는 것이 무엇인지, 그리고 어떻게 성취해나갈지를 명확히 할 필요가 있다. 투쟁 중일 때는 철저하게 담대해질 필요가 있다. 처음부터 주도권을 쥐고 각자의 대학 경영진들

 소아즈: 행동주의를 배우는 학교

에게 앞으로도 계속 투쟁해나갈 것임을 확실히 해두어야 한다.

소아즈의 경영진은 우리가 '당장 점령하라!OCCUPY NOW!'는 요란한 문구를 새긴 포스터로 캠퍼스를 도배하는 동안 무기력하게 바라만 보고 있었다. 비록 경영진이 고등법원의 점령 금지 명령문을 가져오기는 했지만, 캠퍼스에서 예산 삭감 반대 운동의 힘과 연대, 그리고 열정이 워낙 분명했으므로 아무런 힘도 발휘하지 못했다. 지도교수들이 밤새 잠도 자지 않고 경비를 해주었고, 청소 담당 직원들은 우리에게 고위층을 위한 행사장에 있던 공짜 샌드위치를 가져다주었으며, 다른 교수들은 우리의 점령 공간에서 토론회와 급진주의 세미나도 개최했다.

폭넓어진 예산 삭감 반대 운동은 투쟁과 학생 시위대의 분노를 지켜보는 많은 이들의 공감을 이끌어냈다. 우리의 투쟁이 집중될수록, 점령에 참여한 곳곳의 사람들과 다양한 배경이 하나로 모일수록 지지와 연대의 기세가 드높아졌다. 독자적으로 움직이고 지엽적인 전투에서 싸운다면 우리는 사람들에게 공감을 줄 수는 있으나 궁극적으로는 실패하고 말 것이다. 함께 움직인다면 우리는 정부를 넘어뜨릴 수 있다. 무엇보다도 보다 공격적이고 단호하게 계속해나가야 한다. 40년 전 미국의 포드사 노동자들의 말처럼 "우리가 그들의 약점을 잡았으니 이제 밀어붙이자!"

밀뱅크 점령의 중요성

제임스 헤이우드 James Haywood

골드스미스대학 학생회의 사회 운동을
담당하고 있다.

2010년 11월 10일 밀뱅크 점령에서 가장 놀라운 점은 그 일이 실제로 벌어졌다는 사실이다. 다음날 많은 운동가들이 언론에 나와 이번 사건이 "각본의 일부가 아니었다"고 밝혔다. 원래 만 명의 학생들이 모여서 A 지점에서 B 지점까지 행진하다가 귀가하기로 되어 있었다. 하지만 우리가 예상한 인원보다 세 배 많은 사람들이 나타났으며, 1984~1985년에 있었던 광부들의 파업 이후 영국에서 가장 급진적인 시위가 벌어졌다.

밀뱅크 점령은 무관심의 환상을 깨뜨렸다. 학생들은 게으르고 정치에 무관심하기로 소문난 존재들이었고, 영국은 절제와 정중함 그리고 평화적인 행동의 본고장으로 유명했다.

나는 밀뱅크 타워 옥상에서 내려다본 수천 명의 사람들과 군데군데 피운 모닥불 광경을 결코 잊지 못할 것이다. 우리는 정부의 한 정당 본사를 에워싸고 점령했던 것이다! 2003년 2월로 돌아가 보자. 2백만 명의 사람들이 임박한 이라크 침공에 항의하며 행진했지만 무시당하기만 했다. 하지만 밀뱅크 점령은 정부가 무시할 수 없는 것이었다. 급진적인 행동이 영국에서 일어날 수 있고 효과가 있음이 증명되었다. 깨진 유리창과 옥상 점령이 등록금 문제에 대한 언론의 관심을 분산시켰다고 주장하는 사람들은 완전히 잘못 생각하고 있는 것이다. 2주 후 전국적인 시위에 참여한 학생들이(적게 잡아도 약 13만 명의 학생들이 참여했다) 증명해주듯, 시위는 다른 학생들이 태도를 취하도록 격려했다. 또 텔레비전과 라디오, 인쇄 매체들이 등록금 문제에 초점을 맞추게끔 했다.

밀뱅크 점령은 단지, 많은 사람들이 시위하게끔 자극하기만 한 것이 아니다. 시위에 대한 영국의 전반적인 태도를 결정적으로 바꿨다. 지금 주목할 점은 어떻게, 특히 젊은 학생들이 시위할 마음을 먹었느냐 하는 것이다. 사람들은 자신들이 행진하고 싶은 곳에서 행진했고, 경찰의 케틀링에서 탈출했으며, 점령할 건물들을 찾았다. 노동조합이나 운영진으로부터 명령이 내려오기를 기다린 사람은 아무도 없었다. 이는 새로운 현상이었다.

밀뱅크 점령의 충격이 학생들로 하여금 심지어 교육 분야를 뛰어넘게 만들었다. 이 일은 맨 처음 연립정부의 긴축 정책에 저항하며 일어난 진지한 반격이었으며, 앞으로의 캠페인에 분위기를 조성해주었다. 노동조합원들을 지지하는 학생들이 넘쳐났고, 자신들의 지도자를 향한 질문이 쏟아졌다.

그 충격은 또한 영국을 넘어섰다. 팔레스타인의 내 친구는 그곳의 TV 방송국에서 밀뱅크 점령 사태에 대해 계속해서 새로운 보도를 내보낸다고 말해주었다. 벨기에에 사는 친구는 자신이 즐겨 보는 잡지에서 우리 사진을 보았다고 말해주었다. 두바이에서부터 파리까지, 그리스에서 미국에 이르기까지, 전 세계의 언론이 관심을 보였다. 이번 사건의 중요성은 런던에서 소아즈 점령 시위에 참여한 한 프랑스 학생의 말로 잘 요약된다. 이 학생은 유럽인들이 영국을 특별히 급진적이라고 생각하지 않았으므로 영국 학생들이 정부의 건물을 점령했다는 소식을 들었을 때 뭔가 중요한 일이 터졌음을 알았다고 말했다.

밀뱅크 점령은 역사적으로 가장 보수적인 영국의 학생운동조차도 폭발할 잠재력이 있음을 증명했으며, 언론의 숱한 마녀사냥과 경찰의 폭력과 억압 속에서도, 우리의 행동이 대중의 지지를 잃었다는 주장 속에서도 (실제로는 그 반대였지만), 급진적인 대규모 투쟁이 되었다. 밀뱅크 점령은 우리의 목표를 로비나 정중한 항의를 통해서가 아니라 '행동'을 통해 성취할 수 있음을 가르쳐주었다.

점령의 기술

조 캐설리 Jo Casserly

유니버시티 칼리지 런던 학생회의 회원.

지난 몇 달 동안, 영국 정계의 풍경이 급변했다. 우리는 토리당 본부의 유리창이 산산조각 나는 걸 보았고, 보수-자유민주당 연립정부의 등록금 삭감 합의가 무산되는 광경을 목격했다. 2010년 11월 10일 수천 명의 사람들이 거리로 몰려나와 밀뱅크의 토리당 본부를 점령했다. 몇 주 후, 점령의 물결이 영국 대학가를 휩쓸었다.

점령은 1968년부터 오늘날까지 학생운동의 강력한 전통을 이뤄온 전술이다. 그러나 이번에 나를 포함한 많은 이들이 완전히 새로운 경험을 했다. 우리는 대학 경영진과 정부를 동시에 움직일 수 있는 직접적인 행동을 원했으므로 점령을 선택한 것이다.

그 밖의 많은 대학들과 마찬가지로 유니버시티 칼리지 런던UCL: University College London 경영진은 등록금 인상안의 공범이었다. 사실 노동당 정부에 브라운 리뷰 의뢰를 위해 로비했던 사람이 말콤 그랜트Malcolm Grant 학장이었다. 이로써 우리 대학 경영진이 교육 자체보다 억대 연봉이나 기업 브랜드, 사립학교 순위 평가에 더 관심을 두는 이들이란 사실이 분명해졌다.

대학을 운영하는 사람들은 선출된 것이 아니므로 교직원이나 학생들에 대한 책임이 없다. 그리고 그들은 우리 교육을 지키고 지원금 삭감에 효과적으로 반대하는 데 실패했다. 이제 학교를 위해 우리가 직접 행동해야 할 때다.

처음 계획한 점령 시위에서는 정부와 대학 경영진을 겨냥한 요구사항이 있었다. 우리는 대학 운영진이 지원금 삭감과 등록금 인상을 비난하는 성명을 발표하고, 구조조정을 하지 않으며, 학생들이 학교 운영에 폭넓게 참여할 수 있도록 민주적인 대학 구조를 만들어달라고 요구했다.

이 투쟁에서 우리의 성공은 엇갈렸다. 런던사우스뱅크대학London South Bank University과 같은 일부 대학들에서는 우리가 요구한 많은 사항들을 관철시켰다. 하지만 유니버시티 칼리지 런던 같은 몇몇 대학들은 삭감 반대 성명을 발표하는 한편, 등록금 인상안 반대에는 거부했다. 그러나 이 정도의 성과는 대학 경영진이 대체로 매우 진지하게 학생운동의 힘을 인정하고 있음을 증명한다. 우리는 막강한 존재가 된 것이다.

점령 시위의 물결 속에서 거둔 주요한 성취 가운데 하나는 학생운동을 위한 조직의 구심점을 학교 안팎에 마련한 것이다. 워크숍을 통해 학생들은 파업과 점령에 관해 알게 되었다. 노동조합원들이 연대할 뜻을 밝히고, 일터에서 자신들이 벌여온 투쟁에 관해 말해주려고 우리를 방문했다. 점령은 창의력의 중심이 되었다. 캠퍼스는 눈에 띄게 달라졌다. 우리는 대학이 형식적인 배움터에 그치지 않고 비판적으로 생각하고 항의하는, 그리고 배우는 장소임을 보여주었다. 이러한 영향을 과소평가해서는 안 된다. 우리는 직접행동과 시위, 플래시 몹을 조직했을 뿐만 아니라, 추가 행동을 준비하기 위해 운동가들과 강력한 네트워크를 구축했다. 모두 함께

     점령의 기술

지내며 조직적인 행동을 하기가 몹시 힘들긴 했지만 학생들을 신뢰로 엮어주고, 서로 존중하고 동료애를 느끼게 해준 특별한 경험이었다.

영향력을 극대화하려면 우리의 점령 행위는 지역 공동체, 언론, 트위터에서 활동할 다양한 팀이나 실무 그룹으로 잘 조직화될 필요가 있었다. 때로는 총회가 밤새 이어지기도 했지만 하루에 두 번씩 총회의 결정이 내려졌고, 그 결정은 향후 점령 시위에 나설 장소와 계획을 세우는 데 필수적이었다.

점령이라는 도전은 폭넓은 의견과 경험을 보유한 학생들이 생산적으로 일할 수 있는 공간, 경험자부터 신참에 이르기까지 모든 이들이 동등하게 공헌할 수 있는 공간을 만들어냈다. 우리는 '정치하는' 주체가 엘리트인 시대에 살고 있다. 더구나 정치인들은 특권층의 백인 남성들이 주류를 이룬다. 점령 시위는 이런 현실에서 정치가 모든 사람을 위한 것이라는 흐름으로 나아갈 균형추 역할을 할 공간을 반드시 창조해야 한다.

하지만 이것이 저절로 이루어지지는 않을 것이다. 시위 참여를 독려하려면 체계와 절차가 필요하다. 이번 점령과 학생운동에 반영된 생각 중에 '지도자 없이', '조직 없이' 또는 '저절로 생기는' 것을 추구한 점은 칭찬을 받아왔다. 나는 우리가 원하지 '않는' 바가 같다고 확신한다. 참여자들이 운동의 방향에 거의 영향을 끼칠 수 없는 '위에서 아래로 내려오는' 비민주적인 운동이 바로 그것이다.

오늘날 요구되는 운동은 그와는 반대로 급진적이고 창조적인, 그러면서도 지역 조직에 깊이 뿌리내려야 하며, '아래서부터 위로' 올라오는 형태여야 한다. 무엇보다도 우리는 이기기 위해 '필요하다면 어떤 수단을 써서라도' 싸울 준비가 되어 있어야 한다. 하지만 나의 생각은 '지도자가 없는'

우리 운동의 본질을 찬성하는 사람들은 자신들이 원하는 바를 본 것이며, 그 자신이 지도자일 경우가 많다는 것이다. 리더십은 모든 대규모 운동에서 생겨나고 우리의 경우도 다르지 않다. 일부 점령에서 모임과 활동을 주도하는 사람들이 생겨나고, 총회에서 뒤로 물러나 말을 아끼는 점령 참여자들을 멀리하는 경향이 생겨났으니 말이다.

그러므로 문제는 우리가 리더를 세우느냐 아니냐가 아니라 어떻게 우리가 그들을 선택하느냐 하는 것이다. 그들은 가장 큰 목소리를 내는 사람들인가? 아니면 선출되어 책임지는 사람들인가? 우리가 대표자들을 뽑고, 그들에게 책임도 지우는 구조를 만들자.

말하자면 대중 매체에서의 발언과 경영진과의 협상을 맡길 대변인들을 선출하고, 학생회 선거에서 활동할 삭감 반대 지원자들은 모두 함께 모여 결정하며, 주 그룹에서 개인들에게 임무를 맡기는 것이다. 이와 같은 민주주의와 의무 체계는 필수적이고 돌아가면서 책임을 맡게 된다. 리더십의 실재를 부정하지 않음으로써 우리는 '아래에서 위로 올라가는' 민주주의 구조를 만들 수 있다. 대안은 '리더의 부재'가 아니라 '몇 사람만이 책임지지 않는 리더십'이다.

국가 수준에서도 우리는 덜이 아니라, 더 잘 조직화해야 한다. 지난 몇 달 동안, 특히 노동자 계층의 학생 세대에서 자연스럽게 표출되는 분노와 항의의 힘을 보았다. 지금의 문제는 어떻게 그 가속도를 이어가고 투표를 통해 투쟁을 강화해나가는가 하는 것이다. 이를 위해 우리가 자발성에 의존할 것이 아니라 구조를 조직화해야 한다.

우리 앞에 놓인 도전 과제는 실로 거대하다. 노동조합원들과 연대하고 총파업을 향해 단계를 밟아 나가려면 장차 노동조합 지도자들이 있건

없건 행동할 수 있는 평범한 사람들의 조직이 필요하다. 단지 경찰관들에게 맞선 시위뿐만 아니라 잉글리시 디펜스 리그EDL: English Defence League[영국의 극우 시위 단체]에 대항할 피켓 라인, 공동체를 꾸릴 조직화된 자기방어체가 있어야 할 것이다.

이런 종류의 활동은 미디어 허브를 활용하거나 시위 중 경찰관들의 저지선을 찍어 트위터에 올리는 등 이미 발전시켜나가고 있는 중이다. 대학에서 점령은 투쟁의 핵심 요소가 될 것이다. 지금까지 점령은 정치 논쟁과 조직화의 공간을 만들어왔다. 하지만 지원금 삭감이 악영향을 미치기 시작하고, 대학에서 정리해고가 발생할수록 우리는 행동을 강화해나가야만 한다. 유럽에서는 점령 사태로 대부분의 대학이 수업에 지장을 받거나 휴교했다.

교직원들의 급여 삭감과 구조조정을 막고자 한다면, 이러한 전술들을 보다 공격적인 행동으로 옮겨야만 한다. 행정처와 사무실을 폐쇄하고 모든 부서, 특히 폐쇄를 위협한 부서들을 점령해야 한다. 그리고 교수들이 파업을 하면 모든 학생은 학교를 폐쇄하고 피켓을 들고 시위에 동참해야 한다.

그렇다. 이런 종류의 행동은 파괴적이다. 하지만 이기려면 거쳐야 할 과정이다. 그리고 피켓 시위와 점령은 보수-자유민주당 연립정부가 고등교육에 퍼뜨리려고 하는 대혼란과 비교하면 별것 아니다.

우리는 모든 학생에게 메시지를 전달하고, 학생들의 지지를 우리 편으로 끌어오는 데 막대한 노력을 쏟아부어야 한다. 비판적인 반체제 사고를 일깨우고 예산 삭감 논리에 도전하며 대안을 찾고, 직접행동이 정부를 끌어내리기 위해 나아가야 하는 이유를 알리는 교육 캠페인도 펼쳐야 한다.

물론 그 앞에는 거대한 도전 과제들이 놓여 있다. 하지만 우리는 몇 달 전만 해도 거의 상상하지 못했던 힘 있는 위치에서 시작하고 있다.

이러한 도전들과 마주하기 위해 우리는 조직화하고 단결해야 할 필요가 있다. 이는 모든 예산 삭감 반대, 등록금 인상 정책 폐기를 위한 압박과 같은 명확한 목표를 두고 단결하는 걸 의미한다. 투쟁하는 이들이라면 어떤 정치적 견해를 가졌든, 소속 단체가 무엇이든 간에 투쟁에 참여하고 주인의식을 가져야 한다. 시위를 위한 결합이 탈정치화를 의미하지는 않는다. 우리는 운동에 함께하는 학생과 노동자 사이에 이념의 장벽을 만들어도 안 되지만, 동시에 정치 논쟁을 부끄러워해서도 안 된다.

이론은 실천을 만들고 실천이 이론을 만든다. 공간을 점령하고 시위를 지속하는 자체만으로 끝이 아니다. 우리의 목표는 사회주의운동의 축소판 만들기가 아니다. 점령 시위는 우리 사회 전체가 작동하는 방식을 바꾸기 위한 훨씬 넓은 범위에서의 투쟁 전술이다. 이제 급진적이어야 할 때다. 오랫동안 사람들은, 심지어 좌파 일부에서조차 '연대'나 '계급', '혁명' 같은 단어들을 우리와 동떨어진 저속한 단어로 여겨왔다. 우리는 투쟁이 영국인들에게 '이질적인' 것이 아니고, 우리가 탈이념의 시대에 살고 있지 않으며, 정치에 무관심한 세대가 아님을 증명했다.

반자본주의, 사회주의 정책들이 많은 젊은이들 사이에서 새롭게 공명하고 있다. 탈냉전, 신자유주의 합의는 끝났고, 사회주의 이념은 죽지 않았으며 어느 때보다 더 살아서 숨 쉬고 있다. 점령 시위는 우리가 살아가는 사회에 대해 토론하고 질문할 자리를 마련해주었다. 교육이 좋다는 게 무엇인가? 진정한 민주주의란 무엇일까? 어떻게 우리가 체제를 바꿀 수 있을까? 또 다른 세상이 가능할까?

     점령의 기술

과거를 통해 중요한 교훈을 이미 분명하게 배웠다. 우리들 상당수가 이라크전쟁 때 학교를 박차고 나와 시위했고, 처음으로 직접행동을 알게 되었다. 2003년 2월 15일, 2백만 명이 런던에서 직접행동에 참여했다. 전쟁 중지 운동은 어마어마한 힘을 발휘했다. 어떤 대규모 운동도 그 당시의 규모를 넘어서지 못했으며, 심지어 학생 시위에서 보여준 생동감과 급진주의도 아직 그때를 넘어서지 못한다. 전쟁 중지 운동은 국민들의 생각을 움직였고 토니 블레어가 자리에서 물러날 뻔할 정도로 정치적 위기 상황으로 내몰기도 했다. 하지만 노동운동이 이끄는 노동쟁의가 지속되지 못하고 시가 행진에만 지나치게 초점을 맞춘 채 파업이나 점령, 그 밖의 다른 형태의 직접행동에 충분히 집중하지 못했던 점은 아쉽다.

예산 삭감 반대 운동에서도 정부를 끌어내리는 데 필요한, 제대로 계획된 노동쟁의가 아직 이뤄지지 못했다. 하지만 우리가 이미 보았듯이 보다 급진적인 형태의 사회적 시위가 부활했다. 대학 점령은 아주 가까운 미래에 우리에게 필요한 직접행동의 방식을 시사한다.

1968년 런던정치경제대학 점령이 그랬듯이, 우리는 점령을 또 다른 사회에 대한 비전을 논의하고 혁명적인 변화를 성취하는 데 활용할 수 있다. 하지만 우리는 1968년의 실패에서 배워야 한다. 1968년 5월, 프랑스에서는 학생들이 자신들의 자발적인 행동과 대학 점령, 라탱지구^{Latin Quarter}[파리의 유명 대학들이 밀집한 대학로로 1968년 프랑스 학생 운동이 시작된 곳]의 거리에서 경찰관들과 싸운 것을 자축했다. 1968년 5월의 시위는 우리들에게 영감을 주었지만, 당시의 자발적인 운동에는 대규모 반란을 혁명과 정부 전복으로 이끄는 데 필요한 정치적 방향이나 조직이 없었다.

우리의 지나침이 위험의 덫에 빠져서는 안 된다. 점령을 학생운동을 조직화하고 지역과 전국 단위로 협력하는 데 이용하자. 우리가 조직화하는 데 마음껏 쓸 수 있는 도구들, 트위터, 페이스북, 블로그 같은 소셜네트워킹 미디어가 어느 때보다도 많이 존재한다. 우리가 살아가고 일하고 투쟁하는 세상은 이렇게 사회적으로 급변하는데도, 투쟁은 이미 사라져버린 계급투쟁의 역사와 별반 다를 게 없는 실정이다. 우리는 역사의 과실에서 취하고 배워야 한다.

예산 삭감과의 전쟁에서 이기려면 사회 곳곳에서 일어나는 강력한 반격이 필요하다. 학생들만으로는 안 된다. 노동자, 실업자, 연금생활자들도 함께해야만 한다. 분명히 해두자. 예산 삭감 전쟁에서의 승리는 연립정부의 전복을 의미한다.

대학 점령은 이번 운동을 조직화하는 데 결정적인 역할을 할 수 있다. 점령 여부와 상관없이 모든 대학에서 매주 여는, 학생과 교육 노동자 간의 공개적이고 민주적인 집회가 바로 그 열쇠다. 이러한 집회들은 각 지역과 전국 단위의 집회로 이어질 수 있다. 또한 그 과정에서 플래시 몹과 추가 점령 시위를 계속하면서도 파업하는 사람들과의 적극적인 연대, 피켓 시위에 팀 지원, 노동조합총협의회의 행진 구상을 준비할 수 있다. 거리에서, 캠퍼스에서, 우리는 이미 훌륭한 성과를 거뒀다. 이제 조직적이고 단합된, 창조적이고 급진적인 이길 수 있는 운동을 추진해나가야 한다.

나의 휠체어는 시작일 뿐이다

조디 매킨타이어Jody McIntyre

영국의 운동가 겸 자유기고가.

보수당 본부 옥상에 올라 휠체어 바로 옆에 선 나는 11월 10일이 나의 삶을 변화시켰다고 생각했다. 여러 번 시위에 참석했지만 그로부터 한 달 후 내가 공공의 장에 서게 될 줄 몰랐다.

그날의 시위는 위대했다. 자발적으로 이뤄낸 열정적인 시위였다. 경찰관들은 막무가내였다. 장애인을 휠체어에서 밀어내고, 길 건너편까지 질질 끌고 가는 경찰을 정당화할 근거란 전혀 없다.

의회가 등록금 인상안을 표결한 날을 'Day X'라고 부른다. 밀뱅크와 런던의 거리 곳곳에서 겪은 경험 이후로 우리는 속도를 유지해야 한다고 생각했다. 하지만 내가 처음 의회 광장에 도착한 12월 9일에 상황은 반대로 흘러가는 듯했다. '우리의' 정치인들이 바로 길 건너편에서 경찰관들의 호위를 받으며 앉아 있는 동안 광장을 가득 매울 수천 명의 학생들을 끌어모은 일은 훌륭했지만, 행동이 부족했던 점이 다소 실망스러웠다. 우두커니 서서 발만 동동 구른다고 정부를 끌어내릴 수는 없을 테니까.

나는 날로 커가는 학생운동을 과소평가하지 말았어야 했다. 이들은 경험 많은 반전 가두 시위자들로 이뤄진 군중이 아니었다. 불과 몇 주 전까지만 해도 시위에 참여해본 적 없는 14~15세 아이들까지 포함하고 있었다. 이들은 전혀 경계하지 않고, 자신들의 목소리를 들어달라고 호소하며 거리로 나섰다.

곧 사람들은 의회 광장 맨 끝으로 달리기 시작했고, 나도 남동생과 함께 뒤따랐다. 우리가 군중의 앞쪽으로 갔을 때 경찰관들은 무력 사용에 필사적이었다.

경찰봉이 날아다니기 시작했다. 하나는 내 왼쪽 어깨로 곧장 떨어졌고, 팔을 타고 내려가는 날카롭고 콕콕 쏘는 통증을 느꼈다. 주변에 서 있던 사람들은 머리와 몸을 맞았고, 경찰관들은 남녀노소 구분 없이 모두에게 무자비하게 대했다. 그때 사람들을 쉽게 죽일 수도 있는 말들이 도착했다. 하지만 우리는 꼼짝도 하지 않고 물러서지 않았다.

갑자기 네 명의 경찰관이 내 어깨를 잡더니 휠체어에서 밀어냈다. 내 친구들과 남동생은 나를 휠체어에 다시 앉히려고 애쓰다 경찰봉으로 얻어맞았다. 경찰은 나를 끌고 갔다. 5분이 지났을까, 휠체어에서 손을 떼지 않고 있던 남동생도 공격을 받았다.

그때는 몰랐지만, 누군가가 경찰관이 나를 휠체어에서 끌어내리려는 사진을 찍어 트위터에 올렸고 이 사진이 순식간에 퍼졌다.

그때까지 경찰 저지선 반대편에 모여 있던 무리는 200명가량 되었다. 우리는 반대편으로 방향을 돌려 행진하고 달리기 시작했다. 의욕이 충만했다. 정부에 대한 분노가 더욱더 충만했다. 교육부 건물을 지날 무렵 발과 주먹이 날아왔다.

이번에는 밀뱅크 쪽에서 접근하여 결국 의회 광장으로 돌아왔다. 난

    나의 휠체어는 시작일 뿐이다

폭한 경찰관들이 우리에게 돌격했다. 하지만 그들은 약해보였다. 말에 올라탄 경찰관들은 돌격을 기다리며 바로 뒤에 있었다.

나와 동생 핀레이Finlay는 가까스로 경찰 저지선을 통과해 이리저리 빠져나왔다. 우리는 군중을 저지하려는 난폭한 경찰관들과 돌격 준비를 끝낸 경찰관들 사이의 넓은 공간에 머물렀다. 나는 경찰관들과 대면하려고 휠체어를 돌렸다. 한 경찰관이 내게 "저리 비켜!" 하고 소리쳤고, 나는 고개를 저었다. 말을 탄 경찰관들이 우리 뒤에 서 있는 군중 틈으로 돌격할 수도 있었으며, 그중에는 아이들도 많이 포함되어 있어 맘이 편치 않았다.

아까 나를 휠체어에서 밀어냈던 경찰관들 중 한 명이 얼핏 눈에 들어왔다. 그 경찰관도 즉시 날 알아채고는 내 쪽으로 돌격해왔다. 경찰관은 휠체어를 한쪽으로 기울여 나를 콘크리트 바닥으로 밀어뜨리고 내 팔을 잡고 질질 끌면서 길을 건넜다.

이번에도 그 일을 담은 비디오 영상이 이후 몇 주 동안 온라인에서 돌아다녔다.

이 사건의 여파로 정말 궁금해진 점은 왜 경찰관이 나를 휠체어에서 끌어내렸느냐가 아니라, 왜 대중이 그렇게 놀랐느냐 하는 것이었다. 경찰관이 바닥에 누워 있는 열다섯 살 여학생의 배를 걷어찬 일보다, 아니면 경찰봉으로 학생의 머리를 때려서 응급실에 실려 가고 뇌출혈로 죽기 직전까지 간 사건보다 내게 일어난 일이 정말 더 충격적이었단 말인가?

12월 9일 경찰의 행동은 내게 놀랍지 않았다. 물론 정부를 보호하는 것이 경찰의 임무이고, 11월 30일 학생들의 행진에서 우리가 보았던 장면보다 정부에 더 큰 위협은 없었기 때문이다. 수천 명의 학생들이 경찰의 허가 없이 자발적으로 런던 중심가를 행진했으며, 어떠한 폭력 행위도 없었다. 그런 시위는 인기 없는 정부 정책에 반대하는 많은 대중의 지지를 끌어올 가능성이 높다. 그래서 시위는 정부에 직접적인 위협이 된 것이다. 정부가 그 위협에 어떻게 대처했는가? 우리를 공격할 경찰관들을 내보냈다.

정부는 시위 현장에서의 경찰의 무자비한 행동을 정당화하려고 "일부 학생들의 폭력을 막기 위해 필요한 조치였다"고 해명했다. 하지만 11월 30일에 있었던 사건들은 정부의 발언이 가식일 뿐만 아니라 위선이란 사실을 증명한다. 영국 정부, 아니 영국이라는 나라는 대체 언제부터 목표 달성을 위해 폭력을 사용하는 일에 거리낌이 없었던가?

1953년 모하메드 모사데그의 축출을 지원할 때, 영국은 폭력 사용을 문제 삼지 않았다. 모하메드 모사데그는 이란에서 민주적으로 선출된 최초의 총리였다. 영국 정부는 미군기지 구축을 위해 디에고 가르시아 주[1]민 2천여 명을 강제로 내쫓는 과정에서도 폭력을 사용하는 데 거리낌이 없었다.

보다 최근에는 아프가니스탄과 이라크를 침공하는 데도 무력 사용을 주저하지 않았다. 이러한 살인 공격을 지지하는 정당이 보수당 본부 유리창이 깨진 것을 두고 불평하는 모습은 웃기지도 않는다.

우리 교육 체제의 미래를 깨뜨린 장본인은 정부였다. 정부야말로 우리 사회에서 가장 빈곤하고 취약한 계층의 사람들에게 도끼를 휘두르지

---

1 **디에고 가르시아Diego Garcia**: 남인도양에 있는 영국령의 섬. 영국은 그곳에서 살고 있던 모든 주민을 이주시키고 1973년부터 섬 전체를 미군 기지로 사용하고 있다.

 나의 휠체어는 시작일 뿐이다

않았는가. 깨진 유리는 쉽게 보수할 수 있지만 전반적인 사회 복지는 그렇지 않다. 정부가 이원화된 교육 체제 정책과 불평등이라는 이념 추구를 지속하는 한, 우리에게는 누구나 누릴 수 있는 동등한 교육을 쟁취하기 위해 시위하고 저항하며 투쟁할 모든 권리가 있다.

 # 회상

Everywhere I hear the sound of
marching, charging feet boy

Cause summer's here and the time is right
for fighting in the street
— CHORUS
                                        boy
So what can a poor boy do, cept to sing
For a rock n'roll band, cause in sleepy
London town there's no place for a
Street Fighting Man.

Hey said the time is right for a palace
                                        revolution
But where I live the game to play is
                        compromise solution

CHORUS

Hey said my name is called disturbance
I'll shout and scream I'll KILL THE KING
I'll rail at all his servants
So what can a poor boy do cept to
sing for a rock n' roll band cause
in sleepy London town there's
no place for a
Street Fighting Man

Mick Jagger 1968

롤링 스톤즈의
'스트리트 파이팅 맨'

믹 재거가 손으로 쓴 가사(*Black Dwarf*, 1968년)

어디에서나 힘차게 행진하는 발소리가 들려.
이곳의 여름은 거리에서 투쟁하기에 딱 좋은
때거든.

코러스
하지만 나른한 런던 타운에서
불쌍한 소년은 로큰롤 밴드와 노래할 수밖에.
거리에서 투쟁하는 이가 갈 곳이라고는 없거든.

이봐! 지금이 궁정 혁명을 하기에 딱 좋은 때야.
하지만 내가 사는 곳에는
절충만이 판을 친다네.

코러스
이봐! 사람들은 내 이름을 혼란이라 부르지.
나는 목청 높여 소리 지르리라.
나는 왕을 죽이고 그의 신하들을 조롱하리라.
하지만 나른한 런던 타운에서
불쌍한 소년은 로큰롤 밴드와 노래할 수밖에.
거리에서 투쟁하는 이가 갈 곳이라고는 없거든.

믹 재거Mick Jagger 1968

     나의 휠체어는 시작일 뿐이다

연장교육

조 하비|Joe Harvey,

케이티 스콰이어스|Kaity Squires,

스튜어트 오렐리|Stuart O'Reilly,

아담 툴민|Adam Toulmin

연장교육학교 학생들.

아담 툴민(17, 하반트 칼리지|Havant College 학생), **케이티 스콰이어스**(17, 하반트 칼리지 학생), **조 하비**(17, 세인트존스 칼리지|St John's College 학생)

학생과 연장교육생들을 주축으로 많은 젊은이들이 최근 보수-자유민주당 연립정부가 추진하는 등록금 인상안과 대대적인 예산 삭감안을 계기로 정치에 참여하고 있다. 우리는 미래가 위협받고 있음을 느끼며, 정부에 항복하거나 그 정책들을 받아들일 생각이 없다. 그리하여 수천 명의 또래 젊은이들과 연대하기 위한 런던 방문, 지역 대학에서의 조직적인 수업 거부, 지역 국회의원들을 대상으로 영향력을 행사하는 등 지역 및 전국 차원의 활동을 병행하기로 결정했다.

우리는 런던에서 단지 대의명분을 위해 거리로 나와 투쟁을 독려하는 많은 사람들을 보고 고무되었다. 강력한 연대의식으로 모두 함께했다. 처음 열린 '타파 2010' 시위에서 모든 이들은 기세가 드높았고 시위를 즐겼다. 하지만 밀뱅크 사건이 벌어지고 등록금 법안 투표가 가까워지자 경찰의 진압은 점점 더 가혹해졌다. 현장에 있던 대다수 학생들은 경찰관들이 시민이 아니라 정부를 보호하기 위해 존재하는 듯한 인상을 받았다.

　우리는 경찰관들이 명백한 이유 없이 사람들을 케틀링하는 것이 가장 우려된다. 경찰관들은 무고한 사람들을 목표로 삼았다. 시위자들 가운데 몇 명이 가까스로 케틀에서 일찍 빠져나왔고, 우리는 돌아다니다가 경찰 저지선에서 비교적 멀리 떨어진 곳에서 통화하며 걸어가는 한 남자를 보았다. 경찰관이 그 남자에게 "돌아와" 하고 소리쳤지만, 남자의 반응이 없자 경찰관은 남자의 머리를 두 차례 가격하고는 땅바닥에 때려눕혔다. 이 같은 폭력과 공격적인 진압은 분명 이후에 사람들이 시위에 참가하지 못하도록 겁을 주는 위협 전략이었다.

　많은 교수신과 식원늘이 우리를 격려하고 수업 거부에 나서는 이유를 이해했지만, 우리를 반대하는 대학 경영진도 있었다. 우리는 학교가 우리를 지지하고 자기 학생들의 미래를 염려해 주리라고 믿었다. 하지만 경영진은 어떤 행동도 일어나지 않도록 억누르기 바빴다. 우리가 붙인 포스터들은 찢겼고, 조직과 연관된 학생은 누구나 부총장과의 면담에 불려갔다. 시위에 참가한 학생들 모두에게 교육유지수당 지급이 취소되었고, 일부 학생들은 경영진의 징계 조치도 받았다.

　예산 삭감과 등록금 인상에 대한 투쟁은 끝나지 않았고 우리는 포기하지 않았다. 우리는 여전히 상황이 바뀔 수 있으며 대학이 단지 엘리트나 부자만을 위한 사치품으로 전락하지 않기를 바란다. 우리는 지역에서 조직 활동을 지속하면서 전국적인 시위에도 계속 참석할 것이다. 또한 우리를 저지하려는 경영진의 압력에 굴복하지 않겠다. 모든 젊은이는 대의명분을 위해 투쟁해야 하며, 이 투쟁은 우리들에게 두루 영향을 끼칠 것이다.

선거 전까지만 해도 나는 캐머런의 열렬한 팬이었다. 보수-자유민주당 연합은 보수당의 극단적인 관점을 약화시키고 거의 완벽에 가까운 정부를 탄생시켰다. 나는 예전에 정치인들을 두고 거짓말쟁이라고 말하거나 싸잡아 비판하는 사람들이 못마땅했는데, 그들이 얼마나 순진했는지 이제야 깨달았다. 등록금 인상 반대 시위는 나의 의사를 표현할 수 있게 해주었을 뿐만 아니라 성숙해지는 계기가 되었다.

캠브리지,
DAY X ONE

에이미 길리건Amy Gilligan

캠브리지대학의 연구생이며 캠브리지
교육수호운동Cambridge Defend Education
Campaign의 회원.

사람들이 캠브리지대학과 급진적인 행동을 바로 연관 짓기란 쉽지 않을 것이다. 하지만 2010년 가을, 캠브리지대학에서는 나라 안 여느 대학만큼 투쟁의 열기가 끓어올랐다. 캠브리지대학 학생들은 학기 초부터 예산 삭감과 등록금 인상에 대항하는 시위를 했다. 시위가 진전되면서 수백 명의 학생과 대학준비과정 학생들이 참여하기 시작했다. 'Day X one'은 천 명이 넘는 사람들을 거리로, 3백 명의 학생들을 평의원 회관 잔디밭으로 이끌었다.

이틀 후, 우리는 대학 행정의 심장부인 올드 스쿨스Old Schools의 교수 휴게실을 점령했다. 11일 동안 점령이 지속되면서 학생들뿐 아니라 예산 삭감, 교육 및 그 밖의 다양한 공공 부문에 대항해 싸우기를 원하는 수많은 사람들이 모여들었다. 점령은 곧 대학의 여러 소명들 가운데서도 교육과 보건 및 여타 복지제도를 위협하는 지출 계획에 반대하는 데 그 영향력을 써달라는 사람들의 요구가 반영된 것이다. 실질적으로는 단순한 점령부터 연합지부회의 현장에서 전단지 나눠주기, 길드홀Guildhall 대회의실의 기습 점령 참여도 해당된다.

이번 점령의 하이라이트는 시위가 끝나기 전날 열린 캠브리지 총회였다. 이 총회에는 3백 명 이상이 참여했다. '운동의 다음 단계 논의를 위한 공공 포럼'이라 불린 이 총회는 예산 반대 운동에서 연대를 맺고 다양한 노동조합 구성원들을 한데 모으는 데 큰 성공을 거뒀다. 여러 노동조합의 대표들과 캠브리지셔 삭감 반대 캠페인Cambridgeshire against the Cuts Campaign의 운동가들, 녹색당과 노동당 의원들, 그 밖에도 여러 단체의 운동가들이 참석했다. 또한 상당수의 캠브리지대학 교수, 유학생, 부모님과 조부모님, 연금 생활자 및 어린 학생과 대학준비과정 학생들까지 참석했다.

예상했던 대로 대학 경영진은 거리로 쏟아져 나온 학생들이나 대학 일부를 통제하는 학생들에게 별다른 반응이 없었다. 반면 교수진이 보내온 반응은 환상적이었다. 수백 명의 교수들이 점령 시위를 지지하는 청원서에 서명하고, 자신들의 지지를 보여주기 위해 학사모와 가운까지 완벽하게 차려입고 우리를 방문했다.

지금까지 캠브리지대학에서 보여준 저항의 핵심은 폭넓은 정치 참여였다. 학생들은 보수당과 자유민주당의 삭감안에 반대하는 대규모 행동의 불꽃이 되어주었다. 이제는 오랫동안 투쟁해온 사람들한테서 많이 배워야 할 것이다. 모두 함께한다면 우리가 정부 정책을 멈추게 할 수도, 정부를 끌어내릴 수도 있다.

시위 동영상들

킹스 칼리지 런던 학생연합이 만든 멋진 동영상.
http://tinyurl.com/KingsCollegeDemoPromo

제레미 팩스맨이 아론 포터 전국학생연합 대표의 편에서 클레어
솔로몬에 불리한 질문을 던짐.
http://tinyurl.com/ClareSolomonNewsnight

데이비드 캐머런 총리는 경찰관 한 명을 말에서 끌어내리고 때린 학생을
비난함. 실제 상황은 이러했다.
http://tinyurl.com/WhatReallyHappened2010

두 번째 시위, 저항의 축제 몽타주 영상.
http://tinyurl.com/CarnivalOfResistance

15세인 버나비 레인Barnaby Raine이 기득권층을 향해 우리 세대가 싸울 테니
기다리라고 말함.
http://tinyurl.com/15YearOldBarnabyRaine
[현재 주소 http://youtu.be/CrgzpPvJxmQ]

책방패

http://tinyurl.com/BookBlocItaly

[현재 연결되지 않는 주소이며 관련 정보는 http://www.unicommon.org에서 볼 수 있음]

2010년 12월 9일 시위 중 경찰이 조디 매킨타이어를 휠체어에서 밀어냈다. 인터뷰 진행자가 매킨타이어에게 "당신은 혁명가입니까?"라고 물었을 때, 그의 유명한 대답을 보라.

http://tinyurl.com/JodyMcIntyreInterview

런던예술대학University of the Arts London 옥스퍼드 광장에서 공연한 고전.

http://tinyurl.com/CantCutThis

학생 점령 현장에서 폴 메이슨.

http://tinyurl.com/NewsnightOccupations

런던대학에서 열린 알피 메도우의 기자 회견.

http://tinyurl.com/AlfiePressConference

환상적인 거짓말과 시위의 향연.

http://tinyurl.com/StudentProtests2010

터너상 시상식에서 예산 삭감에 항의하는 예술인들. 수상자인 수잔 필립스Susan Philipsz가 예술 지원금 100% 삭감에 반대하는 캠페인에 지지를 표했다.

http://tinyurl.com/TateTeach-in

희극인 폴 오그레이디Paul O'Grady가 혁명적인 깨우침으로 관객들을 놀라게 했다.

http://tinyurl.com/PaulOGrady

http://tinyurl.com/PaulOGrady2

---

2. 이탈리아

투쟁은 아직
끝나지 않았다

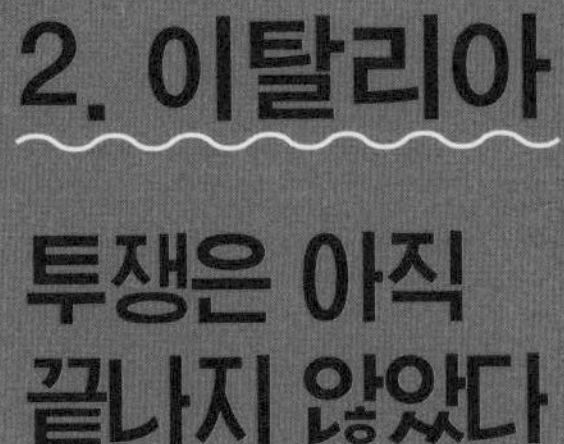
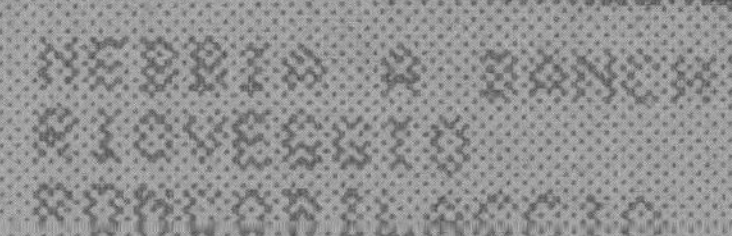

MEBBIA A BANCHI
RIOVEGGIO
RONCOBILACCIO
NEBBIA
A14
12

불안정한 노동자들의 공장[A]

지울리오 칼렐라Giulio Calella

급진적인 출판사 에디지오니 알레그레Edizioni Alegre의 공동 창립자이자 『느긋한 학습
Studiare con Lentezza』, 『해일 L'onda Anomala』의 공동 저자.

낮아지는 인건비 : 트레몬티와 젤미니, 3+2

이탈리아에서는 2008년 '법안 133'에 반대하며 새로운 학생운동이 탄생
했다. 단지 트레몬티와 젤미니의 '배반의 창작품' 때문만은 아니었다.

반대로 이번 시위는 (자체적으로 문제와 모순이 없지는 않지만) 거의 20년
전에 시작되어, 베를링구에르와 제키노가 채택한 3+2 학제 (학사 3년, 석사 2
년) 개혁이 불러온 이른바 '볼로냐 프로세스'[1]로 유럽 전체에 가속화되고
있다.

볼로냐 프로세스는 이익을 사유화하고 손실은 사회화하는 오래된 자
본주의 이념과 긴밀히 연관되어 있다.

결국 1968년 루이지 기의 개혁 이후로 이탈리아 지배층은 천편일률

---

1   **볼로냐 프로세스Bologna Process:** 영국, 프랑스, 독일, 이탈리아 등 4개 유럽연합 소속 국가들
이 이탈리아 볼로냐에 모여 2010년까지 단일한 고등교육 제도를 설립하여 유럽 대학들의 국제
경쟁력을 높이고자 1999년에 출범한 프로그램이며, 그 후 유럽연합에 속하지 않은 국가들도
참여해 회원 수가 47개국으로 늘었다.

적인 개혁 방식을 생각해왔다. 다양한 계층의 사람들이 고등교육에 접근할 수 있는 시대가 열리자 지배계급은 대학 문을 닫느니 대학이 자신들의 이익을 창출하도록 활용하는 편이 더 수월하고 유용하다고 생각하기 시작했다.

일단 대중의 대학 접근성을 줄이는 단순한 방식에서 벗어나자 관건은 대학을 사유화하는 것이 아니라 사적 목적으로 활용하여 어떻게 이익을 창출해내느냐가 되었다. 이탈리아 지배계급은 계속해서 돈을 버는 나라를 선호한다. 하지만 국가는 그들이 필요한 만큼만 지불해야 한다. 대학 및 학생 지원금을 삭감하면 파렴치한 은행가들을 위해, 즉 구제금융을 위한 유동자산 늘리기에 사용될지도 모르기 때문이다. 더욱이 오늘날은 그럴 가능성이 매우 높다.

유럽안보협력기구OSCE의 자료에 따르면, 이탈리아의 국내총생산 대비 고등교육 지출은 회원국 평균의 절반 수준에 그치고 있다(2005년 1.6%, 회원국 평균은 3%). 이 수치가 큰 문제는 아니다. 그리고 이탈리아의 학생당 지출은 헝가리, 한국, 체코 공화국, 슬로바키아, 멕시코, 그리스, 폴란드 바로 위 단계로 산업국가들 가운데 가장 낮은 수준이란 점도 크게 중요하지 않다.

사실은 로베르토 페로티Roberto Perotti가 대학 정치에서 이탈리아공업총연합Confindustria의 상황을 제시한 최근 성공작 『부정한 대학L'università truccata』에서 다음과 같은 새로운 방법을 창안한 바 있다. "대학이 10유로를 지출하고 두 명의 학생을 등록시킨다고 하자. 둘 중 한 명만 정규 학생일 때, 대학 총 지출은 정규 학생에게만 해당되므로 정규 학생당 평균 지출액은 5유로가 아닌 10유로다." 여러분이 할 일은 파트타임 학생을 세는 것이다. 그것으로 족하다. 그럴 경우 이탈리아의 지출은 유럽안보협력기구 회원국 중 네 번째로 뛰어오른다. 즉 평균 이상이므로 축소할 필요가 있음을 의미한다.

게다가 3+2 개혁은 미래의 대학 졸업자들의 노동력 착취를 담보해야 한다. 즉 노동비용을 줄일 '공장'을 헐값에 지어야만 한다.

볼로냐 프로세스 : 공장 짓기

1990년 안토니오 루베르티의 개혁은 처음으로 질적인 변화를 가져다주었다. 조직과 경제적 자립은 대학에 계약과 협약을 촉진하고, 협회를 세우며, 시민들의 '공헌'을 얻어내 대학의 법인화와 경쟁을 장려하기 시작했다. 그리고 최종적으로 학생을 선택해 상위 또는 하위의 학교로 보내는 이원체제 구축을 목표로 했다.

하지만 이 개혁은 10년 후 대학별 재정 자치에서 교육상의 자치 추가 도입, 두 단계의 '라우레아laurea(학사 학위)' 도입을 골자로 한 제키노 개혁 Zecchino reform으로 치명타를 입었다.

1999년 6월 19일, 유럽연합과 구소비에트연방 소속 30개국의 교육부 장관들은 유럽에서 통일된 고등교육제도 확립을 꾀한 협정을 비준했다. '볼로냐 프로세스'는 그렇게 탄생했다. 두 개의 과정을 바탕으로 2010년까지 동일한 고등교육 확립을 달성하기로 한 제키노 개혁(3+2 학제)은 1999년 11월에 승인되었다.

중도좌파 정부는 이 모델을 지지하면서 유럽 평균과 더불어 이탈리아 대학 졸업자가 증가함으로써 대학의 재정 및 교육 생산성이 강화될 것이라고 주장했다. 또한 본 개혁이 제때 학업을 끝내지 않는 대학생 문제를 해결하고, 대학생들에게 다양한 학습 선택권을 제공하며, 대학이 교육상

　　　불안정한 노동자들의 공장

의 자치권을 활용하여 노동 시장 요구에 맞는 졸업생들을 배출하는 데도 유용할 것임을 내세웠다. 다시 말해 대학을 이른바 '평생 훈련소'로 탈바꿈시키겠다는 주장이다. 이 모든 것이 학점제credit system (C) 도입에 적응하도록 학생들의 능력에 맞춰 학습량을 조절하고, 교수들에게는 생산성 향상 압력을 가하기 위해 대학 간 경쟁을 장려함으로써 해결되었다. 반면 문화적으로 주도권을 쥔 신자유주의자들은 학교와 대학이 기업들처럼 상품과 원료를 팔려고 서로 경쟁하려는 의도가 없으므로 그러한 기능을 하지 않는다고 주장한다. 교장은 관리자가, 대학 위원회는 이사회가 되며 개별적인 성과에 대해서는 생산성, 투입 및 산출 사이의 관계로 평가해야 한다는 말이다.

소비자 만족이 시장의 모든 것이요, 소비자가 왕이라는 신화에 따르면 이러한 접근은 반드시 고객 찾기가 수반된다.

하지만 '대학' 기업 입장에서는 두 부류의 고객이 있는 셈이다. 학생은 즉각적인 고객이 되어 더 높은 등록금을 지불해야 하는 새로운 체제의 요구에 적응해야만 한다. 구매자는 항상 돈을 지불해야 하는 존재니까.

그러나 최종 고객은 민간 자본이다. 대학 개혁의 주 후원자는 사실 자질을 갖춘 데다 온순한 노동력을 만들어내기를 희망하는 이탈리아공업총연맹인 것이다.

공장의 원자재 : 학생 집단

지속적인 기술 및 조직의 혁신으로 생산 양식이 영향 받는 것은 오늘날의 현실이다. 이러한 외중에 특수하고 '전문화된' 노동 시장의 요구를 몇 년 앞서 계획하는 일이 가능하고 대학이 노동 시장의 요구에 맞추는 것을 하나의 목표라고 본다면 어리석은 생각이다. 사실 이러한 상황에서는 복잡한 상황에 유연하게 대처할 수 있는 훨씬 더 종합적인 구성이 필요할 것이다. 그렇지만 3+2 학제는 학위의 초기 단계부터 전문화 과정을 도입하려고 고안되었다.

결국 이것이 학사 학위 보유자 대량 증가로 이어져 2000년 2,444명에서 2007년 5,517명에 이르렀다. 이들 중에는 토리노대학Turin University의 '텔레비전과 영화 대화 번역가를 위한 언어조정학'과 바리Bari대학의 '개와 고양이 사육, 웰빙과 위생학과'도 들어가 있다.

만약 목표가 어떤 직업이든 기꺼이 받아들일 수 있는 불안정 노동자 군단, 양성 자질을 갖추었으나 온순한 노동력을 만들어내는 것이 아니었더라면 이 모든 상황은 부조리했을 것이다.

그렇다, 군단. 이것이 다양한 계층에 고등교육 접근을 유지시키고 심지어 확장시켜온 이유다.

3년제 학사 라우레아 과정이 도입되면서 대학생 수가 사실상 증가해왔다. 이탈리아 고등교육부 자료에 따르면 2005년과 2006년에 1,823,886명의 학생이 등록했다. 즉 제키노 개혁이 시행된 2001, 2002년보다 거의 20만 명 이상 많아진 것이다. 전체 졸업자의 수 또한 매년 두 배로 늘어 2001년 175,386명에서 2005년 301,298명으로 뛰었다. 학생의 수에 거품이 끼기는 했다. 많은 학생들이 학점 인증을 받으려고 기존 과정에서 신규 과정으로 이동했으니 말이다. 하지만 핵심은 신규 라우레아(학위)와 단일 주기의 기존 라우레아가 너무나 다르다는 사실이다.

물론 오늘날의 대학이 모든 사람에게 열려 있고 접근 가능하다는 뜻은 아니다. 교육 접근성에는 계급에 따른 선택이 여전히 존재한다. 하지만

   불안정한 노동자들의 공장

이 선택 과정이 보다 복잡하고 다양해졌다.

교육부 자료에 따르면 개혁이 시행된 후 대학에 등록하는 지원자 비율이 65%에서 75%로 증가했다. 결과적으로 대학에 등록하는 19세 청년의 비율이 46%에서 56%로 늘어난 셈이다.

이는 동시에 44%의 이탈리아 19세 청년들이 여전히 대학에 입학하지 않으며, 중등교육 체제 안에서 작동하는 계급 선택이 존재한다는 의미다. 고등학교 중에서도 리체오^{liceo}[이탈리아의 고등 전문학교로 5년 과정이다]에 다니는 학생들은 거의 모두가 대학에 입학하지만, 공업기술학교 학생들 중 55%, 직업학교 학생들은 겨우 27.6%만이 대학에 입학한다. 게다가 이탈리아 학생들 가운데 25~30%는 여전히 졸업 전에 학교를 떠난다.

또한 학사 학위를 취득하는 등록자 비율은 50% 미만에 그치고, 20% 가량의 학생들이 1학년 때 중퇴한다.

그러므로 학생운동을 펼치는 일부 정치 세력이 하듯이 학생 입학이 확실히 증가했다는 쟁점으로 논쟁을 펼친다면 그건 잘못된 일이다. 교육받을 권리의 범위까지는 더 이상 쟁점으로 보이지 않고, '단순한' 포함과 양질의 교육을 위한 투쟁만이 반대편에 자리 잡았다. 지난 몇 년간 교육에 대한 권리(경쟁하는 대학들 간의 등록금뿐 아니라 학위에 따른 등록금 차별화, 일부 라우레아 과정의 입학 제한, 학사와 석사 사이의 장학금 할당 기준의 상이함 등)를 부인했던 고전적인 방식을 강화하고 보다 유연하게 적용하려고 노력해온 '커뮤니케이션 체계'와 '다양화된 포괄' 메커니즘 도입을 보아온 우리는 이러한 논쟁 또한 잘못되었다고 본다.

반면 유럽 학생운동 중 가장 크고 오래 지속된 몇 가지 운동들이 지난 40년 동안 이탈리아에서 있기는 했었다. 하지만 그것들이 상징하는 바는 도리어 이탈리아가 유럽안보협력기구 회원국 중 교육받을 권리 측면에서 가장 열악한 나라들 가운데 하나라는 점이다. 유럽안보협력기구 평균 17%에 비교했을 때, 이탈리아는 전체 대학 지출의 15.9%만을 교육받을 권리를 뒷받침하는 데 투입했다. 오늘날에도 전국적으로 자격을 갖춘 학생들의 27%가 자금 부족으로 장학금을 받지 못한다. 이는 '자격이 있으나 성공하지 못한' 학생 개개인이라는 위헌적인 인물을 만들어낸다. 마찬가지로 학생들이 이용할 수 있는 기숙사는 프랑스와 독일이 7~10%, 덴마크와 스웨덴이 20% 수준인 데 비해 이탈리아는 겨우 2% 정도만 수용할 수 있는 실정이다.

하지만 어쨌든 3+2 학제는 고등교육에 대한 접근을 제한한 것이 아니라 접근성을 높이고 차별화를 꾀했다.

이와 같이 아직도 대학이 불안정 노동자들을 양산하는 공장이라면 원자재가 긴급하게 필요한 상황이다.

따라서 21세기 대학생들은 1960년대나 1970년대, 심지어 1990년에 표범운동la Pantera[교육을 사유화하려는 정부 프로젝트에 반대한 이탈리아 학생운동으로 1990년 2월 로마 동물원에서 표범이 탈주한 시기에 벌어짐]을 펼친 학생들보다 사회 구성 측면에서 매우 다른 상황에 놓여 있다. 학생들은 예전보다 훨씬 다양한 사회 배경을 갖추고 있으며, 부르주아 가정에서 성장한 학생들의 비율은 현저히 낮아졌다.

사회적인 다양성이 학생 전체에 영향을 끼치지는 않는다. 가장 취약한 계급 출신의 학생들은 과거에 가장 공격적으로 학생운동을 펼쳤던 이들보다 더 두각을 나타낸다. 부유한 좌파 학생들에 대한 농담은 한물간 식상한 이야기일 뿐이다. 오늘날의 그들이 있게 한 사람들과 비교하면 매우 다르다고 말할 수 있다. 이런 학생들은 또한 자신들에게 힘을 부여한 대학에 대해 잘못된 믿음이 있거나 아예 이해하지 못한다.

오늘날 '온다 물결 Onda anomala' 학생운동[2008년 베를루스코니 정부의 교육예산 삭감 및 교육 개혁에 저항한 학생 시위운동]에 참여하는 학생들의 대다수는 자신들의 교육을 지지하는 가족과 개인적인 재원이 없다. 대학은 더 이상 손쉬운, 성공적인 직업을 위한 필수조건이 아니다.

부르주아 젊은이들과 이탈리아 지배계급의 자손 대부분이 공립대학을 버리고 해외로 나가거나 일부는 사립대학을 선택한다. 중간 또는 상류계급 출신 학생들은 자기 경력 증진에 도움이 될 길을 대학과 병행하거나 완벽하게 대학과 무관한 방법을 외부에서 찾는다. 대중을 위한 새로운 대학들의 수준 저하도 점점 그들이 이러한 방향으로 가도록 영향을 미칠 것이다. 적어도 대학 진로의 다양화 또는 이탈리아 버전의 아이비리그가 들어설 때까지는 말이다.

3+2 학제의 공립대학에 등록했거나 등록할 학생들은 보다 나은 미래를 만들기 위해, 적어도 괜찮은 미래를 위해 계속 대학에 갈 것이다.(F)

공장 생산품 : 불안정 노동자들

알마라우레아 Almalaurea[졸업생과 대학, 기업 간 연계 기관]의 조사 자료에 따르면(G) 신규 학사 졸업생들이 기존의 단일 주기 라우레아를 소지한 졸업생들보다 낮은 연봉에 불안정한 일자리를 얻는다.

2000년, 졸업 1년 후에 기존 학위를 취득한 졸업생의 45.7%가(영구 계약 혹은 자유 계약을 통해) 안정된 고용을 보장받은 반면, 54.3%의 학생들은(비정규직이나 임시직, 혹은 계약서 없이) 불안정한 고용 상태에 있었다. 대학이 이미 불안정 노동자들을 양산하고 있는 상황에서 3+2 학제가 이를 가속화했다. 2006년, 졸업 1년 후에 신규 학위를 취득한 졸업생들은 39%만이 안정된 고용을 보장받았고, 불안정 노동자들은 61%로 치솟았다.

게다가 졸업 1년 후 신규 졸업자들의 평균 급여는 993유로였고, 학위를 받기 전부터 일하지 않았던 이들은 881유로까지 떨어졌다. 문학과 같은 몇몇 학과들의 경우 평균 급여가 금속 노동자들보다 훨씬 낮았다.

이제 기존 라우레아 소지자들과 비교해 보면 동일한 과정이 가속화된 것을 알 수 있다. 2001년, 졸업 1년 후에 기존 라우레아 졸업생들은 월평균 1,015유로를 벌었다. 알마라우레아는 "지난 몇 년 동안 인플레이션을 반영한 실질 임금을 참고해 보나 정확한 분석을 한 결과, 2007년 신규 졸업생은 5년 전 신규 졸업생보다 확실히 더 적게 버는 것으로 밝혀졌다"라고 덧붙였다.

자, 여기서 기업화된 '3+2' 대학에 부여된 역할을 살펴볼 것이다. 거만한 신자유주의 이념은, 냉소적으로 실용적인 접근을 가장한 대학의 기능에 대한 주장에 힘을 실어주었다. 우리가 살펴보았듯이 대학은 계속해서 불안정 노동자들을 대량 양산했고, 대학 졸업생들이 자신들이 습득한 경쟁력을 노동 시장이나 직업상의 진로, 소득 측면에서 활용하리라는 기대감을 낮추게 했다.

대학 개혁의 궁극적인 목표는 지원금 삭감 말고도 더 있다. 바로 민간기업에게 낮은 급여로 새로운 생산기술(보통 높은 이익을 보장하는 기술)에 필요한 정신노동 인력을 얻을 수 있다는 확신을 심어주는 것이다. 이를 위해 공업총연합은 지난 수년 동안 대학 개혁을 지휘해왔다.

3+2 학제에는 분명 학생들이 지성인 혹은 적어도 전문가가 되리라는

  불안정한 노동자들의 공장

희망을 확실히 앗아가는 효과가 있다. "대학에 입학한 사람은 누구나 '학생이 아닌 학자'다"라는 대학 교수의 옛말은 새로운 라우레아 과정의 지극히 전문적인 상표 아래로 묻혔다. 정규 학생들에게 강요하는 굉장한 속도, 지속적인 평가, 교과서마다 달린 참고문헌 목록과 사실상 학생들이 과목과 친숙해지고 비판적으로 접근해 발전시킬 만한 시도조차 방해하는 3학기제가 여기에 해당한다. 단순화되고 가치가 떨어진 교직, 불안정 노동자를 만들어내는 공장의 엔진, 전문적이고 단편적인 특성을 극대화해 만들어내는 지식 생산의 파편들. 제키노 개혁이 스스로 말했듯이, '학점은 쓸모가 없다.'

'볼로냐 프로세스'로 유럽 전역에서 벌어진 일들은 사실 1970년대 학생운동이 이미 예견했던 바이다. 또 한편으로 졸업자들이 예전에 대학 입학자 또는 정규교육을 받지 않은 노동자들이 하던 일자리를 얻는 경향이 커지고, 다른 한편으로는 자신들의 노동 환경 통제에 점점 무관심해진 결과 졸업생들의 불안정과 무산계급화는 현실로 굳어져버렸다. 이런 식으로 정신노동 시장은 육체노동 시장과 비슷해진다. 전통적인 경제 이론이 가정했던 바와는 반대로 같은 수준의 정규교육을 받은 개인들이 결국 다양한 일을 하게 될 뿐만 아니라 급여도 제각각으로 차이가 벌어진다.

물론 이 경우 교육부 통계국은 적절하게도, 다른 측면을 무시한 유럽안보협력기구 자료를 강조했다. 이 자료에 따르면 졸업생들은 국민 평균에 비교해도 일을 구하기가 훨씬 쉽고, 대학 입학자들보다 43%나 차이 나는 수입을 벌어들인다(이 수치는 미국 75%, 영국 71%, 독일은 50%, 프랑스는 48% 등에 이르는 유럽안보협력기구 국가들 평균치보다 여전히 열악하다). 하지만 이것들을 달성하려면 시간이 걸린다. 우리는 인내심을 길러야만 한다.

25~29세 대학 입학자 실업률이 10.1%로 졸업생 실업률 21.9%에 비해

낮다고 해도 34세의 경우를 보면 졸업자 실업률이 8.7%로 떨어진다. 그래서 교육부 자료의 결론은 "같은 또래에서 대학 입학자보다 졸업생 실업률이 12% 높은 건 사실상 매우 큰 차이기는 하나, 장기적으로는 확실히 여러분의 공부가 혜택을 가져다준다"이다.

"장기적으로 우리 모두가 죽는다"고 말한 영국의 경제학자 존 케인스John M. Keynes는 제쳐두고라도, "여러분의 월급이 조만간 오를 것이다"라는 말은 여전히 졸업생들 입을 막으려는 가정이요, 형편없는 급여를 받으며 착취당할 준비가 된 자질을 갖춘 노동자들에게 주는 수면제일 뿐이다.

확실히 무급 인턴직을 하든 매우 비싼 석사 학위를 등록하든 누구나 끊임없이 공부해야 한다는 사실은 당연하다. 하지만 그들이 일컫는 '영구 훈련'은, 당연히 영구적인 불안정을 의미한다.

실상을 보자. 현재 상황의 대학 학위에 대해 제네지니가 적절한 언급을 한 바 있다.

대학 학위가 계속해서 중요하겠지만 자격증 이상은 아니다. 약 25년 전 스펜스가 비슷한 주장을 펼쳤듯이, 학위는 적절한 위상의 취업을 보장해주는 노동력의 차별화를 위한 도구다. 우리는 대학 졸업장이 그들이 공인하는 경쟁력을 지녔는가가 아닌 구직자들의 줄에서 발탁될 가능성을 높여주는가에 따라 직장 경쟁 구조를 이야기한다. 그러므로 졸업장은 점점 더 하급 자격증을 소지한 이들을 바닥으로 끌어내리는 장치로 여겨지는 추세다.

그러므로 학생들은 한꺼번에 대학에서 쫓겨나지 않아야만 한다. 대학

     불안정한 노동자들의 공장

생들은 하향하는 노동력 안에서 유용한 차별화 도구이자, 새로운 기술 상품을 잘 받아들일 소비자이기 때문이다.

지배계급에게 대학 민영화가 쉽지 않은 이유는 뚜렷하다. 대학은 마음대로 다룰 수 있는 도구로 사적 목적을 위해 충분히 이용하면서도 통제가 어렵고 값비싼 미시권력과 자잘한 이익으로 가득하다. 지역 회사들이 '불안정 노동자들의 공장'을 자신들의 특정한 필요에 따라 운영하도록 허락해주려는 것이 지금까지 계획해온 대학 '자율성'의 참모습이다.

'법안 133'이 인정한 민간 위탁을 통해 민간 기업은 억지로 돈을 내지 않고도 사실상 공교육 기관에 직접 들어갈 수 있게 될 것이다. 베를루스코니 정부에서 나온 이 민간 위탁 개념은 대형 은행의 위기를 구제금융으로 벗어나려고 한 대책과 사실상 정확히 반대되는 개입이다. 민주당 총재 월터 벨트로니Walter Veltroni의 지지를 받은 실비오 베를루스코니 총리는 경영과 관련해서 어떤 권리도 요구하지 않고 은행에 수십억 유로를 내어줄 준비가 되어 있었다. 반대로 민간 기업들은 대학 이사회에 참여해 학생들이 어떤 전문가로 훈련받아야 하고, 어떤 종류의 인턴직에 참가해야 하며, 대학이 어떤 종류의 연구를 해야 하는가를 결정하게 된다. 다시 말하지만 돈한 푼 들이지 않고 말이다. 논리는 같다. 이익을 사유화하고 손실은 사회화하는 것이다.

이와 같은 방식으로 대학은 공공연하게 '불안정 노동자들의 에이전시'가 되어간다. 게다가 인턴직(학점 취득을 위한 필수과목이 될 가능성이 높다) 도입을 통해 기업은 불안정하고 형편없는 급여를 줄 뿐만 아니라 완벽하게 '비용도 안 들이고' 새롭고 영구적인 노동자 군단을 창설하게 된다. 이런 식으로 전 부문의 노동자들은 무임금 노동자 군단으로 대체된다(출판업계의 교정자들을 생각해보라). 이것이 민간 기업들이 노동 비용을 낮추기 위해 개입하는 구체적인 방법이다.

노동자? 아니면 공장에서 생산한 상품?

지난 몇 년 동안 모든 학생운동에서 벌어진 논쟁과 동일한 논쟁이 '온다 물결Onda anomala' 운동에도 있다. 학생들 자체가 이미 지식공장의 불안정 노동자인가, 아니면 공장에서 생산한 상품, 즉 제조 중인 불안정 노동자인가?

이 이론에 상응하는 첫 번째 전제는 우리가 "새롭고 탈공업화된 자본주의의 형상인 인지자본주의의 출현"을 목격했다는 주장이다. 인지자본주의란 "자본 가치화의 중심 요소가 지식 통제, 지식의 가상 상품으로의 변모와 직접적인 연관을 맺는 사이, 지적이고 과학적인 노동의 생산성이 우세를 점하게 된 누적 시스템"을 말한다. 이와 같은 자본의 새로운 형상화로 "학생들이 나태하고 비생산적이며 보수를 줄 가치가 없다고 여겨져 (아마 만들어지고 있는) 노동력 구조를 오래된 포디즘Fordism[대량생산 방식]의 렌즈로 바라보기가 불가능해졌다. 학생과 임금 노동자(혹은 가난한 노동자) 사이의 경계가 흐려지고 있다"(K)는 것이다.

이러한 접근법은 이른바 지식노동자들에게 절대적인 우선권을 부여하는 방식이다. 여기에는 오늘날의 혁신과 창조성, 즉 '지식'이 부가가치를 결정하고, 창조성의 생산자인 우리의 지식과 두뇌는 생산의 주요 수단이 되어 왔다는 주장이 담겨 있다. 그 결과 카를 마르크스가 주장한, 가치는 교환 행위가 아닌 인간 노동에서 나온다고 보는 이론인 노동가치설labour theory of value은 쓸모없어지고 진정한 문제는 더 이상 '착취'가 아닌 '지식 통제'(L)가 된다. 이러한 접근법에 따르면 저작권과 특허는 생산과 창조성을 자

   불안정한 노동자들의 공장

유롭게 해주고, 시스템에서의 '탈출'을 구현하기 위해 남겨두어야 할 지식 통제와 분배의 주요 형식이다.

평균적으로 거의 모든 선진 경제에서 출현하는 노동 형식을 보면, 생산에 수반되는 기술적 과정을 다루는 데 있어 보다 높은 자격 요건을 요구한다는 점은 의심할 여지가 없다. 그렇더라도 생산의 기본 메커니즘이 급진적으로 변화하지도 않았다. 그것들은 계속해서 물질적이거나 비물질적이다. 그리고 우리가 지식노동자에 대해서 말할 때, 높은 수준의 자격을 요하지만 창조성은 훨씬 덜한 일을 수행하는 노동자들은 다루지 않는 경우가 많다. 이것이 우리가 정신노동자에 대해 언급하는 이유다. 마르코 바르토렐로 Marco Bartorello 도 이 점을 들어 말했다.

자유와 창조성이 반드시 지식 관련 생산의 특성은 아니다. 지식 생산 방식에서 필요로 하는 컴퓨터 앞에서의 많은 몸놀림, 어느 정도 판에 박힌 업무는 소외라는 측면에서 대량생산 방식의 작업과 비교할 만하다. 새로운 일자리에서 많은 부분을 차지하는 글쓰기와 프로그래밍 같은 활동은 점점 질적 수준이 아니라 생산한 글자 수를 토대로 급여를 받는 경향이 커지고 있다. 노동을 측정하는 새로운 방식은 지금껏 대량생산이나 도급에 관해 이야기해왔듯이 근로자 수, 시간, 페이지당 글자 수 같은 원가 산정 방식을 근거해 도입되었다.

이러한 정신노동의 저평가 덕분에 오늘날 3+2 같은 체제가 생겨났다. 게다가 우리는 지금도 마르크스의 가치 이론이 옳다고 생각한다. 마르크스의 세 번째 주장을 소개하면 다음과 같다. "우리는 이쯤에서 노동

착취가 없는 자본주의 사회에 대해 간접적인 논쟁을 해보려고 한다. 만약 생산이 완벽하게 자동화된 사회가 있고 그곳에서 결국 인간 노동이 사라진다면, 상업적인 교환과 수입을 바탕으로 한 자본주의 사회는 더 이상 존재하지 않게 될 것이다. 무한한 생산은 소비를 가능하게 하는 소득을 창출하지 못하므로 소비자는 더 이상 남지 않을 것이다. 이것이 우리가 끊임없이 새로운 방식으로 착취당하는 노동자(망치가 아닌 언어를 사용하는 노동자)를 목격하는 이유다."

저작권과 특허를 없애면 몇몇 압도적인 독점 상황(항레트로바이러스제 또는 마이크로소프트를 생각해보라)을 해결할 수 있고, 많은 제품들의 가격이 낮아지며, 이로써 마르크스가 일컫은 '이윤율의 저하 경향'이 가속화된다. 하지만 그 자체로는 착취에 근거한 자본주의 사회 구조를 제거할 수 없다.

그러므로 학생들은 이미 불안정 노동자들이다. 그러나 단순히 학생들이 지식을 생산하기 때문만은 아니다. 고등교육 지원금 삭감의 여파로 선택을 강요당하고, 의무적인 인턴직과 권리조차 없는 불안정한 일자리에서 무급 노동력으로 착취당하기 때문이다.

하지만 무엇보다도 그들은 제조 중인 상품, 특별한 종류의 상품이다. 불안정한 미래를 위해 파편화된 지식을 제공하는 새 라우레아, 학생들이 자기 삶의 통제력을 잃고 '어떤' 일자리든 받아들이도록 훈련시키는 3+2 학제의 빠른 학습 일정. 이것이 불안정 노동자들이 정신노동 시장에서 착취당하도록 준비시키고 훈련하는 방식이다.

이것이 마술처럼 학생들이 소비자에서 상품으로 변신하는 방법이다. 그래서 자신의 학습 일정이 불만족스럽더라도 "여전히 지역의 생산 구조에 적기 공급할 '상품'으로 취급되는 기쁨을 누릴 수 있다."

  불안정한 노동자들의 공장

공장의 위기 : 대자본가들

하지만 모든 3+2 이론가들이 인식해왔듯이 3+2 학제는 지나칠 정도로 5년 학제와 같다는 문제가 있다. 오늘날 학사 학위를 받는 학생들의 약 70%가 석사 과정에 등록한다. 이런 현상은 불안정 노동자가 되는 일을 피하기 위해 보다 폭넓고, 보다 포괄적이면서도 중요한 훈련을 받으리란 희망으로 2년 더 공부하려는 학생들의 자기방어 태도를 보여준다. 하지만 이는 헛된 희망이다. 수준 낮고 단순화된 고등학교 및 학사 과정이 사실상 수준 낮고 단순화된 석사 학위를 만들어내기 때문이다.

요약하면 원래 프로젝트에 오류가 있어 대학의 학습 기간을 단축시킬 의도로 실시한 개혁이 결국 학습 기간을 연장시키고 말았다는 말이다. 그 결과 미래의 지배계급을 훈련할 장소가 없어졌다. 사립대학의 강력한 전통 부재로, 오늘날의 지배계급은 더 이상 자신들의 아들딸들을 어디로 보내 공부시켜야 할지 모른다.

2005년 레티시아 모라티 Letizia Moratti 교육대학 연구부 장관은 이미 이 문제의 답을 찾고 있었다. 이른바 'Y 시스템 Y system'이었다. 모든 학생은 최소한 60학점의 기초 과정을 등록해야 하고, 그러고 나면 Y의 어떤 부문을 따라야 하는지 성과 평가 기준이 나왔다. 이제 3+2(학사 학위와 석사 학위)뿐만 아니라 1+2 또는 1+2+2를 선택할 수 있다. 학생들은 첫 해부터 낮은 단계 학위 과정을 들을지 높은 단계 학위 과정을 들을지 선택하는 모험을 해야만 했다(후자는 들어갈 확률이 거의 없었지만).

2005년에 일어난 시위는 결국 중도좌파 정부가 이러한 조치를 수정하도록 유도했으나 2006년에 대학·연구부 장관에 취임한 중도좌파 파비오 무시 Fabio Mussi 조차 같은 문제로 고심했다. 그러다가 첫 번째 단계와 두 번째 단계 사이에 보다 엄격한 장벽을 둘 것을 제안했다.

이제 공업총연합은 이 사태에까지 이르게 한 장본인, 솔직히 말해서 지금껏 공업총연합과 공범이었던 대자본가들을 찾았다..

학생운동 기간에 반자본가 선전활동을 촉발시킨, 앞서 언급한 책 이야기를 더 해보자. 페로티는『부정한 대학』에서 대자본가들이 아무 이유 없이 의회에서 대표성을 부여받았으며, 3+2를 '왜곡'시킨 진정한 진범이라고 간주했다.

라우레아 과정을 기하급수적으로 만들어낸 이들도, 원안原案에서는 상위 대학들만의 특권이었던 전문화 과정을 각 대학이 거머쥐고자 경쟁에 뛰어들게 한 이들도 바로 대자본가들이었다. 경영진이 여전히 봉건시대치럼 생각하고 행동할 때 기업가의 논리를 도입하기란 쉽지 않다. 이런 이유로 경쟁 조작, 지지 교환 행위 등을 공공연히 비난하다 끝내 실명이 언급되기까지 했다. 그러나 이러한 정당화된 비난은 사실 '우리는 민간 위탁에만 의존할 수 없고, 최종적으로 대학을 기업화해야 한다'는 새로운 공격을 감추고 있었다.

따라서 페로티의 주장은 공공 지원금을 그저 삭감하기만 하지 말고, 출판물 통계(출판물에서의 인용 횟수)나 심화연구(검증받은 전문가 집단이 평가) 부문에서 연구 생산성 평가 도입과 같이 순수하게 양적인 '성과'하고만 연관 짓자는 것이다. 이 주장에 따르면 최고의 교수진 선점 경쟁을 장려하기 위해 교수들의 급여 역시 자율화되어야 한다. 페로티는 무엇보다도 현재 전체 자금의 20% 이상을 충당하도록 대학 등록금을 자율화함으로써 학생들이 재정적으로 대학에 기여해야 한다고 주장했다. 학생들이 대학에 돈을 많이 낸다면 학생들은 보다 나은 서비스를 요구할 권리가 있다. 동시에

    불안정한 노동자들의 공장

대학도 양질의 서비스를 제공하거나, 아니면 돈을 덜 요구해야 한다. 사실 사람들은 1993년 카를로 아젤리오 참피 Carlo Azeglio Ciampi 정부의 재정법 개정 이후로 지속적으로 등록금이 인상된 점을 인식하지 못했다. 당시 법안에서는 정부 지원을 20% 이상 받지 않는다는 조건으로 등록금 책정에 대학의 자율권을 부여하도록 대학 재정 원칙을 수정했다. 전체 대학 재정에서 학생 등록금이 차지하는 비율은 3%에서 11%까지 올랐다. 하지만 이는 질적인 결과를 만들어내는 데는 실패했다. 반대로, 확실히 우리 대학보다 나쁘지 않은 대학들이 있는 독일, 덴마크, 스웨덴, 그리스 같은 유럽 국가들은 완전히 자유로운 접근이 가능했다.

다음으로 넘어가자. 이 접근법에 따르면 장학금은 학자금 대출로 대체되어야 하는 반면, 학위 과정 입학 제한이 확대되고 자율화되어야 한다. 그러나 다시 말하지만 이는 장학금을 아예 없애자는 제안이 아니라 국고의 절약을 꾀하고 미래 급여를 노린 예방 차원의 공격이다. 결국 누군가가 대출을 받는다면 장학금이라는 선물로 돈을 받는 경우보다 더 공부하고자 하는 동기가 생긴다는 것이다. 하지만 가장 중요한 점은 학생당 평균 대출금이 연 7천 유로면, "이자율 3%로 산정할 경우 5년 후 학생의 누적 대출금은 3만 7천 유로에 이를 것"이라는 '작은' 변화다. 일단 그가 학위를 취득하면 급여의 8%만을 돌려받을 수 있다. 그래서 "1년에 세전税前 2만 유로(세후 약 월 천 유로)를 버는 사람은 30년 동안 빚의 약 30%가량을 상환할 수 있으나, 세전 4만 유로를 버는 사람은 빚을 모두 상환할 수 있다." 우리가 방금 살펴본 졸업생들의 급여에 관한 자료를 고려하면, 40년으로 잡더라도 이 부담에서 헤어나기에는 충분한 시간이 아니다.

그리고 나서 페로티는 상위 대학과 하위 대학의 구분을 공식적으로 제한하기 위해 학위의 법적 가치를 폐지하자는 제안을 했다. 페로티는 솔직했다는 장점이 있다. 그는 "모든 대학이 동등해야 하고 동등한 수준의 교육을 제공해야 한다는 생각은 정부 통제 사회의 전형적인 신화"라고 강조했다. 이 논쟁은 제키노 개혁에 맛을 더했던 중도좌파의 말씀씨도 힘을 잃었음을 보여준다. 어떤 경쟁 방식이 대학을 높은 수준으로 끌어올리고, 바닥으로 떨어지지 않게 할 것인가. 여기서 차별이 노골적으로 드러난다.

억누를 수 없는 온다 물결 운동 이후, 정부는 그 운동에 대한 응답으로 2008년 11월 6일 작성한 '대학 행정을 위한 안내서'에 이런 제안들을 담았다. 실로 염려스러운 상황이 아닐 수 없다. 이 제안들을 우리가 가까운 장래에 디루이야 할 것이다.

제조 중인 불안정 노동자들의 파업 : 3+2를 흔들어라, 불안정화를 중단하라

이와 같은 프로젝트가 닥친 상황에서 '제조 중인 불안정 노동자들'은 자신들만의 파업 방식을 찾아야 한다. 학생들은 제조 중인 불안정 노동자들로서 자기 자신의 생산을 중지시켜야만 한다.

하지만 이는 학점으로 나타내는 자기훈련 문제가 아니다. 우리는 자율주의를 벗어나면 길을 찾을 수 없다. 테오도어 아도르노가 말했듯이, 안타깝게도 "잘못된 인생이 올바르게 살아질 리 없다." 최상의 긍정적인 가정대로라면 우리는 몇 가지 흥미로운 경험을 쌓는 것으로 끝날 수도 있다. 하지만 이것들은 연간 15개의 교과목 추가와 실질적으로 무관하다.

반대로 불안정 노동자들, 즉 학생들의 생산을 막으면 3+2 학제에 대한 급진적인 의문과 그에 따른 혼란이 이어진다. 우선 교육받을 권리를 부정하는 메커니즘에 맞선 투쟁, 학위의 법적 가치 폐지에 반대하는 투쟁, 학

  불안정한 노동자들의 공장

생들이 서로 경쟁하게 유도하는 대학들과 모든 불평등 정책들의 메커니즘에 반대하는 투쟁이 뒤따를 것이다. 이런 식으로 공식적인 학위 프로그램들은 자기 주도적 세미나뿐 아니라 학위 프로그램과 미리 정해진 교재에 관한 토의와 의사 결정 과정에 참여를 요구하자는 의견이 필요하다. 같은 논리로 학생들은 양보다 사회적인 기준에 바탕을 둔 평가에 필히 참여해야 한다. 우리는 3+2 학제를 반드시 폐지하고, '느긋한 학습'의 가능성을 재산정해야만 한다. 그러므로 강제 출석과 모든 장벽에 대항하는 투쟁, 2~3학점 정도의 가치밖에 없는 시험의 통합과 폐지가 필수다.

하지만 이것으로는 아직도 충분하지 않다. 위기에 대한 지출에 반대하는 연대로서 노동자들과의 연대는 반드시 고려되어야 한다. 학생들의 불안정한 미래는 앞으로 노동자계급을 이끌 학생과 지식인의 이미지를 깊이 생각해보지 않은 주체들 간의 연대에서 핵심 요소다. 그러나 학생을 인지자본주의의 중심인물로 놓지는 말아야 한다. 과거에는 그런 가정이 유용했다 하더라도 오늘날 사회의 중심 주체를 찾는 일은 의미가 없다. 생산의 다양화, 탈현지화, 계약 조건의 차이는 파편화된 노동자들을 만들었다. 그러므로 자본가들의 논리는 그것들의 관계를 전체적으로 바라볼 때 이해할 수 있다. 따라서 이 저항은 통일된 요구 사항을 내놓게 된다.

비정상적인 계약 폐지, 모든 부문에 1,300유로의 기본급 지급, 불안정 노동자와 실업자에 지급하는 사회적 임금, 이 모든 요소는 학생과 노동자 사이에 현대적인 의미의 연대를 다시 시작하려는 우리에게 이념적이 아닌 구체적인 기반이 되어줄 수 있다. 이는 프랑스에서 일어난 최초고용계약제에 반대하는 시위가 일어난 경우와도 일맥상통한다. 하지만 이번에는 위기 사태에 1유로라도 지불하는 것을 거절한 공격적인 투쟁이다.

2   **최초고용계약제**CPE: Contract première embauche: 26세 미만 청년 노동자의 수습기간을 1~3개월에서 2년으로 연장하고 이 기간에 해고를 자유롭게 할 수 있도록 한 법. 헌법재판소의 합헌 판결에 이어 2006년 4월 2일 정부가 최초고용계약제 시행을 공포했으나, 격렬한 반대 시위에 부딪혀 4월 10일에 법안을 철회했다.

A   『해일: 자율 정치 연구 L'onda anomala: Alla ricerca dell'autopolitica』(로마: 에디지오니 알레그레(Edizioni Alegre), 2008)에서 발췌.

B   Roberto Perotti, 『부정한 대학 L'università truccata』(토리노: Einaudi, 2008), pp. 37-8.

C   1학점당 25시간이 해당되며 학사는 180시간, 석사는 300시간을 충족해야 한다.

D   Roberto Perotti, 『부정한 대학 L'università truccata』, p. 135.

E   Edufactory, '우리는 자율 교육을 할 수 있다 Tutto il potere all'autoformazione', 『세계의 대학교 L'Università globale』(로마: Manifestolibri, 2008).[에듀펙토리 사이트 http://www.edu-factory.org/wp 에서 다양한 언어로 다운받을 수 있음]

F   새 학생 집단의 특성을 폭넓게 분석하려면 『느긋하게 공부하라 Sstudiare con lentezza』(로마, Edizioni Alegre, 2006)를 참고.

G   Almalaurea, 『학위 취득자들의 취업 상태 Condizione occupazionale dei laureati』(2007), www.almalaurea.it 참조.

H   같은 책, p. 82.

I   Miur statistics office, 『숫자로 본 2007년 대학교 L'Università in cifre 2007』, p. 80, www.miur.it 참조.

J   Maurizio Zenezini, '목마른 말 Il cavallo non beve', in 『성명서 리뷰 La rivista del manifesto』, no. 23 (December 2001).

K   Carlo Vercellone, '인식 자본주의와 임금 관계 조정에 대한 모델들 Capitalismo cognitivo e modelli di regolazione del rapporto salariale', in 『세계의 대학교 L'Università globale』, p. 121.

L   Michael Hardt & Antonio Negri, 『제국 Empire』(메사추세츠 주 캠브리지: Harvard University Press, 1999).

M   Marco Bartorello, 『새로운 노동 운동 Un nuovo movimento operaio』(로마: Edizioni Alegre, 2004), p. 40.

N   다른 두 가지 논쟁을 살펴보자. 첫 번째 주장은 상품을 구성 요소로 분해하면 궁극적으로 모든 요소는 인간 노동에 뿌리를 두고 있다는 주장이다. 두 번째 주장은 우리가 상품을 끝없이 교환한다면, 즉 교환 가능하며 이에 상응하는 상품이 있다면 이 상품들은 '인간 노동'이라는 한 가지 공통점을 지닌다는 주장이다.

O   Riccardo Bellofiore, '가르침의 경계 Ai confini della docenza', in 『인키에스타 Inchiesta』, 7~9월호, 2005.

P   Perotti, 『부정한 대학 L'università truccata』, pp. 104-5.

Q   같은 책, p. 120.

바리Bari	학생들이 교통으로 붐비는 도시를 막다: "그들이 우리의 미래를 막는다면, 우리는 도시를 막을 것이다."
베르가모Bergamo	마리아 스텔라 젤미니Maria Stella Gelmini 교육부 장관의 집무실 앞에 현수막과 오물 투척
볼로냐Bologna	여러 대학들 점거. 7백 명의 학생들이 반-젤미니 시위 참가를 위해 로마행
칼리아리Cagliari	주 의회 앞에서 학생들 데모
키에티Chieti	시위가 계속 진행 중 수천 명의 학생들이 집회에 참석
페라라Ferrara	학생들이 건축 대학 점거
피렌체Florence	학생들과 연구원들이 총장실 점거
제노바Genoa	시의회 공격: "체포된 이들에게 자유를"
라퀼라L'Aquila	"교육 개혁 반대, 정책 복원 찬성"
레체Lecce	로마 원형경기장 점거
밀라노Milan	밀라노 증권거래소 점거
메시나Messina	학생들과 불안정 교육 노동자들이 함께 시위에 참가
모데나Modena	격렬한 충돌, 학생들이 몽둥이를 들고 돌진
나폴리Naples	고등학교 곳곳에서 점거와 연좌시위
파도바Padova	고등학생 및 대학생들 사이에 항의 시위가 다시 촉발
팔레르모Palermo	데모, 연좌시위, 도로 점거
파르마Parma	내각 신임 투표를 둘러싼 시위
파비아Pavia	6개 고등학교 점거
페스카라Pescara	대학의 죽음을 애도하는 장례 행진
피사Pisa	학생들이 피사의 사탑 침입 및 지역 피켓 시위
레지오 에밀리아 Reggio Emilia	떠들썩한 평화 집회
로마Rome	교육 D-Day, 의회 포위
사사리Sassari	연구원들이 총장실에서 밧줄을 타고 내려옴
테라모Teramo	대학교 라디오 방송국 점거
트렌토Trento	트렌토 대학 사회학과 점거
트레비소Treviso	학생들의 반-젤미니 데모
트리에스테Trieste	거리마다 대학 교육 개혁에 반대
토리노Turin	5천 명의 학생들이 정부에 항의 행진
우디네Udine	기차역 봉쇄
베네치아Venice	학생들 도시 침입

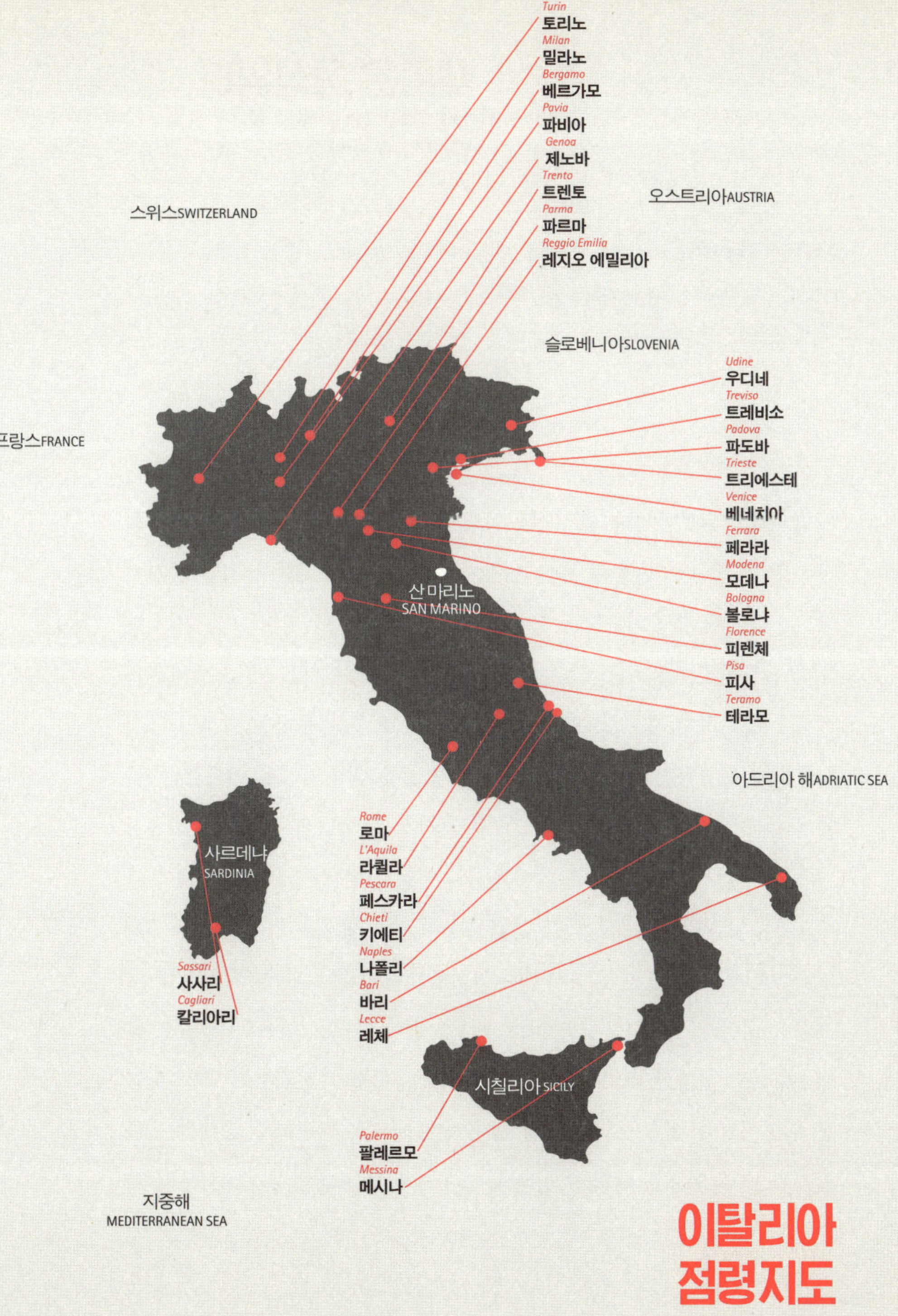

Turin
토리노
Milan
밀라노
Bergamo
베르가모
Pavia
파비아
Genoa
제노바
Trento
트렌토
Parma
파르마
Reggio Emilia
레지오 에밀리아
오스트리아AUSTRIA
스위스SWITZERLAND
슬로베니아SLOVENIA
Udine
우디네
Treviso
트레비소
Padova
파도바
Trieste
트리에스테
Venice
베네치아
Ferrara
페라라
Modena
모데나
Bologna
볼로냐
Florence
피렌체
Pisa
피사
Teramo
테라모
프랑스FRANCE
산마리노
SAN MARINO
아드리아 해ADRIATIC SEA
사르데냐
SARDINIA
Sassari
사사리
Cagliari
칼리아리
Rome
로마
L'Aquila
라퀼라
Pescara
페스카라
Chieti
키에티
Naples
나폴리
Bari
바리
Lecce
레체
시칠리아 SICILY
Palermo
팔레르모
Messina
메시나
지중해
MEDITERRANEAN SEA
이탈리아
점령지도

새로운 움직임이 감지되다[A]

마르코 바세타Marco Bascetta, 베네데토 베키Benedetto Vecchi

바세타는 『일 마니페스토*il manifesto*』의 기고자이며 마니페스토 리브리Manifesto Libri
사의 편집장이다. 베키는 언론인이자 『일 마니페스토』의 편집인이다.

지난 며칠 사이 벌어진 젊은 연구원과 학생들의 결집 강화 및 확대는 최근은 물론 지난 20년을 통틀어 투쟁이 최고조일 때도 볼 수 없던 광경이다. 그 긴 세월에서 처음으로 분석과 연습, 경험이 융화되어 오랜 기간 쌓였다가 사회 전체와 소통하고 이해시키는 데 성공했다. 그리고 정치권과 대학을 압박하여 사회 풍조에 영향을 미쳤으며, 케케묵고 이념적인 금기 사항들에 도전하는 등 분명하고 직접적으로 정치적 진전을 이룩했다. 무언가 새로운 일이 꿈틀대고 있음이 분명하다. 이 국면에서 대학과 교육이 '왜' 그렇게 중요한가? 첫째, 신자유주의 이념과 현실(그리고 그와 관련된 징계 조치들)로 미래 설계를 위한 실험실을 세우고 새로운 형식의 노동(혹은 노동력) 통제를 위한 기술과 과정을 고안했으며, 효율성과 능력주의 및 국제적 경쟁이라는 그럴듯한 단어로 포장한 협박 수단을 이용해 '불안정'을 이론화하고 실행한 영역이기 때문이다. 또한 이를 특징짓고 오늘날 노동을 위협했으며, 노동으로 하여금 방어적인 태도를 취하도록 강요하는 불안정 노동과 의존 형태의 모델을 교육 체제와 인지노동 부문에서부터 확실하게 강행했다. 신자유주의 이념과 대학 내 신자유주의의 선택 메커니즘을 저지하는 방법은 그야말로 그것을 저지하는 것뿐이다. 학교와 대학 내에서 '무조건적인 유용성'을 강요하지 않았다면 포밀리아노 다르코의 노동자들에게도 그것을 강요할 수 없었을 것이다. 사실 포밀리아노 다르코의 노동자들은 열망과 삶의 방식이라는 면에서 불안정한 젊은이들이었던 1960~1970년대 노동운동의 선구자들과 다르긴 하다.

중대형 공장들을 자세히 들여다보면 사실은 불안정이 단지 노동 시장에 진입하는 젊은이들에게만 영향을 미치는 것은 아님을 알 수 있다. 오늘날 불안정은 종신계약 관계가 성립된 곳을 포함해 자본과 노동의 관계를 이끄는 중요한 원칙이나. 지난 10월 16일, 위대한 금속노조연맹 시위에 생기를 불어넣은 '위기에 맞선 단결'은 12월 14일에 있을 다음 시위에 어두운 그림자를 드리웠다. 하지만 이 '단결'을 고전적 의미의 산업 노동자와 학생 간 동맹, 정규직 노동자와 불안정 노동자 간 동맹, 혹은 누가 운동의 주도권을 쥘 것이고 어떤 사회 주체가 '역사의 동력'이 될 힘을 부여받느냐는 질문을 낳은 여러 세대들 간의 동맹이라고 해석해서는 곤란하다. 그들과는 상황이 다르다. 학생도, 산업 노동자도, 광범위하게는 착취당한 대중 모두 40년 전의 사람들이 아니다. 오늘날 고정된 사회 정체성은 관련 의식 형태나 '동맹 정치' 형태와 더불어 주관적인 인식이나 생산 과정의 본질과 모두 상충하고 있다. 하지만 여기서 중요한 점은 개별 협상을 하는 데 있어 각 개인의 운명이 중요한 만큼 노동의 이동성과 불안정성이 사실

---

1 **포밀리아노 다르코Pomigliano d'Arco:** 이탈리아 자동차 공장으로 개인별 고용계약을 체결해 논란을 일으켰다. 이탈리아는 전통적으로 단체 고용계약을 맺는다. 노동자 연합은 개별 계약을 통해 노조의 무력화를 노리는 것이라며 반발했다.

 새로운 움직임이 감지되다

집단의 현상이라는 점이다. 노동의 이동성과 불안정은 우리 사회 구조의 일부로 자리 잡았다. 노동 시장은 개인의 열망을 배제한 권력과 규칙을 바탕으로 하면서 동시에 이 열망을 집단행동을 막는 데 활용한다. 하지만 지금 일어나고 있는 일은 우리가 이러한 집단의 요소와 사회에서 우리가 차지하는 위치들 간의 관련성을 자각하기 시작했음을 의미한다. 그리고 오랫동안 사회 풍토에 해악을 끼치고 사람들이 자신들의 전망에 대해 왜곡된 인식을 갖게 했던, '인적 자본'과 '자기경영'에 대해 끝없이 이어지는 헛소리들의 흐름을 우리가 꿰뚫어 보기 시작했다는 뜻이기도 하다. '계급 재구성' 또는 신흥 계급이라는 고전적 주제는 인지의 견지에서 재고되어야만 한다. 유사점이 아닌 차이점을, 사회 집단의 동일성이 아니라 경제적, 사회적, 문화적 이익의 동일성에 대해 살펴야 한다. 이러한 재구성은 윤리 혹은 연대를 바탕으로 일어나지 않고, 우리의 사회적 위치가 지닌 부정성이 다른 사람들의 부정성과 어떻게 연관되느냐는 인식을 바탕으로 일어나므로 이러한 모든 부정성을 어떻게 전복할지가 상호 연관되어 있다.

마리스텔라 젤미니 교육부 장관은 학생들과 연금생활자들이 함께 시위하는 모습을 보고 공포를 느꼈다. 하지만 부모님의 연금이 자신들의 빈약한 소득을 보충한다는 사실을 자각하지 못하는 불안정 노동자는 없으며, 이 짐을 덜어주기를 원치 않는 연금생활자도 없다. 그들이 타협했던 자율권 문제는 말할 것도 없다. 우리가 말하는 것은 (일시적인) 사회적 지위가 지닌 기본적이고 전형적인 특징으로는 줄일 수 없는 복잡한 주관성의 재구성이다. 이는 바로 정치적 추론의 형식을 가정한 재구성이다.

결국 젤미니 법안은 저주받았다. 저주도 이제 막바지에 다다랐다. 젤미니는 전임 교육부 장관들의 법안과 그 이념적 정통성을 위해 터를 닦아

놓은 좌파 개혁자들보다 운이 없는 편이었다. 그들과 달리 젤미니는 자신의 주장이 틀렸다고 밝혀지기까지 말할 기회조차 없었다. 이미 실패했으니까. 젤미니 프로젝트는 이미 대학과 기업 시스템 사이에서, 교육과 개인의 이익 간의 관계에서 실패한 유물들 아래로 묻혀버렸다. 이 관계가 젤미니 법안의 존재 이유였는데도 말이다. 기업가들은 파산하고, 우등생들은 기회를 얻지 못하며, 위기는 경제를 다시 일으키는 수단으로 가장한 자원전쟁을 촉발시키고 있다. 실제로 전쟁은 비용을 떠넘기고 이익과 특권을 지키려는 절망적인 시도에 불과하다. 신자유주의적이며 경쟁력을 강조하는 대학은 학생과 젊은 연구자들의 빚으로 모든 곳에 투자하고 있으나 여전히 악화되는 경제 위기의 한기운데 있으며, 세계기 빚의 수렁으로 깊이 빠져들었음을 깨닫게 한다. 필요한 만큼 속여서 예산 삭감을 단행하고 이를 합리화하는 것이 대학이 할 수 있는 전부다. 대략만 살펴도 안타까운 상황이다. 또한 위기의 실재와, 그것을 자초한 이들이 극복하는 척하며 취한 조치들의 실패를 줄이는 데 성공하지 못한 논의이다. 각각 실패한 실험을 했으면서 같은 길을 따라, 서로 뒤쫓는 대학 '개혁자들'에게 이제 비용을 내라고 요구할 때가 왔다.

가령 영광의 날로 남았던 제노바에서의 충돌처럼 강력한 운동, 활발했던 사회 포럼과 반전 시위에는 과거의 사회운동 환경에서 변화한 새롭고 결정적인 요소도 있다. 이는 완벽하게 불안정(전 지구적인 범위 내 정치적 불안정의 맥락에서)한 이탈리아 정치 풍경이다. 문제가 많은 고등교육 법안 통과는 그 자체로 얼마나 정치 세력이 자신들의 미래에 대해 확신하지 못하는지, 정치적, 문화적 수단이 부족한지를 보여준 신호였다. 그런 데다 정치 세력은 커져가는 운동의 물결의 갑작스런 공격에 자신들이 당황하고

　　새로운 움직임이 감지되다

겁먹었음을 깨달았다. 그것은 정치 문화(혹은 문화 결핍)가 어떻게 와해되기 시작하는지, 타협의 기술과 정치적 동맹을 쌓으려는 시도가 실제 충돌과 어떻게 대립하는지를 보여준다. 그리고 점점 다양한 부문들에서 나타나는 대중의 생각과 동떨어진 의회 세력 속에서 최소한의 공통분모나마 찾으려는 시도가 어떻게 이뤄지는지 보여주는 신호다(공공 물 캠페인의 이례적인 성공 사례를 보라). 정체를 드러낸 위기가 불평만을 조장할 때, 정치 계급은 아무 일도 없는 척할 수 있다. 하지만 거리에서 시위자들이 거부권을 행사할 때, 대중 집회들마다 제안할 권리를 주장할 때 정치 계급은 자신의 나약함에 직면하고 자기복제에 손상이 갈까 두려워하기 시작한다. 다음 핵심은 이러한 '계급 재구성'의 중단이다. 베를루스코니 총리 실각 이후에 핵심 권력자들이 신자유주의 정책의 지속성에 확신을 주고 사회 통제와 착취 메커니즘을 회복하려는 목적으로 '반 베를루스코니스모^{berlusconismo}(반 베를루스코니식 정치)'의 현수막 아래 재편되는 일을 막으려면 말이다. 이것이 대학 안에, 공장 안에, 그 밖에 다른 영역의 현실 속에 놓인 위험이다.

12월 14일에 예정된 시위는 단지 베를루스코니를 제거하고 그를 법정에서 가장 사악한 인물로 만들려는 의도가 아니다. 단지 민주주의의 예절에 걸맞은 규칙을 재정립하려는 목적도 아니다. 우리는 권력자들 사이의 새로운 조약을 막고자 한다. 또한 변치 않는 권력 관계를 허락하지 않을 위기를 이끌어낼 길을 찾아 나서고자 한다. 운동을 반대하는 자들이 잘 알고 있듯이 대학 개혁을 저지시킨다는 건 그 배후의 모든 것을 물어본다는 의미다.

A   *Il manifesto*, 2010년 12월 11일.

책방패의 계보

2010년 11월 23일:
책방패가 로마 거리를
강타하다

11월 24일: '책방패'라는 명칭이 생기다

11월 24일, 로마에서 경찰과 충돌한 학생들이 몇 시간 후에 책처럼 생긴 두툼한 방패를 들고 나왔다고 우밍 Wu Ming[무명無名이란 뜻으로 이탈리아의 다섯 젊은이들이 만든 단체]이 밝혔다.

인터넷상에 '책방패'에 대한 첫 기록으로 언급된 글은 이러했다.

우리의 소설 『Q』[1]가 이탈리아 경찰과 맞부딪쳤다. 전쟁터에는 학생과 교사들이 있었고, 폭동과 시위가 온 나라를 뒤덮었다. 학생들은 고등학교와 대학교를 점령했다. 상원 의사당 앞에서는 경찰과 물리적 충돌이 빚어졌다. 베를루스코니의 교육 개혁이 노골적인 반대에 부딪쳤으며, 위기에 처한 정부는 보다 다양한 사람들을 운동으로 끌어들였다. 오늘 오후 로마에서, 학생들이 책 제목을 써 넣은 방패를 들고 경찰들과 대치했다. 이 시위는 문화 자체가 삭감에 저항하고, 책 자체가 경찰과 싸운다는 의미다. 선동자들 한가운데 우리의 소설 『Q』가 등장했고 『백경 Moby Dick』, 『돈키호테 Don Quixote』, 플라톤의 『국가 Republic』, 『천 개의 고원 Mille Plateaux』 등이 함께했다. 이 사진들이 일간지 웹사이트의 주요 화면을 장식했다. 말할 나위 없겠지만 무슨 일이 일어나든 거리에서 우리의 소설이 하는 역할이 자랑스럽다. 만물은 만인의 것이니까! Omnia sunt communia!

---

1   **큐 Q** : 우밍의 전신 '루터 블리셋 Luther Blissett'이란 필명으로 공동 작업한 미스터리 소설. 루터 블리셋은 1990년대부터 유럽 작가들이 공동으로 사용하던 필명.

다음은 우밍 측에서 학생들이 방패에 써 넣으려고 선택한 고전들을 자세히 살펴보라며 일간지 『일 파토 쿼티디아노*Il Fatto Quotidiano*』를 초대해 인터뷰한 내용이다.

맨 앞줄부터 살펴볼게요.

보카치오의 『데카메론*Decameron*』은 페스트가 끝나기를 기다리며 사람들이 나눈 이야기에요.

아시모프의 『벌거벗은 태양*The Naked Sun*』은 인간이 더 이상 서로 접촉하지 않는 세계를 묘사한 작품이고요.

멜빌의 『백경*Moby Dick*』은 강박관념을 다룬 대서사시,

세르반테스의 『돈키호테*Don Quixote*』는 낡은 이념(기사도)에 사로잡혀 정신이 나간 오만한 귀족의 이야기,

페트로니우스의 『사티리콘*Satyricon*』은 탐욕스럽고 타락한 권력을 묘사하지요.

헨리 밀러의 『북회귀선*Tropic Of Cancer*』은 자서전과 소설 형식으로 추문들을 엮은 '자전 소설'이고,

레닌의 『무엇을 할 것인가?*What Is To Be Done?*』는 조직의 문제를 다뤘어요.

들뢰즈와 가타리의 『천 개의 고원*Mille Plateaux*』은 노마디즘*nomadism*과 유목민의 전쟁 기계를 주제로 삼고 있어요.

요약해 볼까요? (……)

우리 세계는 역병에 감염되었다(『데카메론』). 그 역병은 사회관계의 세분화이다(『벌거벗은 태양』). 이런 상황을 거부한 사람들은 그들의 계획을 불구로 만들어버리는 망상의 먹이가 되곤 한다(『백경』). 다시 말하면 '그', 즉 실비오라는 악의에 찬 고래에 대한 강박 관념, 대중의 담론에 영향을 미치는 이 '베를루스코니 중심주의berluscocentrism.' 이 광기는 이념적인 장벽이 되고 우리로 하여금 우리 앞에 미끼로 놓여 있는 풍차를 공격하게 한다(『돈키호테』). 격분하고, 섹스에 중독되었으며, 항상 취해 있는 권력의 모습에 정신을 잃고 마는 위험(『사티리콘』). 우리는 새로운 이야기, 언론으로 보는 모든 가짜 스캔들이 아니라 진정한 스캔들로써 이 세계를 깨부술 우리들만의 이야기(『북회귀선』)를 찾을 때라야 그와 같은 위험을 피할 수 있을 것이다. 새롭고 통일된, 투쟁하는 주체성의 출현만이 유일하고 진정 감내할 만한 스캔들이 되리라. 성경 말씀에도 "반드시 스캔들이 올 것이다"(「마태복음」 18: 7)라고 했다. 그러므로 조직의 문제(『무엇을 할 것인가?』), 그리고 거부당할 것은 거부하고, 개조될 것은 개조할 것을 염두에 두고 레닌을 다시 읽을 필요가 있다.

물론 오늘날은 조직도 변화하여 20세기처럼 무산계급의 정당 구축을 목표로 하지 않는다. 조직은 적의 우월한 이동성을 고려해야만 한다. 그것은 우리로 하여금 늘 변화하는 상황과 끊임없이 경계를 허무는 시나리오(『천 개의 고원』)와 싸우게 만들 것이다. 하지만 이야기, 모닥불 가에 둘러앉아 밤새 오가는 이야기가 없다면 어떤 사막에서의 게릴라전도 실패할 수밖에 없다. 그러므로 우리는 첫 번째 책 『데카메론』으로 돌아간다. 서로 공유하는 이야기 덕분에 우리는 역병의 확산을 막을 수 있다.(……)

자,『Q』는 '책방패' 가운데 저자들이 아직 살아 있는 유일한 책이에요. 사람들이 죽은 작품들만 선택해야 했을까요? 우리는『큐』가 '지금 여기에' 투쟁이 있으며, 지금 행동할 필요를 대변한다고 말할 수 있습니다.(A)

12월 7일 : 책방패 런던에 상륙하다

이탈리아인들과 연대하고 그들의 베를루스코니 교육 개혁 반대 시위에 자극을 받은 사람들 규모의 책 집단이 12월 9일 긴축 정책에 반대하는 전국적인 시위 내일을 구축했나. 예술, 인문학과 너불어 넝국의 예산 삭삼 표석이 된 문학의 저항을 문학적으로 드러낸 사건이었다.

12월 8일 : 민주주의 도서관

반란자들의 네트워크 Uniriot.org는 설문 조사를 통해 결정된 12월 14일 책방패 시위에 내보낼 책들을 발표했다. 결과는 다음과 같다.

미셸 푸코,『성의 역사 1－앎의 의지 *Histoire de la sexualité 1–La volonté de savoir*』

조지 오웰,『1984』

이탈로 칼비노,『존재하지 않는 기사 *Il Cavaliere Inesistente*』

찰스 다윈,『종의 기원 *The Origin of Species*』

발레리오 에반젤리스티,『우리는 모두가 된다 *Noi Saremo Tutto*』

베네딕트 드 스피노자,『윤리학 *Éthique*』

레이 브래드버리,『화씨 451 *Fahrenheit 451*』

  책방패의 계보

척 팔라닉, 『파이트 클럽 *Fight Club*』

보리스 레오니도비치 파스테르나크, 『닥터 지바고 *Doktor Zhivago*』

피노 카쿠치, 『일말의 후회 없는 *In Ogni Caso Nessun Rimorso*』

단테 알리기에리, 『신곡 *La Divina Comedia*』

루터 블리셋, 『*Q*』

질 들뢰즈, 『스피노자와 표현의 문제 *Spinoza et le problème de l'expression*』
　　　중 14장 「신체는 무엇을 할 수 있는가 *Qu'est-ce que peut un corps*」

다너 해러웨이, 『사이보그를 위한 선언문 *Cyborg manifesto*』

장 클로드 이쪼, 『토탈 카오스 *Total Khéops*』

호메로스, 『오디세이 *The Odyssey*』

윌리엄 셰익스피어, 『폭풍우 *The Tempest*』

나오미 클라인, 『충격 요법이 불러온 자본주의의 재앙 *The Shock Doctrine*』

스테파노 벤니, 『재미있는 겁먹은 전사들 *Comici spaventati guerrieri*』

표도르 도스토예프스키, 『악령 *Бесы*』

12월 9일 : 이탈리아 언론이 국민을 대신해 인정을 받다

로마의 라 사피엔자 *La Sapienza* 대학에서 발명한 발포고무 책방패가 지금 런던에서도 행진한다.
— 안토니오 카스탈도 Antonio Castaldo, 『코리에레 델라 세라 *Corriere della Sera*』

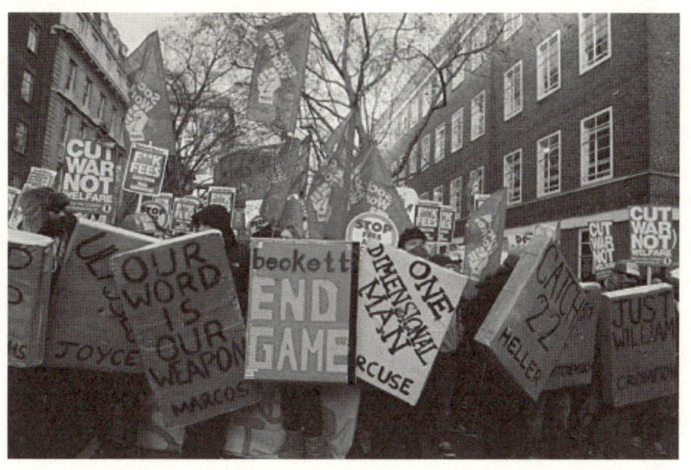

공격받는 우리의 대학, 공공 도서관, 문학, 생각, 문화와 일자리. 이 사실을 널리 알리고 방어하기 위한 학생과 공공 부문 노동자들의 시위에 책방패도 동참합니다. 우리는 지난 몇 주 동안 평화로운 시위를 시도했으나, 경찰관들은 곤봉, 진압용 방패와 기마 공격으로 대응했습니다. 무자비한 사건들은 없었지만 이는 제도화된 폭력 시스템의 일부입니다. 책을 거리에 가져옴으로써 우리는 보수-자민당 연립정부의 신자유주의 심장부에 자리한 폭력에 대해 관심을 끌어모을 것입니다.

경찰관들이 우리를 케틀링하고, 경찰봉으로 공격하거나 돌진할 때 우리는 개인에 대한 경찰관의 폭력뿐 아니라 자유로운 생각과 표현, 교육에 가하는 국가의 폭력도 봅니다.

책은 우리의 도구입니다. 우리는 책으로 가르치고, 배우며, 놀고, 창조하고 사랑을 만들며, 때로는 그들과 함께 싸워야 합니다.

—삭감에 반대하는 예술가들의 의지 선언문

『인디미디어*Indymedia*』보도:

책방패가 오늘 의회 광장 및 다른 도시들에서 열린 시위에서 (다른 용감한 대중 시위대와 마찬가지로) 잘 싸웠다. 여기 기 드보르*Guy Debord*의 위대한 작품『스펙터클의 사회 *La société du spectacle*』가 경찰 공격에 저항하고 있다.

12월 9일 : 책방패가 자신을 인식하다

유럽의 외침 : 시작에 불과합니다! (······) 책방패 행진을 펼치면서 새로운 세대는 시위 그 자체를 인식하고 발견했습니다. 오늘날 많은 도시들에서 이탈리아 학생운동은 단순한 연대 이상의 무엇을 보여주었습니다. 여러분의 투쟁은 우리의 투쟁입니다. 유럽 전역의 학생들이 등록금 인상에 반대하고, 대학 민영화 및 교육예산 삭감에 반대하고 있습니다. 영국에 계신 분들은 혼자가 아닙니다. 유럽의 운동, 새로운 세대는 포기하지 않을 것입니다. 우리는 세상을 바꿀 사람들의 힘과 그렇게 힐 수 있는 지성이 있습니다. 아직 시작에 불과합니다.

— 아노말리아 사피엔자Anomalia Sapienza, 반란자들의 네트워크 로마 지부

12월 10일 : 기업 언론에서 그 책들을 읽다

급진적인 글은 지적인 바리케이드에 있다고 종종 묘사하곤 하지만, 이번 시위에서 은유가 현실이 되었다. 책들은 그저 바리케이드에 있는 것이 아니라 학생들이 몸을 피할 수도 있고 앞으로 밀고 나갈 수도 있는 바리케이드 자체였다. 곤봉이 시위대가 아닌 책 위로 떨어지는 틈을 타서 학생들은 경찰 저지선을 '벗어날 수' 있었다. 그 장면에는 심오한 무언가가 내포되어 있다. 아이디어는 사람들의 방패막이가 되었고, '전복'이란 단어가 현 상태에 불만을 가진 사람들을 보호해준 셈이다.

— 제이 그리피스Jay Griffiths, 『가디언』

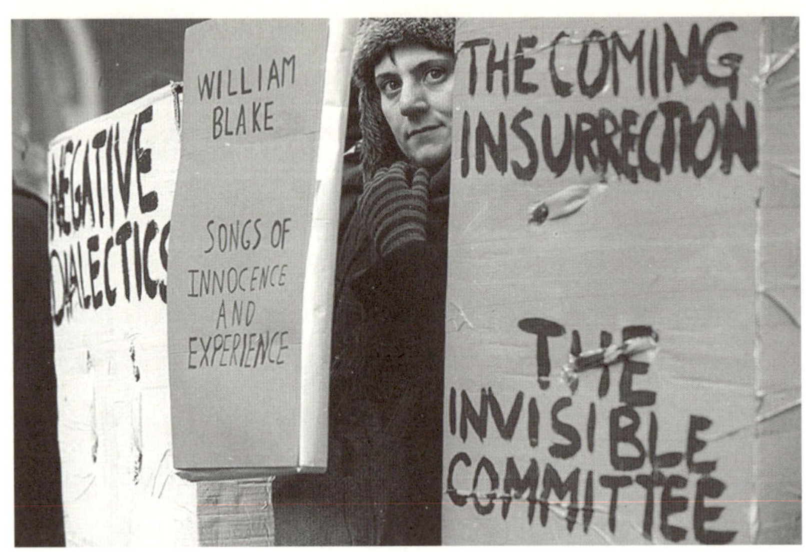

12월 12일 : 책방패, 제노바에 나타나다

12월 12일: 우밍이 타이틀을 조사하다

대중 운동을 묘사한 데서 책의 중요성을 그렇게 부여한 경우는 없었다. 물론 책 한 권이 벌써 광장에 존재해왔다. 마오쩌둥毛澤東의 『마오쩌둥 어록Little Red Book』. 하지만 딱 한 권뿐이었고, 언제나 신성시되는 글귀를 흔들기만 했다. 오늘날 '무기로서의 책'이라는 은유는 다수의 인용과 알찬 의미를 담아 전례 없는 방식으로 현실이 되었다. 고전을 상대로 몹시 애쓰는 경찰을 구경하기란…… 음…… 이런 진귀한 장면이 또 있을까!

—우밍

12월 14일: 책방패가 고향에서 성년을 맞다

실비오 베를루스코니가 이탈리아의 종신황제로 공인받은 사이에 책들은 모든 시위 현장에 등장했고, 경찰의 무자비한 진압에 맞부딪쳤으며 언론 기업의 손에서 꼴사납게 묘사되었다.

시위대가 '책방패'라고 부르는 거대한 폴리스티렌 방패를 시위 현장에 가져왔다. 각각 유명한 철학 작품이나 정치 이론, 문학 작품으로 덮어씌우고 그렸다.

헤겔, 데리다, 아도르노, 알랭 바디우Alain Badiou, 드보르, 그리고 조지 오웰. 그들의 책 제목 옆에는 아이러니하게도 불복종하는 젊은 시민과 덩치 큰 경찰관 사이의 연이은 충돌을 짤막하게 그린 아동 단편소설 『공정한 윌리엄Just William』이 있었다. 양측이 화이트홀에서 충돌할 때

경찰력에 맞선 책방패는 강력한 상징성과 분위기를 누그러뜨리는 농
담 같은 이미지(심지어 경찰이 영상을 공개했다)를 한꺼번에 만들어냈다.
그것들은 '경찰의 폭력 행위와 연관된 이들은 분별없는 악한들이다'
라는 통념이 거짓임을 확실히 증명했다.

— 아담 하퍼Adam Harper, 『가디언』

12월 14일 : 밀라노에서

CHE FARE
?
LENIN
GEORGE
ORWELL
MOLTITUDINE
ANTONIO NEGRI
e
MICHAEL HARDT

12월 22일 : 팔레르모에서

LE
ANIME
MORTE
GOGOL
MISERABIL
Hugo
FAUST
GOETHE
VITA
NOVA
DANTE
IL GIORNO
DELLA
CIVETTA
SCIA
DECAMERO
Boccaccia

  책방패의 계보

스페인에서 가장 많이 읽히는 지하 간행물 『디아고날
Diagonal』은 '시장의 독재가 유럽을 흔들다'라는 제목으로
로마에서 시작된 책방패를 다뤘다.

A   2010년 11월 28일자 『일 파토 쿼티디아노 *Il Fatto quotidiano*』에 나온 인터뷰에서 발췌, 번역.

게릴라 활동의 오후[A]

자코모 루소 스페나Giacomo Russo Spena

사진작가이자 로마의 라사피엔자

La Sapienza대학 학생.

로마: "누구라도 레몬을 내게 주시오. 난 더 이상 볼 수가 없소!" 루이지 피란델로의 『아무도 아닌, 동시에 십만 명인 어떤 사람*Uno, Nessuno e Centomila*』 (1926)을 새긴 책방패가 바닥에 놓여 있고 군중이 몰려든다. 경찰관들은 돌진하고 아낌없이 최루탄을 쏜다. 그의 두 눈은 충혈되고 부어올라 쏘는 듯한 아픔에 반쯤 감겼다. 학생들은 경찰관들의 봉쇄를 뚫고 이탈리아 하원이 있는 몬테치토리오에 1시를 막 넘겨 도착했다. 한 젊은이가 메가폰에 대고 소리쳤다. "우리는 저 꼭두각시의 사임을 요구한다." 맨 앞줄에는 대학생들과 그들의 책방패가(책 제목을 정하는 데는 한계가 없었다), 그 뒤에는 초등학생들이 자리했다.

사람들은 리나시멘토 거리 쪽으로 걷다가 장갑차 석 대가 길을 가로막은 걸 보았다. 먼저 채소를 던지고 다음엔 폭죽을 터뜨렸다. 베네치아 광장에서는 30분 전 꼭두각시가 머물고 있는 로마 귀족의 거처 그라지올리 궁*Palazzo Grazioli*[이탈리아 총리 관저]에 진입을 시도하면서 비슷한 장면이 펼쳐졌다. 하지만 이번에 학생들은 보다 결연함을 내보였다. 경찰관들은 그들을 비토리오 에마누엘레 거리로 몰아내려고 강력하게 압박했고, 여기에서 그들은 첫 부상자를 내고 체포되었다. 나는 모든 것이 끝났다고 생각했다. 이제 포폴로 광장으로 향하는 평화의 행진이 있을 것이다. 그러나 내 생각이 틀렸음이 이내 입증되었다.

사람들은 가는 도중에 은행을 목표물로 삼고 '제재를 가했다.' 창문을 부수고 현금 인출기에 불을 질렀다. 이는 한 시간 후 중심가에서 벌어질 일들의 시작이었을 뿐이다. 열기가 고조되었다. 베를루스코니가 의회 투표에서 불신임되었다는 루머가 돌았다. 환희. 기쁨의 환호가 터져 나왔다. 잠시 후 찬물을 끼얹는 실제 소식이 알려졌다. "부끄러운 줄 알라! 부끄러운 줄 알라!" 하는 외침과 함께 시위가 계속되었다. 고급치가 박살나고 몇몇 사람들이 자신들의 배낭에 빈 병과 돌을 가득 채웠다. 거리 표지판의 방향이 바뀌었다. 머리부터 발끝까지 가린 누군가가 평화의 제단에 돌을[1] 던졌다. 시위대에서 일종의 경찰관 역할을 담당한 사람이 면박을 주었다. "이건 기념비야. 은행이 아니라고. 바보 같은 놈아!" 나는 웃었다. 하지만 한 경찰관이 오토바이를 타고 시위대로 진격해 상황이 심각해졌고 시위대가 이내 흩어졌다. 그는 말 그대로 폭도들의 공격을 받고 린치를 당했으나 기적같이 가까스로 탈출했다. 그러는 사이 우리는 포폴로 광장에 도착했다. 수천 명의 사람들이 참가한 훌륭한 동맹 파업이었다. 학생들과 '위기에 반기를 들며 연합한 사람들', 즉 금속노조연맹, 급진좌파 정당, 테르지뇨 Terzigno와 라퀼라 L'Aquila에서 온 위원회들, 그리고 퍼플 피플 Purple People[베를루

---

1 **평화의 제단 Ara Pacis:** Altar of Augustan Peace의 약어. 아우구스투스 황제의 에스파냐와 갈리아(현재의 프랑스) 속주 점령을 기념하여 로마의 원로원에서 아우구스투스에게 헌정한 것이다.

　　　게릴라 활동의 오후

스코니 총리의 사임 촉구 운동을 벌인 단체]이 함께 행진했다.

여기서 다양한 영혼들의 운명이 갈렸다. 일부는 몬테치토리오로 다시 돌아가기로 결정했고, 코르소 거리에서 경찰관 무리와 충돌했다. 금속노조 연맹, 정당, 퍼플 피플은 오후 3시 이후에 수도 한복판에서 일어나는 일들에서 자유롭지 못했지만 어쨌든 광장을 떠났다. 그러니까 순전히 우연하게 벌어진 도심의 게릴라 폭동, 아무도 죽지 않은 '반란'이었다. 왜냐하면 군중에 둘러싸인 금융 경찰관이 총을 꺼냈기 때문이다. 하지만 운 좋게도 그는 총을 쏘지 않았다. 이런 시위를 2001년 제노바에서 열린 G8 회의 때 이후 보지 못했다. 한쪽에는 당연히 경찰이 있고 반대쪽에 누가 있는지 물어보는 편이 낫다. 블랙 블록?[2] 아마도 그들의 수는 줄어들 것이다. 아직도 광장에는 서른 살 미만의 젊은이들이 많이 남았다. 상당수가 캄파니아 주에서 왔으며, 테르지뇨 출신인 듯했다. 이탈리아 각지에서 사람들이 왔다. 하지만 그들이 1만 명에 이르렀던가? 포폴로 광장의 폭동에 여러 번 참가한 나는 아무래도 그렇게 생각하지 않았다. 이 거리에는 베를루스코니와 그의 정책에 질려버린 새로운 젊은 세대들이 있었다. "오늘 우리는 미래를 되찾는다." 머리에 헬멧을 쓰고 한 손에 곤봉을 든 한 젊은이가 소리 질렀다. 몇 줄 뒤에서 또 다른 이들이 구호를 외쳤다. "우리의 불신임 운동은 아래에서부터 시작된다. 권력의 궁전을 점령하자!" 경찰관들은 점점 더 많은 최루탄을 발사했다. 숨 쉬기가 곤란했다. 사람들은 토하고 온통 패닉 상태로 빠져들었다. 하지만 광장을 장악했다. 사람들은 저항하며 물러서지

2 　**블랙 블록**Black Block: 무정부주의 특성이 강한 시위 집단으로 시위 참여자들이 검은 옷을 입는다. 다국적 기업 상점과 인종차별집단을 공격하는 등 과격한 방식의 시위를 벌인다.

않았다. 시위대가 경찰차 공격을 받았지만 차에 불을 질러버렸다. 그리고 나는 여기 제노바로 돌아왔다. 물건을 집어던지고 물리적 충돌을 꺼리지 않는 수천 명의 참가자들이 경찰관들에게 돌진했다. 경찰관들이 두들겨 맞았다. 역동성이 축구장의 열기에 버금갔다. 나는 내 눈을 믿을 수 없었다. 시위자들은 집에 갈 생각도 없는 듯했다. "혁명", "런던"이란 말들과 함께 "자유 로마, 자유 로마"라는 말들이 울려 퍼졌다. 과격한 대치 상황은 코르소 거리에서 최초로 일어났고 포폴로 광장에서도 반복되었다. 경찰관들은 무장을 갖춘 경찰차만으로 거리를 정리했다. 아직 끝이 아니었다. 플라미니오 광장에서 추가로 구타 사건이 일어났다. 시위 행렬이 사방으로 흩어졌다. 무로 포르토에서는 금융 경찰과 또 다른 대치 상황이 벌어졌다. 테베레 강가의 순찰 차량이 활활 타올랐다. 쓰레기통이 엎어지고 불길에 휩싸였다. 로마가 마비되었다. 검은 연기가 하늘로 피어오르고 구급차와 소방차 사이렌이 사방에서 울렸다. 시위자 사냥이 시작되었다. 사람들이 궁전 안뜰에 숨었다. 오늘의 결과? 거의 100명이 부상, 40명 체포, 사방이 파괴, 엄청난 공포, 그리고 한 가지 확신. 오늘 광장에서 나는 블랙 블록을 보지 못했다.

▲ MicroMega online, 2010년 12월 14일자.

포토
에세이

점령된 로마
라사피엔자대학
문학과

©Martina Cirese

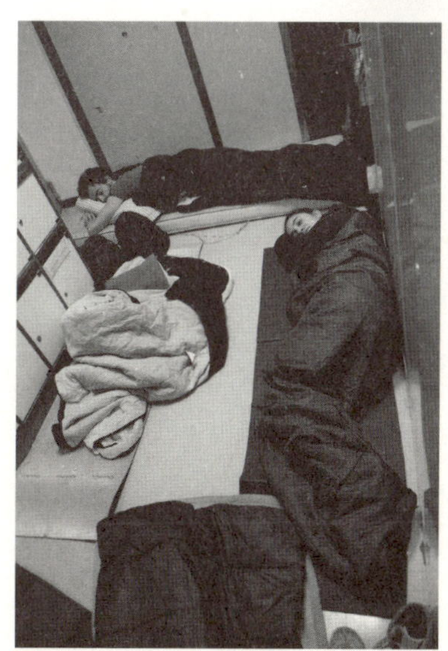

  점령된 로마 라사피엔자대학 문학과

봉기 중인 대학에서: 베를루스코니 총리에게 보내는 한 학생의 편지

엘리사 알바네시 Elisa Albanesi

로마의 라사피엔자대학 학생.

2010년 12월 2일

총리께,

저희는 어제 일어난 일에 대해 학생이자 시민으로서 총리께 설명하고 싶은 충동과 책임을 느껴 편지를 쓰게 되었습니다. 바라건대 총리께서 저희의 전제를 인정해주셨으면 합니다. 시위에 참가한 많은 학생들은 사회의 중심에 발을 담가본 적조차 없으며, 평균 이상의 성적을 내는 이들입니다. 성적증명서를 보여드릴 수도 있지만 그렇게 하지는 않겠습니다. 저희는 자신들을 잘 알고 그것으로 충분하기 때문입니다.

편지를 쓴 목적으로 돌아가서 총리께서 많은 경우 자문해보셨어야 했을 질문에 답하고자 합니다. 왜 학생, 노동자, 예술가 등을 포함한 그 많은 사람들이 시위하는가? 그 질문에 평범하게 답하자면, "봉기는 세계 경제 위기에서 비롯된 굶주림이 동기가 된 '복부의 반란'"이기 때문입니다. 이는 명백한 사실입니다. 하지만 역사가 에드워드 파머 톰슨Edward Palmer

Thompson의 말을 빌려 다른 관점으로 설명 드리고자 합니다. 톰슨은 「18세기 영국 군중의 도덕 경제 *The Moral Economy of the English Crowd in the Eighteenth Century*」라는 논문에서 영국인들의 봉기를 잘 나타냈습니다.

봉기가 물가 폭등, 상인들의 부정 행위, 또는 굶주림으로 촉발된 것은 물론 사실이다. 하지만 이러한 불만은 마케팅, 제분, 제빵 등에 있어 무엇이 합법적이고 무엇이 불법적 관행인지에 대해 대중이 공감하는 범위 내에서 작용했다. 사회규범과 의무에 대한, 또 지역 공동체 내 몇몇 단체들의 올바른 경제적 기능에 대한 항구적이고 전통적인 관점이 밑바탕이 된 것이다. 그중 지역 공동체 내의 단체들은 전체적으로 보면 빈자들의 도덕 경제를 구성한다고 할 만한 요소이다. 이 도덕적 장악에 대한 분노는 현실에서의 박탈만큼이나 직접적인 행동을 발생시킬 흔한 근거가 된다.

마지막으로 악의 시대였던 18세기, 영국 농민들이 제분업자들에게 내뱉은 비난의 말을 인용하겠습니다.

"그의 이중적 행태를 보건대 그는 정중하면서도 괘씸한 도둑이다."

저희를 오해하지 마십시오. 저희는 정부의 터무니없는 도둑질을 탓하는 게 아닙니다. 이 나라 전체의 부당한 도둑질을 비난하는 것입니다. 지금 이탈리아는 사람들로부터 꿈과 희망, 진실을 훔쳐가고 있습니다. 심지어 세계, 인터넷, 페이스북으로부터 저희를 차단하려고 하면서 우리 시대의 진정한 위험을 이해하지 못하는 부모 세대, 비판하지도 못하고 그럴 의지조차 보이지 않는 그들의 무능까지도 고발합니다.

   봉기 중인 대학에서: 베를루스코니 총리에게 보내는 한 학생의 편지

저희는 무관심을 규탄합니다. 사회의 질이 무관심의 크기와 반비례한다고 믿기 때문입니다. 그리고 저희는 이 상황을 보다 분명하고 뚜렷하게 만들 만큼 똑똑하지 못한 우리 자신을 탓합니다. 증거는 이렇습니다. 우리는 미래의 불안정 노동자 세대입니다. '불안정 계급'이라 불리는 라인을 채우게 될 것입니다. 산업혁명이 탁월한 혁명적 노동자계급을 만들어냈기에, '투기가 착취로 전환된' 현재의 체제가 새로운 혁명계급이 출현하는 원인이 되었습니다. 새로운 혁명계급의 구성원들은 딱히 '구조'를 형성하지 않지만 관계를 통해 연결되어 있고 인간다운 조건을 공유합니다.

총리께서는 저희에게 한 사람이 나라를 바꿀 수 있음을 가르쳐주셨습니다. 다행히도 저희의 수는 수천, 어쩌면 수백만 명에 이릅니다. 아마 총리께서도 저희가 말하는 바를 이해하게 되실 것입니다. 힌트를 드리겠습니다. 총리께서 가장 두려워해야 하는 건 프랑스 혁명에서 느끼는 것만큼이나 오래된 대중의 행복입니다. 사람은 사회운동에 참여할 때만 진정한 의미의 자신을 이해하고, 그 안에서 모두가 함께하는 즐거움과 완전한 기쁨을 발견합니다. 이 뜻에 약간 가감한 것이 대중의 행복이겠지요. 대중의 행복. 그 나머지는 죄책감이 가득한 침묵이며 불안을 조장하는 권태입니다. 어제 처음으로 대중의 행복이 돌아왔습니다. 총리께서 보신 것은 어리석은 행동이 아니라 행복, 집단의 행복이었습니다. 그리고 그 속에서 저희는 확실히 알았습니다. 총리께서는 우리를 이해하실 수 없으리란 것을요.

이만 줄이겠습니다.

엘리사 알바네시 올림

로마 라사피엔자대학 문학과 점거의회

블랙 블록은 누구인가? 블랙 블록은 어디에 있는가?

대학 자치 단체

Autonomous University Collective

로마 시위 다음날, 모든 신문에 같은 글이 올라왔다. "여러분은 스카프와 헬멧, 발라클라바balaclavas[머리와 얼굴을 완전히 덮어씌워 눈만 보이게 만들어진 방한용 모자] 속에 감춰진 얼굴을 보고 싶은가?" 대답할 가치가 충분한 질문이다.

그들은 여러분이 세준 형편없는 집의 월세를 내는 이들과 같은 사람들이다. 여러분이 (한 달의 시범 기간 후에 800유로 풀타임으로 전환하는 조건으로) 월 500유로짜리 업무 계약을 요청할 때 보는 얼굴이다. 그들은 논문 제안서를 제출하는 이들이며, 여러분의 지루한 글을 언급하도록 강요해온 이들이다. 그들은 여러분이 흡연하는 현장을 잡아 한 대 때려주었던 다른 고장 출신 아이들이다.

그들은 여러분이 고급스럽고 세련된 식당에서 먹는 부드러운 등심스테이크를 하룻밤에 50유로를 (소득 신고도 하지 않고) 받고 요리하는 이들이다. 그들은 여러분이 마시는 거품을 얹은 카푸치노를 만들고, 여러분의 전화에 "892424입니다. 무엇을 도와드릴까요?"라고 응대하며, 슈퍼마켓은 너무 비싸 리들Lidl(초저가 할인 매장)에서 채소를 구입하는 이들이다. 그들은 450유로짜리 패키지여행에서 여러분을 즐겁게 해주고, 여러분이 신선한 과일을 사는 가판대를 꾸려가는 이들이다.

그들은 불안정으로 활력의 근원을 잃어버린 이들이고, 삶은 엉망이며, 고통을 참는 데 지쳐 버렸다.

우리는 불안정 속의 '평생 훈련' 노이로제로 심해져가는 경변증을 하루 동안 중단시킨 세대다. 우리는 반란을 지지했다. 우리는 여러분이 귀 기울여야 할 미래다. 이 나라에서 유일하게 건강한 부분이 전이로 오염되었다. 2010년 12월 14일, 포폴로 광장 전체에서 경찰차가 불붙고 해방의 외침 속에 폭발한 사건은 그들의 본성에 새 시대를 열어주었다. 그 외침은 우리였고, 서너 명의 형편없는 사람들로 지탱되는 정부를 믿을 수 없는 사람들이었다. 마침내 많은 이들이, 수천 명의 사람들이 어렵게 목소리를 드높였다.

"다 함께 두려움을 불어넣자!" 옳은 쪽에서는 기쁨과 분노의 함성이 터져 나오고, 틀린 쪽에서는 의회 문을 안쪽에서 걸어 잠근다.

블랙 블록은 다시 공격을 가한다. 조심해라. 여러분이 그들을 강의실에서, 도서관에서, 술집의 커피메이커 옆에서, 주점에서, 해변에서, 심지어 전차에서 만난 적도 있다는 소문이 돈다.

점령된 이탈리아에서 온 우편엽서

로마

©Martina Cirese

피사

밀라노

    점령된 이탈리아에서 온 우편엽서

SIAMO SPERANZA

토리노

IT'S THE FINAL COUNTDOWN

베네치아

BLOCCHIAMO TUTTO
CHE SE NE VADANO TUTTI!
STUDENTI MEDI IN FERM

팔레르모

이탈리아에서 일어난 반자본주의 투쟁: 정치 선언문[A]

비토리오 리에세르Vittorio Rieser

학생운동에서 가능성 있는 목표들을 가려내려면 반드시 국제적 차원에서 운동을 바라보아야 한다. 적어도 서유럽 정도에서는 비슷한 목표를 향해 조직적으로 행동했으면 하는 바람은 지나친 이상이 아니다. 온전히 전국적인 규모로 대학 수준을 넘어선 목표를 추구한다면 그 운동은 아마 학생운동의 가장 위대하고 장기적인 이점을 상실할 것이다. 그 이점이란 학생운동의 뿌리가 객관적인 조건에 놓여 있다는 것이다. 조건은 여러 국가들에서 모두 비슷하며, 심지어 정치 조직이 마련되기 전이라도 마찬가지다.

유럽의 다양한 학생 투쟁에서 공동의, 또는 비슷한 경향이 있는 특징들을 구분함으로써 일련의 가능성 있는 목표나 '일련의 행동'을 제안할 수 있다. 여기에는 일반적으로 논란거리가 되는, 운동의 힘이 보여주는 '지나치게 치우친' 면, 참가하는 학생들의 특징인 '지나치게 일반적인' 면이 둘 다 존재한다. 그럼에도 불구하고 학생들은 학생운동의 현 정치적 발전 단계와 거의 엮여 있다.

권위주의

권위주의에 대한 투쟁은 학생운동의 일반적인 맥락이다. 하지만 지금 상황에서 권위주의란 다양하고 특정한 목적으로 해석될 수 있다. 서유럽 사회의 수준에서, 이러한 목적들 가운데 하나가 꾸준하게 세력을 키운 다양한 '권위주의 법'에 대한 싸움일 수 있다. 독일의 비상조치법, 영국의 파업권 제한, 이탈리아의 공공 안전법이 그렇다. 이러한 법들은 정통 공산당이나 유사한 정당의 전망, 방법의 영향권에서 권위주의에 대한 투쟁을 없애려고 한다(어디든 이런 권위주의가 독점하거나 '민주 동맹'의 쓸모없는 전망에 이끌릴 위험이 존재하기는 한다). 학생운동은 이러한 법들에 반대하는 투쟁의 장려자이자 안내자 역할을 할 수 있다.

정보의 문제

학생운동은 대중적인 커뮤니케이션에 대한 자본가의 독점에 반대하는 '반자주성' 조직에 최적이다. 반격하고 직접적인 논쟁을 벌이든 새로운 방식과 정보 수단을 창조하든, 어떻게든 선택한 정치적 주제들에 대해 여러 방법들로 집중한다. 정보 분야는 어떤 노동 단체나 정치 단체에서건 중심요소로 등장한다. 또한 학생운동은 가장 실용적이고 영구적인 방식으로 정치적 결단력을 보여주는 분야라고 할 만하다. 심지어 국제 정치적 주제들(베트남전과 일반적인 반제국주의 전쟁들)이나 부분적이지만 노동자계급과의 관계도 계획한 바가 있다.

노동자계급 투쟁과의 관계

여러 유럽 국가들 사이에서의 유사한 현상들을 더 제시하고자 한다. 한편으로 노동자계급 조직에 점점 더 무게를 두는 (지금 크게 반대가 없는) 통합 자본주의 정책이 있으며, 다른 한편으로 노동자계급의 반응을 들 수 있다. 때로는 이 반응을 배출할 체계적인 수단을 찾을 수 없기도 하지만 다른 때라면 직종별 노동조합 조직 자체에서 찾을 수 있다(지도부에서 정치적으로 승인한 통합 과정은 반대 의견의 결여와 기본적인 동의가 이뤄지지 못함에 따른 필연적인 위험 탓에 보다 모순되고 어려운 상황을 제시한다). 독일 민주사회를 위한 학생연합SDS: Students for Democratic Society의 일부 경험과 이탈리아의 상황에서 보여준 일부 징후는 학생운동이 이런 맥락에서 직접적인 커뮤니케이션을 통해 투쟁의 자극제를 제공하며, 노조 안팎에서 특정한 형태의 정보를 조장하고 정치적 논쟁을 촉진하며, (현 단계에서 턱없이 부족한) 국제적 커뮤니케이션의 비공식적 도구로 활동함으로써 제 역할을 할 수 있음을 보여준다.

장기적으로 이 행동의 결과가 무엇이 될지는 두고 볼 일이다. 즉 그것이 순전히 일시적일 수도 있고, 보통 생각하는 학생운동이 이 분야에서 영구적인 기능을 하게 될 수도 있으며, 이 행동이 노동자계급 수준에서 새로이 조직된 세력 형성에 기여할지도 모른다. 위에 제시한 길을 따른다고 해서 그것이 곧 선택을 해버렸다는 뜻은 아니니까.

기술자들의 정치 단체와 '다른 중재 그룹들'

이 문제는 학생 단계의 '일시성'이라는 특성과 관련이 있다. 운동은 이러한 일시성을 학교 교육의 범위를 뛰어넘은 정치적 운동이 됨으로써, 또는 그들의 영향력을 졸업 이후까지 퍼뜨리기 위해 사람들을 정치화시킴으로써 극복할 수 있다. 처음의 방법(즉 단순히 개별적인 정치 단체 수준을 넘어선 방법)을 따른다면 지금 당장은 더 즐거울 것이 확실하겠지만, 동시에 두 번째 방법과 조화롭게 병행해가며 행동을 취해야 할 필요는 여전히 남게 된다. 더욱이 현재 운동의 핵심은 인문학 전공자들로 구성되어 있기 때문에 이공계 전공자들(즉 결국 생산 분야로 갈 사람들)이 운동의 가장자리에 머무를 위험이 있다.

그러므로 공장 조직이 만들어낸 '적대적인 자극'에 반응하고 그들의 일터에서 체계적으로 행동할 수 있는 기술자 그룹들을 만들어내려면, 이공계 교육 부문에서 정치 단체와 관련한 작업에 집중할 필요가 있다(노조와 유용하게 협조할 수 있는 분야다). 물론 인문계도 직업적인 배치와 관련해 '방향성과 정치적인 통제' 문제가 존재한다. 이는 (현재 활동하는 좌파 교사들의 대다수가 안고 있는 한계를 훌쩍 뛰어넘기 위한) 미래 교사들의 준비 및 정치 조직이라는 형태로 구체화할 수 있다.

몇 가지 결론적 고려사항들

투쟁이 상위단계로 나아가면 학생운동은 실질적인 진전과 운동에 대한 토론 및 정치적 조직의 발전 사이에서 갈등의 차이가 계속 벌어질 위험이 있다. 갈등은 점점 급진적이 되어 가고, 총체적이며, 정치적인 대응 관계에 있는 사람에게 더욱 일반화되고, 토론과 조직에 쓸 힘은 매일 반복되는 갈등 구조 속에서 모조리 소모되므로 '불가항력 때문에' 침체되는 경우가 잦다.

이러한 괴리는 부분적으로 불가피하다. 우리는 그것을 부정적 요소로 인식하고 투쟁해야만 한다. 그런데 오히려 그러한 경향이 강조되는 듯하다. 말하자면 이렇다. 새롭고 '보다 진보한' 운동 이론은 실제 갈등 상황으로 정교하게 다듬을 수 있다. 그런데 갈등의 모든 단계가 지나고 나서 보면 소수의 사람들만 애를 쓰고 그 밖의 구성원들은 수동적으로 받아들이는 것이 보통이다.

그래서 운동의 전략적 발전은 어떤 갈등에 이런 의의가, 또 어떤 갈등에 저런 의의가 있다고 생각하는 지도자들의 마음에서 생겨나게 된다.

하지만 이제 운동이 살아남으려면 정치적 공들임에 있어서의 강력한 노력이 일반인들에 의해서 반드시 달성되어야 한다. 운동 전체를 바라보는 정치의식이 '빠르게 진보'하지 않는다면 오래 지속되는 충돌을 견딜 수 있는 사람들의 수가 점진적으로 감소할 위험성, 또는 속도가 지체되거나 정지되자마자 흩어져버릴 가능성(이런 경우가 발생할 확률이 더 높다) 등이 있어 운동은 두 배의 분열 위험을 떠안게 된다.

그러므로 개략적으로 말하면, 운동의 '정치화'를 위한 핵심적인 방법과 주제의 선택을 전국 단위에서 균일하게 할 필요가 있다.

A   Vittorio Rieser, '이탈리아에서 자본주의에 반대하는 투쟁: 정치 선언문The Struggle Against Capitalism in Italy: A Political Manifesto', Tariq Ali, ed., 『새로운 혁명가들: 레프트 아퍼지션New Revolutionaries: Left Opposition』(런던: Owen, 1969).

3. 캘리포니아 주 공교육 수호 투쟁

캘리포니아 지도

2009년 가을 점령된 캘리포니아 주 충돌, 동원, 시위 그리고 점령

캠퍼스 위치, 교도소, 지형, 기타 관련 장소 표기

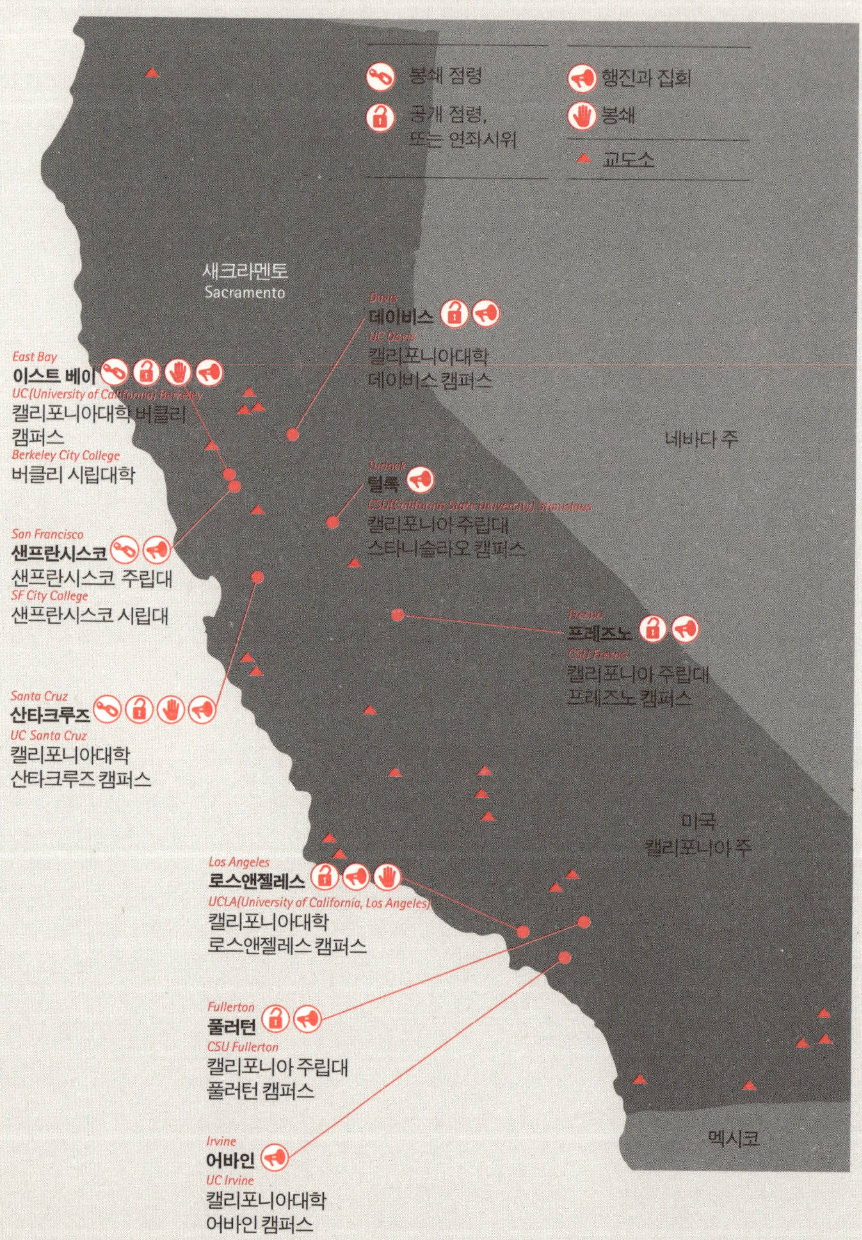

서론

에반 콜더 윌리엄스 Evan Calder Williams

작가이자 이론가이며 캘리포니아 주의 산타크루즈대학 문학부 박사 과정 지원자. 『결합한, 그리고 나눠질 수 없는 세상의 종말*Combined and Uneven Apocalypse*』의 저자이며, 블로그 〈사회주의 그리고/또는 야만Socialism and/or Barbarism〉에 글을 쓰고 있다.

2009년 가을부터 2010년 봄까지 캘리포니아 주에서 벌이진 '공교육 수호' 투쟁은 매우 특별한 것이 되었다. 2009년 9월 24일, 캘리포니아대학UC: University of California의 전 캠퍼스에 소속된 수천 명의 학생과 교직원, 노동자, 교수진이 등록금 대폭 인상, 정리 해고, 무급 휴직, 학과 및 업무 지원금 삭감에 반대하는 시위에 동참했다. 그날 시위가 끝날 무렵, 학생들과 교사들이 단체로 UC 산타크루즈 캠퍼스의 대학원 학생회관에 침입하여 일주일 동안 점령했다. 이후 몇 달에 걸쳐 캘리포니아 주 곳곳에서 자세한 내용을 다루기 힘들 정도로 폭넓은 직접행동이 연달아 일어났다. 9월과 10월 이후에는 스터디인[건물 등을 점거하고 토론, 강연 등을 펼치는 시위의 일종], 연좌시위, UC 및 캘리포니아 주립대CSU: California State University 전 캠퍼스 도서관들의 공개 점령이 이뤄졌다. 11월에 캘리포니아대학 이사회가 UCLA에 모였으며, 추가 지원금 삭감 및 구조조정과 더불어 등록금 32% 인상에 궁극적으로 찬성했다. 그러자 주 전체에서 산하 대학들이 들고 일어났다. 사흘 동안 데이비스, 로스앤젤레스, 산타크루즈, 버클리, 프레즈노, 샌프란시스코 캠퍼스는 점령과 행진, 연좌시위, 봉쇄, 데모, 체포, 폐쇄 사건으로 가득했다. 사람들은 집회를 열고 활동 내용과 방법을 논의했고, '우리는 위기다WE ARE THE CRISIS'라는 현수막을 걸었으며, 일부는 분노했고 다른 이들은 일을 추진했다. 공동의 공간에서 댄스파티를 열었고, 얼굴을 가리는 마스크를 착용했다. 익명의 글을 쓰고 다 함께 분석하기도 했다. 그들은 이뤄지기 힘든 요구를 했으며, 요구 만들기를 거부하기도 했다. 멀리 뉴욕과 빈에서는 캘리포니아 주에서 벌어진 특별한 '예산 축소' 문제가 지나치게 커지는 데 위기감을 느끼고 확실한 반자본주의적 반응을 보이기로 했다. 뉴욕과 빈의 학생들은 전부터 대학 점령을 해왔고 이번에는 연대 행진도 벌였다.

12월, 샌프란시스코 주립대 학생들은 경영대 건물을 점거하고 그곳을 1년 전 경찰에게 살해당한 흑인 남성의 이름을 따서 '오스카 그랜트 기념관Oscar Grant Memorial Hall'으로 명명했다. UC 버클리 캠퍼스에서는 기말시험 전 주에 '라이브 위크Live Week'를 마련하고 휠러 홀Wheeler Hall을 개방했다. 라이브 위크는 이른 아침 경찰이 도착하면서 끝났고 점령자들이 체포되면서 마무리되었다. 그날 밤 횃불을 든 군중은 총장 관저를 공격했다. 새해에도 사건들이 잇따랐다. UC 데이비스 캠퍼스에서는 연좌시위가 있었다. 샌프란시스코 캠퍼스에서는 먼저 체포된 이들을 위한 자선파티를 열었다가 사람들이 체포되고 경찰과의 대치가 벌어졌다. 버클리 캠퍼스에서는 거리 파티와 폭동에 이어 점령이 있었고, 대망의 3월 4일 캘리포니아 주 전체 시위와 행동 주간에 대한 계획도 꾸준히 진척시켰다. 4일은 학생들이 자기 학교 입구를 막고 대규모 행진, 집회, 시위 및 점령을 벌인 날로 노동자들이 피켓시위에 동참하고, 업무도 중단했기에 가능했다. 오클랜드 캠퍼스와 데이비스 캠퍼스에서는 학생들이 학교에서 거리로, 또는 고속도로로 쏟아져 나왔다.

다음의 글은 당사자들이 직접 쓴 것으로 몇 달 동안 주 전체에서 일어난 일들을 적은 엄청난 기록의 일부다. 하지만 세계 곳곳에서 벌어지는 투쟁에 대한 글이나 분석과 더불어 상황에 도움을 주도록 두 가지 요점을 제시하려고 한다.

첫째, 사람들은 건물을 장악하고 출입구를 막아 바리케이드를 치고 점령한다는 특별하고 강력한 행위에 주목할 것이다. 미국에서 점령은 매우 독특한 것을 의미하므로(다른 글에서 그 복잡한 상황이 드러날 것이다) 점령 문제를 그저 수사 어구의 나열이나 이론적 수치로 받아들여서는 안 된다. 영국, 오스트리아, 독일, 그 밖의 나라 대학생들은 경찰의 침입이 없이 방해받지 않고 점령 기간을 늘릴 수 있다. 하지만 캘리포니아 주의 시위자들에게는 시간이 부족했음이 거듭 드러났다. 지난 봄 뉴욕에서도 그랬지만, 공간을 점령하면 얼마 가지 않아 경찰이 진입을 시도했다. 그러므로 바리케이드에 대해 말할 때 무엇보다도 중요한 점은 시가전이나 혁명 상황과 관련된 언어에 귀를 기울이지 말자는 것이다. 이것은 실제적인 문제다. 문이 봉쇄되지 않고 내부가 잘 통제되지 않는다면, 점거자들은 곧 강제로 퇴거되고 구타당하고 체포될 것이다.

둘째, 많은 글에는 '운동' 내에 모험주의자나 반란자, 무정부주의자, 공산주의자, 극좌파, 또는 반자본주의자 성향이라고 다양하게 불리는 것이 있거나 이론적인 방향을 발전시켰다고 나왔다. 나는 '전체적으로' 어떤 성향을 지녔는지 또는 내부의 응집 정도가 어떤지를 묻는 미심쩍은 질문에 분명히 답할 수가 없다. 대신 다른 글에서 즉각 드러나지 않을 만한 부분만을 짚어줄 작정이다. 원하던 결과들, 캠퍼스들 간의 관계들, 이번 사태와 관련해

공표한 정치적 입장들 사이에서 분열이 일어났었던 데도 의미가 있긴 하다. 하지만 이번에 계속된 투쟁에서 보다 두드러진 양상 가운데 하나는 그 분열들이 전술적인 고려와 무관하며 추상적인 연대가 아니라 실제의 행동으로 합쳐진다는 사실을 증명했을 때 드러났다. 진보와 파열의 진정한 순간들이 순간적이긴 했지만 실례가 된 것이다. UC 산타크루즈 캠퍼스의 일화가 이를 분명히 하는 데 도움이 될 것이다. 삭감으로 가장 곤란한 일에 직면한 이들로 노조에 가입한 용역 노동자를 들 수 있다. 그런데 봄에 있었던 캘리포니아 주 행동주간 하루 전에 이들 가운데 많은 사람들이 법적으로 학생이나 교수진, 교직원 신분에 해당되지 않으므로 합법적으로 합류할 수 없음이 확실해졌다. 더구나 '안전하게' 캠퍼스에 진입하지 못한다면 처벌 대상이 될 수도 있었다. 행동의 날 아침, 캠퍼스로 가는 모든 접근 지점이 늘어선 사람들이나 바리케이드로 가로막혔다. 저지하는 사람들 중에는 반노조를 표방하는 '블랙 아나키스트'들도 많이 섞여 있었다. 결국 그 노동자들은 하루 휴가를 내고 문 닫힌 캠퍼스 밖에 모여든 모든 이들과 합류했다. 말하자면 함께 보유하지 않은 것을, 서로 분열되기 시작해 갈수록 멀어져 가는 거리를, 또 시대 풍조에 반하여 우리가 함께해야 한다는 것을 인식만 하고 행동에 나서지 않는다면 연대란 있을 수 없다.

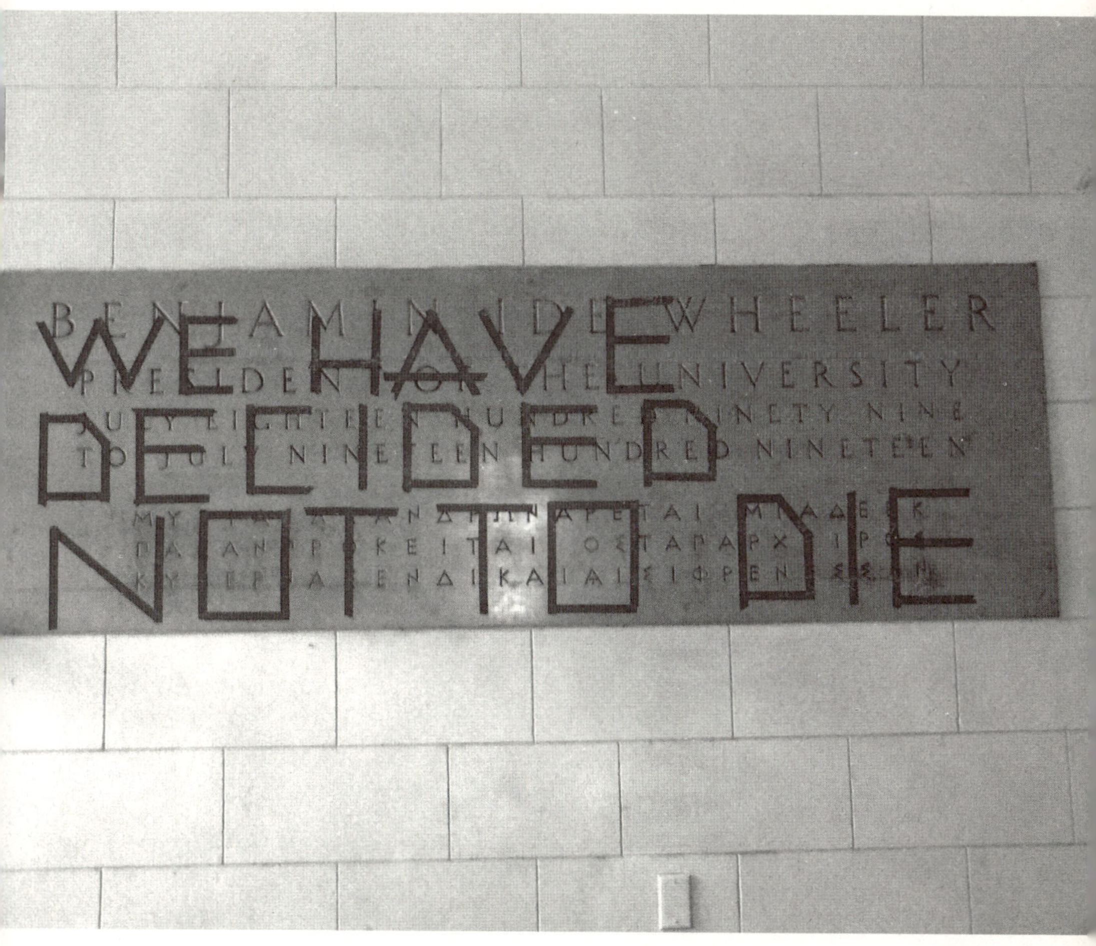
BENJAMIN IDE WHEELER
PRESIDENT OF THE UNIVERSITY
JULY EIGHTEEN HUNDRED NINETY NINE
TO JULY NINETEEN HUNDRED NINETEEN
WE HAVE DECIDED NOT TO DIE

샌프란시스코 : 레이건, 그의 미래를 계획하다(A)

타리크 알리Tariq Ali, 수잔 왓킨스Susan Watkins

타리크 알리는 영국 좌파 운동가 겸 저술가이며, 수잔 왓킨스는 런던에 거주하는 작가이다.

로널드 레이건 주지사가 샌프란시스코 주립대의 새 총장으로 지명한 하야카와Samuel Ichiye Hayakawa 박사는 강경 노선을 펼치는 인물이었다. 그는 11월 6일부터 시위에 참가해온 학생들과 전면전을 선포했다.

2만 6천 명의 학생들(주로 노동자 계층의 자녀들)이 다니는 샌프란시스코 주립대는 미국에서 가장 다양한 인종으로 구성된 대학으로 손꼽힌다. 이곳의 학생회 회장들은 1960년대 중반 이후 학생 기금을 폭넓은 사회적, 정치적 이슈들을 해결하는 데 눈에 띄지 않게 사용해왔다. 1965년에는 학생들이 자기 수업을 설계하고 교수들을 채용하는, 그들이 바깥 세계에서 창조하고 싶었던 사회의 축소판이라 할 실험적인 대학을 만들기도 했다.

1968년 11월까지 학교는 다양한 급진파들로 가득했다. 급진적인 흑인 결사인 흑표범당Black Panther Party 당원들을 앞세운 학생 단체인 흑인학생연합BSU: Black Students Union, 멕시코계 미국인들인 치카노Chicano 활동가들이 조직한 제3세계해방전선TWLF: Third World Liberation Front, 마오쩌둥주의자들이 지배한 민주사회를 위한 학생연합SDS: Students for Democratic Society 지부가 있었다. 이들은 모두 샌프란시스코 주립대에 흑인 연구 프로그램이 필요하다는 데 동의했지만 레이건 주지사의 지지를 받은 교수진은 이 계획에 반대하는 입장이었다. 다른 단체들의 지지 속에 흑인학생연합은 11월 6일 이 문제로 수업 거부를 선언했다. 한편 타협에 호의적이던 로버트 스미스^{Robert Smith} 총장은 레이건 주지사로부터 갑작스럽게 해고당했다.

레이건과 교수회의의 강경파 교수들은 이 건방진 흑인 및 멕시코계 미국인들, 그리고 이들에게 동조하는 백인 친구들을 혼내주기로 결정했다. 하야카와 총장은 12월 1일 '긴급 상황'을 선언하고 학생들에게 다음날까지 수업에 복귀할 것을 명령했다. 흑인학생연합과 제3세계해방전선은 학생늘에게 복귀하지 말 것을 설득하는 내용의 현수막을 학교에 내걸었다. 수많은 학생들이 수업 거부를 계속했다. 대학 상원 의장인 레오 맥클랙리 Leo McClackley는 하야카와 총장의 결정에 반대하는 목소리를 높이고, "교수들은 폭력의 그늘 아래 가르칠 수 없다"고 선언하며 협상으로 해결하자고 요구했다.

이는 모든 면에서 베트남에서 벌어진 큰 전쟁과 이상할 정도로 비슷했다. 강경파는 더 많은 폭탄을 원했고, 온건파는 협상으로 해결 보기를 원했다. 하야카와는 폭파범으로 노골적인 진압 정책을 펼치기로 결정했다. 그는 경찰을 대학으로 불러들이고, 힘을 과시하는 상징적인 쇼가 벌어졌다. 경찰관들은 도서관 밖에서 자신들의 무기를 뽑냈다.

12월 내내 작은 충돌, 행진, 시위가 학교 주변에서 계속되었다. 도시 전체가 분열되었지만, 시민들은 놀라울 정도로 학생들을 지지했다. 크리스마스 연휴 직전에 제3세계해방전선은 제3세계공동체에 학교 행진의 날을 요청했다. 반응이 인상적이었다. 흑인 및 멕시코계 미국인, 라틴계 미국인,

　　샌프란시스코: 레이건, 그의 미래를 계획하다

중국인 대표, 필리핀 및 일본 공동체들이 동참 의사를 표명했다. 하야카와는 당황해하며 학교를 폐쇄했다. 파업 중인 석유 노동자들을 포함한 수천 명의 지지자들이 학생들과 합세하여 시청으로 행진했다.

결국 학생 시위는 제지당하고 450명의 학생이 기소당해 무더기로 체포되면서 진압되었다.

그럼에도 불구하고 캘리포니아 주의 거리에서 수천 명의 학생(90%가 백인)이 함께 싸우며 인종 간의 통합이 다시 구축되고 있었다. 몇 달 동안은 인종 간의 긴장감을 부추기려는 경찰 앞잡이들로 인해 분열이 심화될 것이다. 하지만 12월의 날들에 대한 기억은 사라지지 않을 것이다.

A   Tariq Ali & Susan Watkins, 1968: *Marching in the Streets*(뉴욕, Free Press, 1998년), ff. 204.

샌프란시스코: 레이건, 그의 미래를 계획하다

캘리포니아 주 공교육 수호 투쟁 과정

2009년

9월 24일	UC 산타크루즈 캠퍼스 학생들이 대학원 학생회 건물을 점령하다. 점령은 1주일 후에 끝났다.
10월 9일	UC 버클리 캠퍼스 인류학 도서관에서 스터디인 개최.
10월 15일	UC 산타크루즈 캠퍼스 학생들이 몇 시간 동안 인문동 2개 건물을 점거하다. 그들은 경찰에 알리지 않고 떠났다. 한 학생은 체포되고 다른 한 명은 재판 중이다.
11월 13일	UC 산타크루즈 캠퍼스 학생들이 과학 기술 도서관에서 스터디인을 개최하다.
11월 18일	UC 산타크루즈 캠퍼스 학생들이 예산 삭감에 반대하는 조직에서 쓰려고 크레스지 타운 홀Kresge Town Hall을 점령하다. 14명의 학생들이 UCLA에서 체포되고, 일부는 이사회 저지를 위한 연좌 회의에 합류하다.

| 11월 19일 | UCLA 학생들이 캠벨 홀Campbell Hall을 점령하고 카터허긴스 홀Carter-Huggins Hall이라는 이름을 붙이다 2명이 체포되었다.[1] UC 산타크루즈 캠퍼스에서는 학생들이 주 행정동 케르 홀을 점령했다. 이번 점령은 사흘 후인 11월 22일에 종료되었다. UC 데이비스 캠퍼스 학생들은 주 행정 건물 므라크홀을 점거했으며, 52명의 학생들이 체포됐다. |

| 11월 20일 | UC 버클리 캠퍼스 학생들이 휠러 홀을 12시간 동안 점령하고, 무장한 경찰들은 계속해서 무자비한 행위를 벌였다(41명의 학생들이 체포되고, 소환장을 받고 풀려났다). 그보다 이른 시간에는 학생 세 명이 체포되었다. UC 데이비스 캠퍼스 학생들은 연좌시위를 하려고 더튼 홀Dutton Hall에 늘어샀지만 나중에 해산됐다. 한편 캘리포니아 주립대 프레즈노 캠퍼스 학생들은 도서관에서 다음날 아침까지 연좌시위를 펼쳤다. |

| 11월 22일 | 케르 홀 점령이 끝나다. UC 데이비스 캠퍼스 학생들은 므라크 홀에서 매일 스터디인을 하자고 요구했다. |

| 11월 23일 | 100~150명의 학생들이 UC 총장실에 들어가 연좌시위를 하다. 이 시위는 체포된 사람 없이 저녁 6시경에 끝났다. |

---

1 번치 카터Bunchy Carter와 존 허긴스John Huggins는 2008년 캠벨 홀 앞에서 총을 맞고 사망한 흑표범당 당원들이었다.

 캘리포니아 주 공교육 수호 투쟁 과정

11월 24일	UC 어바인 캠퍼스 학생들이 알드리치 홀을 대규모로 에워쌌다(7백~천 명으로 추정).
12월 5일	공개적으로 UC 어바인 캠퍼스 도서관 점령을 발표하자, 이에 대응하여 경영진이 하루 24시간 동안 문을 열어두다.
12월 7일	UC 버클리 캠퍼스 학생들이 휠러 홀에 들어오고 라이브 위크 동안 점령하다. 문은 열려 있었다.
12월 9일	30~40명 정도의 샌프란시스코 주립대 학생들이 새벽 5시에 경영대 건물을 점령하다.
12월 10일	샌프란시스코 주립대 경영대를 점령한 학생들과 밖에 있던 일부 시위자들이 새벽 4시에 체포되다. 체포된 인원은 점거자 23명, 외부 시위자 10명이었다. 학생들은 이에 항의하여 샌프란시스코 1번 고속도로의 19번로 구간을 막고, 체포된 사람들에게 소환장을 주고 석방할 것을 요구했다. 그들의 요구는 받아들여졌다.
12월 11일	라이브 위크 동안 휠러 홀(UC 버클리 캠퍼스)에 있던 66명(또는 그 이상)의 사람들이 깨어 있다가 경찰의 해산 경고도 없이 체포되다. 학생 대표는 건물에 남아 경찰들의 주위를 돌렸다. 저녁이 되자 공연을 열었고, 작은 폭동이 이어졌다. 폭동 도중에 UC 버클리 캠퍼스 총장 관저를 파괴하기도 했다. 현장을 떠나는 과정에서 8명이 체포되었다.

1월 15일	캘리포니아 밸리의 미워크 족Miwok Tribe(캘리포니아 주 시에라네바다 산맥에 거주하는 인디언) 철거가 3일 동안 연기되었다.
1월 20일	샌프란시스코에서 대학생들이 히베르니아 내셔널 뱅크Hibernia National Bank(아일랜드 이민자가 세운 은행. 히베르니아는 라틴어로 아일랜드를 의미) 빌딩 점령을 시도했다.
1월 30일	체포자들을 위한 자선파티가 11명의 체포로 끝났다.
2월 5일	UC 데이비스 캠퍼스 학생늘이 실즈 노서관에서 수발에 걸쳐 스터디인을 개최했다. 스터디인을 공지하고 며칠이 지난 후, 경영진이 12월 UC 어바인 캠퍼스 도서관에서 연 스터디인의 경우와 비슷하게 대응하기로 했다. 경영진은 주말 동안 하루 24시간 도서관을 개방하고 떠났다.
2월 11일	샌프란시스코 시립대 학생들이 스터디인을 개최했다. 그 때문에 도서관 개방 시간이 3시간이나 길어졌다.
2월 25일	UC 버클리 캠퍼스에서 열린 댄스파티가 듀런트 홀 점거로 이어지다. 한 시간 후 파티가 시내 중심가로 옮겨갔다. 경찰이 도착하면서 파티는 폭동으로 변질되고 경찰은 시위자들에게 곤봉을 휘둘렀다.

캘리포니아 주 공교육 수호 투쟁 과정

2월 26일　　　UC 샌디에이고 캠퍼스 총장실에서 지난주 인종 간
긴장감이 팽배했던 와중에 도서관에서 올가미가 발견된
사건에 항의하는 연좌시위가 몇 시간이나 지속되었다.

3월 3일　　　학생들이 캘리포니아 주립대 풀러톤 캠퍼스의 다층 건물인
인문동을 점거하고 내부에서 바리케이드를 설치했다.
그러나 경찰관들이 지하 터널로 건물에 침투했다.
점령자들은 소환장을 받고 풀려났다.

3월 4일　　　미국 전역에서 학생들이 대규모 수업 거부 및 파업을
단행했다. 캘리포니아 주립대 프레즈노 캠퍼스는 주
행정동이 몇 시간 동안 점거되었다. UCLA에서는
연좌시위가 열렸다. UC 산타크루즈 캠퍼스는 12시간 이상
학교 전체를 폐쇄했다.

4월 14일　　　샌프란시스코 주립대 점령을 시도했으나 두 명이
체포되었다. 50명 이상의 학생들이 UC 데이비스 캠퍼스의
므라크 홀에서 연좌시위를 벌였다.

5월 1일　　　샌프란시스코에서 열린 노동자의 날 행진 참가자들이
폐쇄된 고등학교의 점령을 시도했고, 일부는 체포되었다.

7월 9일　　　오스카 그랜트를 살해한 경찰관 요하네스 미설Johannes
Mehserle에 대한 평결이 발표되었다. 수천 명의 사람들이
오클랜드 중심가로 쏟아져 나왔고, 이후 저녁에는 폭동이
발발했다.

여기에 나온 일정은 지면 사정으로 간추려 적은 것이다. 그동안 일어난
사건들을 충분히 담아 기록하고 분석한 내용은 다음 사이트에서 자세히
확인할 수 있다.

『가을 이후: 점령된 캘리포니아 주에서 온 성명서』는 이번 점령 시위와
관련 내용을 분명히 밝힌 중요하고 새로운 글과 2009년 이후의 중요한 저작,
연대표 및 링크 등이 담긴 2010년 겨울 간행물을 발행했다. 발행을 알리면서
남긴 한마디가 인상적이었다. "이것은 신문이 아니다. 다이너마이트다."
http://afterthefallcommuniques.info

〈캘리포니아 주를 점령하라〉는 주 전체와 다른 지역까지 아우르며 투쟁을
기록한 발군의 사이트로 무수히 많은 링크, 사진, 성명서, 기사 등이 담겨 있다.
어떤 중신 조직 없이도 정부를 널리 전파하는 데 중요한 역할을 했다.
http://occupyca.wordpress.com

      캘리포니아 주 공교육 수호 투쟁 과정

빼앗긴 미래의 성명서 : 학창 시절의 종착역에서

우리는 죽은 문명에 살고 있다. 우리를 당황하게 만들려고 미리 준비해놓은 잇따른 구경거리, 환영으로 반짝거리는 메뉴를 빼면 더 이상 멋진 삶을 상상할 수 없다. 충만한 삶과 우리의 상상은 마음속에 그려본 그 어떤 것보다 더 사치스럽고 비인간적인, 동시에 이해되지 않는 일련의 이미지들로 기계적으로 대체되었다. 아무도 그런 결과를 더 이상 믿지 않는데도.

I

충직한 하인 노릇을 해온 사회와 마찬가지로 대학도 파산했다. 이 파산은 재정에만 그치지 않는다. 정치적, 경제적으로 오랫동안 조성된, 보다 근본적인 지불불능의 징조다. 대학이 더 이상 무엇을 위해 존재하는지 아무도 모른다. 우리의 직감은 이렇게 말한다. 교양을 갖춘 교육받은 시민을 양성하려는 오래된 계획들이 사라졌다. 학위를 딴 사람들이 한때 구직 시장에서 누려온 특혜도 날아가버렸다. 그것들은 이제 환상이며, 힘겹게 지탱하는 건물에 매달린 유령 같은 잔여물이다.

조화를 잃은 양식과 사라진 이상의 유령들, 죽어버린 미래의 전망은 대학의 유물이다. 이 유물 가운데에서 우리는 거의 불평하는 습관과 임무가 쌓이고 쌓인 집단에 지나지 않는다. 우리는 생각 없이 시험을 치르고 과제를 수행하면서 작은 중얼거림으로만 분노를 표현하고 언제나 순종한다. 흥미로운 일도, 자기 존재를 느낄 수 있는 일도 없다. 창문 너머로 펼쳐지는, 세계 역사에 남을 파멸의 야외극보다 더 현실적인 상황이란 없다.

9·11사태 이후 민족주의자들의 히스테리로 청소년기를 망친 사람들에게 공개 연설은 거짓말의 나열일 뿐이고, 대중의 공간은 폭발할지도 모르는 장소다(그들은 결코 그러지 않겠지만). 인터넷의 단조로운 균질성은 무언가 일어닐 깃 깉은 모호한 열밍(우리가 스스로 일으길 수 있다는 상상은 하지 못하고)에 괴로워하는 우리를 구제한다. 우리는 결코 본 적 없는 (인터넷상의) 친구들 틈에서 피난처를 찾는다. 그 친구들의 실체란 다양한 불만으로 가득한 외침과 어리석은 사진들이며, 대화라고는 상품에 대한 의미 없는 잡담뿐이다. 그러는 사이 안전과 평안이 우리의 좌우명으로 자리 잡았다. 우리는 살을 맞대거나 이동하는 일 없이 세계를 살며시 빠져나간다. 공허함에 여기저기 헤매고 다닌다.

하지만 우리는 곤궁함에 감사할 수도 있다. 벗어던진 것이 주위의 상황이지 계획이 아니니까. 대학 생활은 결국 언제나처럼 자연스럽게 나타난다. 생산을 맡은 기계는 생산자와 소비자에게 고분고분하다. 여가조차 직업 훈련의 한 형태다. 프랫 하우스^{frat houses}[남자 대학생들의 사교 클럽이자 숙소]의 명청한 회원들은 사무실에서 늦게까지 일하는 헌신적인 변호사들과 더불어 인사불성이 되도록 술을 마신다. 대마초를 피우고 학교 수업을 빼먹던 아이들이 지금은 아데랄^{Adderall}[주의력 결핍에 치료제로 쓰이는 약물]을 먹고

 빼앗긴 미래의 성명서: 학창 시절의 종착역에서

출근한다. 우리는 체육관의 러닝머신 위를 달리며 학위공장에 동력을 공급한다. 우리는 쉼 없이 쳇바퀴를 돈다.

그러니 대학을 아르카디아Arcadia[그리스 펠로폰네소스 반도에 있는 지역으로 목가적 이상향을 의미]의 상아탑이라고 하는 것은 '목가적'이라는 의미에서도, '게으르다'는 의미에서도 이치에 맞지 않는다. "열심히 일하라, 열심히 놀라"는 말은 교육을 받고 있는 세대에게는 지나치게 혹독한 금언이다. 도대체…… 무슨 교육이던가? 고작해야 카푸치노 거품에 하트 모양 만들기나 데이터베이스에 이름과 숫자 입력하기에 지나지 않는다. 번쩍번쩍하는 미국 자본주의 테크놀로지의 미래는 오래전에 짐 싸서 떠났고 빌렸던 폐물들은 중국에 몇 년을 들여 팔아넘겼다. 대학 학위는 이제 제너럴 모터스의 주식 한 주 가치쯤 된다.

우리는 일하기 위해서 빚을 진다. 우리가 추구하는 일자리는 우리가 이미 종사하고 있는 중이다. 4분의 3에 가까운 학생들이 학교에 다니면서 대부분 풀타임으로 일한다. 그런데 학생 때 구하는 일자리란 졸업 후에 우리를 기다리는 일자리와 같은 수준인 경우가 태반이다. 그 사이 우리는 교육이 아닌 빚을 얻는다. 우리는 이미 쓴 돈을 벌기 위해 일하고, 앞으로 할 노동은 최악에 가까운 시장으로 팔려나간 지 오래다. 학생들의 평균 대출 부채는 21세기의 첫 5년 동안 20% 증가했고, 그중 80~100%는 유색인 학생들의 몫이다. 학생 대출 규모는 교육 지원금과 반비례해서 1997년부터 2003년까지 거의 800% 증가했다. 우리가 빌린 등록금이 남은 생애 동안에 매달 대출금을 상환하는 특권으로 전환된 셈이다. 더구나 신용카드에 부과하는 20%의 이자를 내지 않으면 교실에 들어갈 수도 없다. 이렇게 우리는 신용거래의 연출법을 배운다. 어제의 금융계 거물들은 오늘날 인문학 전공자들의 암담한 미래를 담보로 자신들의 별장을 구입하는 셈이다.

　이 현실이 우리가 초등학교 때부터 준비해온 미래다. 여기 우리는 수많은 교사들과 일련의 심리테스트, 의무적인 사회봉사에 젊음을 넘겨준 특권을 인증받으려, 지원서를 채울 훌륭한 스펙을 쌓으며 절반의 진실을 냉소적으로 편집한다. 우리가 자기 자신을 파괴하려 하고 부모의 충고라는 통제수단으로부터 탈출한다고 해서 놀랄 일은 아니다. 그런가 하면 가정의 경제적, 사회적 불리함을 뛰어넘으려 학교에 온 우리는 '그 목표를 달성'했어도 지금의 지위를 차지하게 될 가능성이 열 배는 높음을, 즉 여기서의 논리는 제로섬zero-sum임을 안다. 어쨌든 사회적, 경제적 상태는 학생들이 성취할 바를 가장 잘 예인해준다. 인구통계학에서 '이민자'나 '소수 민족', '유색 인종'이라 불리는 우리는 가치 있는 일류가 될 수 있음을 믿으라는 말을 들어왔다. 하지만 우리의 업적에도 불구하고 미움받는 게 아니라, 정확히 말하면 우리의 업적 때문에 미움받는다는 걸 안다. 그리고 인종, 출신에 대한 모욕으로부터 벗어나려는 길이 우리를 다른 곳으로, '다른 이들을 위한' 현재로 데려가 지난날의 비참함을 재연할 뿐이라는 사실도 안다.

　만일 대학이 우리에게 빚지고, 노동력을 낭비하고, 사소한 걱정거리들의 먹잇감이 되는 법을 주로 가르친다면, 그것으로 소비자가 되는 법을 가르치는 셈이다. 교육은 우리가 별 신경을 쓰지 않으면서 갖고 싶은 다른 모든 것들과 마찬가지로 상품인 것이다. 다만 교육은 구매자들을 그 안으로 들어오게 한다. 체제 안에서의 미래의 지위, 다른 이들과의 관계는 우선 돈으로 선불하고 순종의 몸짓으로 마저 지불하면 된다. 우리는 먼저 값을 치르고 다음으로 '열심히 일한다.' 또 그 안에는 구분이 있다. 우리는 명령

　빼앗긴 미래의 성명서: 학창 시절의 종착역에서

하는 사람이자 명령받는 사람이고, 소비자인 동시에 소비되는 자이다. 우리는 체제에 복종하고, 차가운 건물들은 복종을 강요한다. 가르치는 이들은 자동 메시지 체제로서 모든 존경을 받는다. 소비자 만족의 논리란 고작해야 '교육 과정은 쉬웠는가?, 교사는 매력이 있었는가?, 멍청한 학생도 A 학점을 받는가?, 키보드를 몇 번 두드려서 얻는 지식의 핵심이란 무엇인가?, 인터넷을 할 때 누가 메모리를 필요로 하는가?'와 같은 것들뿐이다. 생각하는 훈련? 농담하지 마시라. 도덕상의 준비? 우울증 치료제가 준비되어 있다.

그런가 하면 그나마 정치적으로 사리를 알 것 같은 대학원생들 또한 순종의 극치다. 그들에게 일에 대한 '사명감'이란 조직에서 떨어져 나가거나 노동시장을 벗어나는 환상과 다르지 않다. 모든 대학원생은 절박한 시장 상황에서 빠져나와 섬의 경제를 꿈꾸는 로빈슨 크루소 지망생이다. 하지만 이러한 환상은 시장에 대한 끊임없는 순종을 통해서 지탱된다. 이제 낮에는 자본주의에 대한 종합적 비판을 가르치고, 밤에는 자신의 인터뷰 실력을 갈고닦는 데 최소한의 반감도 느끼지 않는다. 증상을 완화시켜 줄 노동만이 우리의 기쁨이다. 미학과 정치학은 역사 이념의 대체물로 여겨 온 폭음과 예술, 존재에 대한 질문이 이어지는 세미나를 무너뜨려버렸다. 활자는 설 곳을 잃어간다. 그리고 그 자리를 내가 아닌 다른 누군가, 여기가 아닌 다른 곳(보이는 모든 것이 좋고, 신용카드로 그것들을 모두 차지할 수 있을 듯한 곳)을 표현한 픽셀들이 차지한다.

대학원은 단지 자본주의 논리에 적응한 봉건 시대의 사라져가는 유물일 뿐이다. 스타 교수들의 '커맨딩 하이츠'[1]부터 대부분 형편없는 급여를 받는 조교수나 겸임교수에 이르기까지 빽빽이 들어찬 계급 구조를 보

라. 대학원은 베네딕트 대수도원의 중세 의식, 자신들이 하는 일의 숭고함을 주장하는 온갖 낯선 이론들, 그 일에서의 순수한 이타주의로 점철된 일종의 금욕생활이 지배한다. 아랫사람들은 대가의 도제생활이 그저 행복할 따름이고, 우리 모두 스타 교수가 될 수 있다는 허구를 지속하면서 열에 하나 되는 이들의 봉급 초과분을 메우려면 나머지 아홉이 매 학기 네 과목을 가르쳐야 하는 현실을 엄밀하게 지적할 줄 모른다. 물론 나는 스타 교수가 되고 대도시의 종신 교수가 되어서 새로 조성한 고급 주택 단지로 이사할 테니까. 우리는 결국 마르크스의 포이어바흐에 관한 제11테제를 해석하기에 이르렀다. "철학자들은 세상을 다양하게 해석해왔을 뿐이다. 하지만 중요한 것은 세상을 변화시키는 것이다." 기껏해야 우리는 도저히 뽑을 수 없는 뿌리에서 다시 시작하려는 이유 하나만으로 극단적으로 비판하고 그곳을 멸망시키는 불사조 같은 기술을 배울 뿐이다. 우리는 비판을 칭송하고 비판은 우리의 길을 밝혀준다. 하지만 우리는 자멸적인 사고를 돌파하고 실천의 요체가 될 만한 도구를 원한다. '비판'을 익힌 사람들은 냉소에도 가장 쉽게 영향을 받는다. 냉소가 단순히 열정의 또 다른 모습이라고 가정할 때 모든 좌절한 좌파 학계의 저변에는 급진주의가 숨어 있다. 미군이 2003년부터 2006년 사이에 백만 명의 이라크인을 죽였다는 사실, 금융 산업에 넌더리가 난 가난한 미국인들한테서 갈취한 마지막 한 푼, 바다가 상승하고 수십 억 인구가 죽게 될 테지만 우리가 할 수 있는 일이란 아무것도 없다는 사실을 논제로 올리면 어깨는 움츠러들고, 표정에는 활기가

1 **커맨딩 하이츠**commanding heights: 지휘소가 있는 고지. 1922년 레닌이 처음 사용한 말로 국가의 경제를 주도하는 세력이나 기간산업 등 경제의 최고 상층부를 뜻한다.

 빼앗긴 미래의 성명서: 학창 시절의 종착역에서

사라지며 당황해서 머뭇거리게 된다. 그러나 이런 혼란스러운 태도는 현 좌파가 지금~이다is와 해야만 한다ought 사이에서 이리저리 끌려 다니는 현 좌파의 분위기에서 나온다. 사람들은 대안이 없다고 느끼면서도 한편으론 새로운 세상이 가능하다고 생각한다.

우리는 까다롭게 굴지 않을 것이다. 또 다른 세상은 가능하지 않다. 하지만 필요하다. 해야만 한다와 지금~이다는 하나다. 세계 경제의 몰락은 지금 여기에 있다.

ǁ

대학은 그 자체의 역사가 없다. 역사라면 자본의 역사일 뿐이다. 대학의 본질적인 기능은 자본과 노동 관계의 재생산이다. 물론 투자자들에게 수익을 배당하거나 사고팔기에 적절한 회사는 아니긴 하다. 그래도 공립대학은 항상 이런 재생산의 기능을 관련 업계의 회사라 해도 믿을 만큼 유사하게, 그리고 효과적으로 수행한다. 지금 우리가 목격하는 것은 이 과정의 막바지이고, 그로 인해 교육기관의 겉모습이 기업의 합리화 방식에 굴복하게 되었다.

2차 세계대전 이후부터 1960년대 후반까지 지속된 자본주의의 황금기에도, 자율적으로 보이는 대학들은 이미 자본에 종속되어 있었다. 고등교육에 대한 공적 자금 지원이 절정이었던 1950년대에 대학은 '공산주의'를 패배시키고 미국의 패권을 유지하는 데 필요한 기술을 갖춘 전문 기술자들을 양성하도록 재편된 상태였다. 냉전 시대에는 자유 민주주의를 합법화하고 자유롭고 동등한 시민들로 이뤄진 상상 속의 사회를 재생산하는 역할을 맡았다. 정확히 말하면 아무도 자유롭지 못했고, 아무도 동등하지 못했기

적어도 2차 세계대전 직후만큼은 자금 지원이 원활했으므로 공립대학은 이념적 기능을 다할 수 있었다. 그러나 그러한 상황이 1960년대 들어서 돌이킬 수 없도록 변화했고, 아무리 사회 민주주의가 도로시처럼 발뒤꿈치를 부딪친다 해도[2] 죽어버린 세계는 전후 호황으로 되돌아갈 수 없었다. 1965년부터 1980년까지 미국을 시작으로 이후 나머지 산업 국가들도 수익률이 떨어지기 시작했다. 자본주의가 조성한 멋진 삶을 지탱할 수 없음이 판명된 것이다. 자본주의 아래에서 풍요는 곧 과잉생산, 업무로부터의 해방이란 곧 실업으로 나타났다. 1970년대에 들어서자 정규직이 임시직으로 전환되고 노동계급의 임금은 동결되면서 자본주의는 침체의 최후 국면으로 접어들었다. 그동안 상층계급 사람들은 우리로선 이해하기 어려운 금융마법(유지할 수 없는 마법임이 입증됐다)으로 일시적인 보상을 받았다.

공교육에 있어 장기 침체는 경제 성장률 하락과 수세에 몰린 회사들이 감세를 최우선시하면서 줄어든 세수입을 의미했다. 캘리포니아 주에서는 1970년대에 국고가 급습을 당했고 다른 지역도 마찬가지였다. 매번 내리막길로 빠지는 경기 순환도 지속적으로 타격을 주었다. 비록 시장에 직접적으로 드러나지는 않았지만, 대학과 교육 단체들도 다른 산업들과 같이 비용 삭감 논리의 영향을 받았다. 세수입의 감소는 불가피하게 임시직

---

2   라이먼 프랭크 바움Lyman Frank Baum의 동화 『오즈의 마법사*The Wizard of OZ*』에서 주인공인 도로시가 마법의 세계에서 다시 집으로 돌아가기 위해 신고 있던 은구두 뒤꿈치를 땅에 부딪치는 것에 비유한 것.

    빼앗긴 미래의 성명서: 학창 시절의 종착역에서

을 양산했다. 은퇴한 교수들의 자리는 종신교수가 아닌 불안정한 지위의 조교수, 겸임교수와 같이 일을 하면서도 훨씬 적은 급료를 받는 강사들로 채워진다. 학생들은 훈련을 받기 위해 돈을 지불했지만 일자리는 어디론가 증발해버렸고, 대학은 삭감된 비용을 벌충하려고 등록금을 인상한다.

현재 위기가 한창인 가운데 위기는 심화되고 길어질 것이며, 좌파의 상당수가 공교육의 호시절로 돌아가길 원한다. 그들은 오늘의 위기가 과거로의 회귀를 요구할 기회라고 순진하게 상상한다. 하지만 고수익률에 의존했던 사회 프로그램들과 강건한 경제 성장은 끝났다. 우리는 자본주의 사회에 자율적인 '공립 대학'이 없다는 명백한 사실을 무시하면서 돌이킬 수 없는 것들을 쓸데없이 잡고 싶지는 않다. 대학은 자본주의의 실제 위기의 대상이고, 자본은 자율 교육 프로그램을 필요로 하지 않는다. 어차피 예전부터 대학의 기능은 자본의 변화하는 필요에 부응하면서 미래 노동자들을 훈련시킴으로써 노동계급을 재생산하는 것이었다. 오늘날 대학의 위기는 노동계급 재생산의 위기이고, 자본이 더 이상 우리를 노동자로서 필요로 하지 않는 시기라는 위기다.

우리가 공교육 시스템의 회귀를 요청한다고 해서 절박한 시장에서 대학을 자유롭게 할 수는 없다. 우리가 공교육 시스템이 세워진 바로 그 시장 논리의 종착지에서 영원히 살아가니까. 우리가 달성하기를 소망할 수 있는 유일한 자율성은 자본주의 너머에 존재한다.

우리의 투쟁에서 위의 사실이 의미하는 바는 되돌아갈 수 없다는 사실이다. 과거의 학생 투쟁은 사라진 세계의 유물이다. 전후 호황이 막 흔들거리기 시작한 1960년대에 대학이라는 제한된 범위 내에 머물던 급진주의자들은 다른 세상이 가능하다는 사실을 알아차렸다. 기술 관료적인 경영에 신물이 났고 체제 순응적인 사회의 사슬을 깨고 싶었으며, 풍요의 시대와 동떨어지고 불필요한 노동을 거부하는 학생들은 노동계급의 급진파와 연대하려고 했다. 하지만 학생들의 급진주의는 자본주의 경제 논리와의 연관성이 지나치게 미약했고, 그 탓에 연대가 견고해지지 못했다. 예를 들어 식민 전쟁의 기계로 전락한 자본주의의 비판에만 초점을 맞춰 베트남 전쟁에 저항하고, 자본주의의 다른 면인 국내 노동의 착취에는 충분한 관심을 두지 않는 식이었다. 이렇게 다른 문제들을 바라보는 학생들은 노동계급에서 쉽게 떨어져나갔다. 전후 호황의 쇠퇴기에 대학은 오늘날만큼 자본에 포섭되지는 않았으며, 학생들도 빚과 척박한 노동시장에서 지금처럼 철저하게 무산계급화되지 않았다.

우리의 투쟁이 근본적으로 다른 이유가 이것이다. 그 사이 학생들의 삶은 가난에 찌들었고 약속된 출구란 없었다. 1970년대의 경제 위기가 1960년대 정치 위기로의 회귀를 무산시키려고 나타났다면, 오늘날의 경제 위기가 뒤이은 정치 반란보다 먼저 일어난 사실은 우리가 과거 투쟁들의 포용과 중립을 마침내 대체할지 모른다는 의미다. 더 이상 평범한 일상으로 돌아갈 수는 없다.

III

우리는 대학 투쟁이 끝까지 가도록 압박할 생각이다. 비록 우리가 대학 민영화와 권위주의적인 관리 체제를 공격하더라도, 구조적인 개혁을 추구하지는 않는다. 우리는 자율 대학이 아니라 자율 사회를 필요로 한다. 자율 대학은 마치 감옥 안의 독서실처럼 자본주의 사회의 한가운데에 있고, 비참한 일상생활에서 머리를 식혀주는 곳일 뿐이다. 대신 우리는 좌절한 학

 빼앗긴 미래의 성명서: 학창 시절의 종착역에서

생과 노동자들의 분노를 전쟁 선포로 전환하려고 한다.

우리는 대학의 기능화를 막는 일부터 시작해야만 한다. 사람과 상황의 평상적인 흐름을 가로막고 공부와 수업을 중단해야만 한다. 봉쇄하고 점령하며 우리의 것을 쟁취할 것이다. 그러한 분열을 대화와 상호 이해의 장애물이 아닌 우리가 해야 할 말, 우리가 이해되어야 하는 방법으로 인식할 것이다. 사회 토대의 이익에 반하는 위기가 형태를 드러냈을 때는 이런 태도만이 우리가 취해야 할 유일하고도 의미 있는 태도다. 통합하자는 요구는 근본적으로 공허하다. 현 상황을 지지하는 이들과 파괴하려는 이들 사이에 공통점이 없기 때문이다.

대학 투쟁은 직장, 지역, 빈민촌 등 거부와 반란이 시작된 새로운 순환 주기의 하나이며 한 부문일 뿐이다. 우리의 미래 모두가 연결되어 있으므로 운동도 타 부문과 연대되어야 하고, 대학의 벽을 허물고 거리로 스며들어야 한다. 최근 몇 주 동안 베이 에리어Bay Area 공립학교 교사들과 바트 BART: Bay Area Rapid Transit[샌프란시스코에서 통근에 이용하는 고속철도] 직원들, 실업자들은 시위와 파업을 벌이겠다고 경고해왔다. 이들의 운동은 위기의 순간에 다시 활개를 치는 자본주의의 다양한 노동계급 공격 양상에 대한 응답이다. 개별적으로 살펴보면 소규모인 데다 근시안적이어서 성공할 가능성이 없다. 하지만 뭉뚱그려 보면, 그들은 광범위한 거부와 저항의 가능성을 보여준다. 우리의 임무는 지하수면처럼 숨겨진 공통의 상황을 지면으로 끌어올리고 투쟁마다 힘을 북돋우는 것이다.

우리는 가까운 과거에도 교실에서 시작하여 전 사회를 급속히 에워싸며 퍼져나간 이 같은 종류의 반란을 목격했다. 불과 2년 전의 일로, 프랑스에서 젊은 노동자들을 특별한 사유 없이 해고할 수 있도록 한 최초고용계약제 반대 시위를 펼치면서 거대한 인파가 거리로 쏟아져 나왔다. 고등학교 및 대학교 학생들, 교사, 부모, 일반 조합원들, 방리유[3] 출신의 젊은 실업자들이 바리케이드의 같은 쪽에 모였다(하지만 이런 연대는 쉽게 무너지곤 한다. 도시 외곽의 젊은 이민자들과 중심가의 대학생들은 결코 어우러지지 못하고, 때로는 긴장감이 폭발할 때도 있다). 대학이 피난처와 계몽의 장소라는 환영을 본 프랑스 학생들은 자신들이 단지 직업 훈련을 받았을 뿐임을 인정했다. 학생들은 불안정한 미래에 대해 항의하고자 노동자로서 거리 시위에 나섰다. 그들의 입장이 학교와 직장 사이의 구분을 허물었고 대규모로 거부의 몸짓을 보이는 무산계급 중 많은 임금 노동자와 실업자들의 지지를 즉각적으로 이끌어냈다.

운동이 발전될수록 혁명과 개혁 사이에 긴장감이 커졌다. 내용보다는 형식이 더 급진적이었다. 학생 지도자들은 단지 현 상황으로의 회귀에 초점을 둔다고 말했지만, 젊은이들의 행동은 폭동이었다. 차를 뒤집어엎고 불을 지르고 도로와 철길을 봉쇄하고 점령의 물결이 고등학교와 대학교를 문 닫게 했다. 젊은이들은 새로운 세대에 대한 환멸과 분노의 정도를 드러냈다. 하지만 이 모든 노력에도 운동은 최초고용계약법이 결국 철회되자 손쉽게 해체되었다. 이 운동의 가장 급진적인 측면이 반란을 자본주의에 반대하는 총체적인 혁명으로 이끌려고 한 점이었으나 결정적인 지지를 보장할 수 없었다. 그리하여 시위와 점령, 봉쇄는 점점 줄어들다가 고사해버

---

3 **방리유banlieue**: 대도시 주변의 외곽 지역을 지칭하는 단어로, 특히 파리의 외곽 지역을 특정할 때 쓰이기도 한다. 파리의 방리유는 주로 이민자들이 거주하고 있으며 낡고 열악한 환경 탓에 도시 소외 계층이 사는 곳, 범죄의 온상 등으로 인식되어 있다.

렸다. 궁극적으로 운동은 혁신주의의 한계를 뛰어넘지 못했다.

2008년 12월에 일어난 그리스의 폭동은 이러한 한계들을 상당 부분 극복했고 계급투쟁에 있어 새로운 주기의 시작을 알렸다. 경찰관이 어린 아테네인을 살해한 데 반발하여 학생들은 폭동을 일으켰고 약탈에 나섰으며 몇 주에 걸쳐 대학과 조합 사무실, TV 방송국 등을 점령했다. 금융 및 쇼핑 지구 전체가 불에 탔고, 그리스 전체를 둘러싸고 도시에서 도시로 뻗어나가면서 수적 열세를 지리적인 넓이로 채웠다. 프랑스 젊은이들의 폭동에서와 같이 경제 위기는 젊은이들의 완전한 미래 부정이었다. 그리스 학생들과 불안정 노동자들, 이민자들이 주창한 결과 그들은 최초고용계약제 반대 운동의 미약한 연대를 훨씬 뛰어넘은 수준의 통합을 달성해냈다.

앞서 강조했듯이 그들은 거의 요구하지 않았다. 물론 일부 시위자들이 경찰의 체제 개혁이나 특정한 정부 정책의 비판을 시도했지만, 전체적으로 그들은 정부, 대학, 직장, 경찰에 어떤 요구도 하지 않았다. 이것이 더 좋은 전략이라고 생각해서가 아니라 이들 기관들이 제공하는 어떤 것도 원치 않아서였기 때문이다. 여기서 내용과 형식이 연결된다. 불타는 자동차와 산산조각 난 유리창과 어울리지 않게 프랑스 시위 현장에는 어디서나 긍정적인 슬로건이 존재했다. 그리스에서의 폭동은 모든 정치 및 경제 체제의 파괴를 공식화하는 뚜렷한 수단이었다. 또한 시위가 창조하는 역동성은 궁극적으로 시위의 한계를 공고히 했다. 이와 같은 상황은 아테네의 엑사르키아Exarchia[1980년대 무정부주의자들의 아성이었다] 같은 관구에 대규모로 급진적인 기반이 존재했기에 가능했다. 학생과 젊은 이민자들이 늘 출입하던 불법 건물, 술집, 카페, 사회활동의 중심지 등에 폭동이 일어나는 분위기가 조성되었던 것이다. 하지만 이런 분위기는 투쟁을 직접 본적이 없는 대다수의 중년층 임금 노동자들에게는 맞지 않았다. 많은 이들이 분노하는 젊은이들과 연대를 표했음에도, 그들은 젊은이들을 신참자로, 다시 말해 노동 시장에 들어갈 문을 찾았으나 풀타임 직장을 얻지 못한 일부 무산계급의 시위로만 여겼다. 폭동은 학교와 이민자 사회에서는 강력했지만 일터까지 확산되지는 못했다.

최근의 투쟁에서 우리의 임무는 형식과 내용 사이의 모순을 명확히 하고, 탁월한 개혁을 요구하며, 진정한 공산주의의 내용을 이행하는 여건을 마련하는 것이다. 조합, 학생, 교수진으로 하여금 다양한 '현안들'을 들이밀게 함으로써 우리는 전적으로 원하는 바를 분명히 할 때까지 긴장을 높여야만 한다. 우리는 민주화와 투명성 획보의 요구 사이에서 끊임없이 모순된 생각을 폭로해야만 한다. 얼마나 용납할 수 없는 상황인지를 보거나 우리를 속일 사람들을 뽑을 권리가 생긴다고 해서 무엇이 좋단 말인가? 우리는 비폭력을 외워대는 도덕적인 주문과 한 가지 주제에만 고정되는 특성과 더불어서 학생들의 행동주의 문화를 벗어던져야만 한다. 우리를 만족시켜줄 유일한 성공을 거두려면 자본주의 생산 방식, 불가피한 궁핍화, 21세기가 약속하는 죽음을 없애야만 한다. 우리의 모든 행동은 반드시 공산화를 향해 나가야 한다. 자유롭게 주고받는 논리에 맞추어 사회를 재편하고, 임금과 가치 형성, 강제 노동 교환을 즉각 폐지해야만 한다.

점령은 우리 투쟁의 중요한 전술이지만 점령을 개혁적인 방식으로 사용하는 경향에 대해서는 반드시 저항해야 한다. 점령을 다른 전술로 사용하면 어떠했는지를 뉴욕에서 뉴스쿨대학을 점령했던 지난 1월의 상황에서 찾아볼 수 있다. 당시 주로 대학원생으로 이뤄진 우리 측 사람들이 학생회관을 점령하기로 하고 학생과 많은 사람들이 있는 열린 공간에서 그

    빼앗긴 미래의 성명서: 학창 시절의 종착역에서

러한 주장을 펼쳤다. 이내 사람들이 동참했지만, 대부분 그 행동을 개혁, 특히 대학 총장의 퇴진을 달성하기 위한 지렛대로 활용하기를 바랐다. 점령을 전개해 나가면서 이러한 입장의 차이가 심각한 지경에 이르렀다. 학생 개혁가들이 경영진의 현실적인 양보와 함께 건물을 비우는 데 초점을 둔 반면 다른 학생들은 요구하기를 전적으로 꺼렸다. 그들은 점령의 핵심을 자본주의 시대와 공간에서 일시적으로 좋은 기회를 마련하고, 새로운 사회를 그려놓은 윤곽을 재편성하는 것으로 보았다. 우리는 반개혁주의자의 입장을 지지한다. 우리는 이러한 자유 지대가 부분적이고 일시적일 것임을 알고, 사람들이 현실과 가능성 사이에 표출하는 긴장감이 투쟁을 보다 급진적인 방향으로 압박할 수 있음을 안다.

이것이 일반화될 때까지 우리는 다음과 같은 전술을 활용하려고 한다. 2001년 아르헨티나의 첫 피케데로스piqueteros[실업자들이 정치화된 노동조합원처럼 행동하는 아르헨티나 실업노동자들의 운동]에서 사용해야만 했던 투쟁 형식은 도로를 봉쇄하여 곳곳에서 상품의 유통을 막는 방법이었다. 그런데 단체들 간 어떤 공식적인 조정도 없었는데도 몇 달 만에 이 전술이 전국으로 확산되었다. 이런 사례를 감안하여 우리도 같은 방법을 거듭하면 점령을 대학 안팎으로 본능적이고도 즉각적인 혁명 방식으로 점령을 정착시킬 수 있다. 우리는 지난해 미국의 대학과 노동 현장에서 새로운 점령의 물결이 이는 광경을 보았다. 학교는 뉴스쿨대학과 뉴욕대학이었고, 노동 현장은 공장 폐쇄에 맞서 공장을 점령한 시카고의 리퍼블릭 윈도우즈 공장이 [4]

---

4   2008년 12월 부당 해고 통보를 받은 260명 노동자 대부분이 밀린 임금과 퇴직금을 반드시 지급해야 하는 연방 노동법을 내세워 대규모 연좌시위를 벌임.

었다. 이제 우리 차례다.

우리의 목표를 달성하려면 우리의 대표자로 자처하는 단체에 의존하지 말아야 한다. 유용할 것으로 판단되면 노동조합과 학생연합과도 기꺼이 협력할 수 있겠지만, 그들의 권위를 인정하지 않겠다. 우리는 중재에 기대지 말고 자발적으로 직접 행동해야만 한다. 또한 협상이나 조정을 위해 학교나 직장으로 돌아가라고 말하면서 투쟁을 한계 지으려는 단체와는 연대를 중단해야만 한다. 프랑스의 경우도 그랬다. 국립 고등학교 및 대학 학생연합과 일부 노동조합들이 시위의 원래 요구사항들을 만들었다. 하지만 대표 단체들이 침착한 대응을 요구했으므로 다른 단체들이 선두에 나섰다. 그리스에서도 노동조합들이 시위를 취소하고 자제를 요청하면서 자신들의 반혁명적 특성을 드러냈다.

대표자들에게 휘둘리는 상황 대신 우리는 학생과 노동자들이 조합의 경계를 넘어 조직을 구성하기를 바란다. 우리는 학부생과 조교, 강사, 교수진, 서비스 노동자, 직원들이 자신들의 상황을 논의하고자 함께 모이기 시작할 것을 촉구한다. 우리가 서로 얘기를 나누고 공통의 관심사를 찾기 시작할수록 경영진은 우리로 하여금 줄어드는 자원을 두고 절망적인 경쟁을 벌이도록 부추기기가 더욱더 어려워진다. 최근 뉴욕대학과 뉴스쿨대학의 투쟁은 깊이 있는 연대가 이뤄지지 않아 고생했다. 그들의 경험에서 배울 만한 교훈이 있다면 공동의 적에 대한 인식을 바탕으로 연대 조직을 밀도 있게 구축해야 한다는 점이다. 이 조직은 우리가 회유와 중립에 저항하는 데 힘이 될 뿐 아니라, 새로운 종류의 공동 연대를 구축하는 데 힘을 보탤 것이다. 탄탄한 연대는 투쟁의 진정한 토대이기에.

바리케이드에서 만나자.

　빼앗긴 미래의 성명서: 학창 시절의 종착역에서

캘리포니아를 점령하라 : UC 산타크루즈 캠퍼스 점령에 참여한 대학원 학생회의 성명서

우리는 현 상황을 옹호할 수 없기에 UC 산타크루즈 캠퍼스의 건물을 점령하고 있다. 전국적으로 사람들이 일자리를 잃고 쫓겨났으며 사회 복지 사업은 줄어들었다. 주 정부 공무원부터 대학 총장까지 캘리포니아 주의 지도자들은 이번 위기에 대처해나갈 방식을 이렇게 설명했다. "모든 일과 모든 사람에게는 예산의 제약이 따른다." 그들은 자신들이 저지른 재정 관리 부실의 결과로부터 몸을 빼고 대신 지불 능력이 없는 사람들이 부담을 짊어지고 있다. 해결책이라고 내놓은 방법들은 단지 캘리포니아 주의 부패를 가속화할 뿐이다. 이제 우리의 것을 차지하는 일만 남았다.

긴급한 재정 상황을 구실로 오늘날 공교육에 공격을 가하는 것은 장기적인 추세의 최고점일 뿐이다. 캘리포니아 주의 역진세 구조는 무상교육에 대한 1960년의 종합 계획을 약화시켰다. 이런 풍토에서 K-12[유치원부터 12학년에 이르는 학생들을 인터넷으로 연결해 교육하려는 미국의 정보 교육 프로젝트명] 교육의 질과 해당 학생들의 성과는 어떤 방법으로 측정해도 하락한 것으로 나온다. 지역 전문대의 강좌 축소로 인해 5만 명이 넘는 캘리포니아 주의 젊은이들이 고등교육의 입구에서 외면당했다. 캘리포니아 주립대^{CSU}는 2010~2011년 사이에 전 캠퍼스의 학생 수를 4만 명까지 줄일 예정이다. 우리에게도 같은 일들이 벌어지고 있기에 전국의 모든 학생이 연대하며 버티고 있다. UC에서는 경영진이 학생의 등록금을 전례 없이 높은 10,300달러, 한 해에 32%를 인상토록 할 계획이다. 여름방학이 끝나고 돌아온 대학원생과 강사들은 자신들의 일자리가 줄어들었음을 알았고, 교수진과 직원들은 무급 휴직을 강요당했다. 모든 학과가 약탈당했다. 학생들은 더 많은 돈을 내는 데 반해, 학부생과 대학원생들을 위한 수업은 들어가기가 더욱더 어려워졌다. 대학이 회사처럼 돌아가고 있는 것이다.

솔직해지자. 대학 교육을 마치면 재정적 안정을 보장받는 삶이 가능하리란 기대는 어느덧 환상으로 전락했다. 우리가 추구하는 일자리는 학교를 다니며 구한 일자리보다 나을 게 없다. 학생들 중 거의 4분의 3가량이 대부분 풀타임으로 일하고 있다. 그런데도 학생들의 대출 규모는 1977년부터 2003년까지 800%나 증가했다. 이렇듯 악화되는 상황과 캘리포니아 주 전역의 충격받은 노동자들, 그 가족들은 직접적인 연관이 있다. 주 전체에 걸쳐 실업자가 2백만 명에 이르고, 2천만 명의 노동자 중 150만 명 이상이 불완전고용 상태다. 전에는 안전했던 중산층 노동자들도 압류당해 집을 잃었고, 공황 시대에나 있었던 판자촌이 캘리포니아 주 곳곳에서 갑자기 등장했다. 위기는 심각하고 광범위하지만 예산 적자를 메우려고 주 정부와 주 의회가 내놓은 해결책이란 고작 베이크 세일^{bake sale}[빵, 과자 등을 만들어 파는 자선 바자]을 조직하는 것일 정도로 완전히 엉터리다.

우리는 가치 없는 논쟁을 반드시 끝내야 한다는 사실을 인정해야 한다. UC 경영진과 새크라멘토^{Sacramento}의 호소는 형편없다. 우리는 대항하는 이들이 아닌 함께 투쟁하고 있는 사람들에게 호소한다. 우리는 평소처럼 업무로 돌아갈 형편이 아니므로 대학에서 열리는 행동의 날 단 하루로는 충분치 않다. 캘리포니아 주 거주민들이 함께하는 운동을 계획해야만 한다. 몇 번이고 당파적 요구가 지도자들로 하여금 우리를 등지게 만들었고, 그들이 점차 희박해진다고 말한 자원을 두고 벌인 경쟁에서 우리를 교사에 반대하는 사회 노동자, 학생에 반대하는 간호사, 공원 경비원에 반대하는 도서관 사서로 분열시켰다. 이번 위기는 총체적이고, 반란도 총체적이어야 한다. 단계적인 확대가 절대적으로 필요하다. 우리에게 다른 선택권이란 없다.

점령은 투쟁을 확대하려는 전술이고, 최근 시카고의 리퍼블릭 윈도우즈 공장과 뉴욕의 뉴스쿨 대학에서 이 전술이 사용되었다. 이는 캘리포니아 주 전역에서도 일어날 수 있다. 학부생, 대학원생, 교수진과 교직원들로서 우리는 UC의 모든 사람이 내일도, 그 다음날도, 정해지지 않은 미래를 위해 수업 거부와 파업으로 계속되는 이번 점령을 지지해주기를 촉구한다. 우리는 캘리포니아 주 거주민들이 점령해서 이를 확대해나가기를 촉구한다.

패배는 계속될 것이다[A]

시위에서 지향으로 옮겨 갈 것인가,

여러분은 짓밟히고, 체포되고, 파멸하리라.

위의 글은 2009년 10월 15일 2차 UC 산타크루즈 캠퍼스 점령 현장 밖에서 두 학생들에게 가한 경찰관들의 공격이 전하는 메시지였다. 두 학생은 좋은 의도(자본의 입에 쐐기를 박자)로 피크닉 테이블을 건물 쪽으로 옮기다가 경고도 없이 페퍼 스프레이 공격을 받았다. 한 학생은 수갑이 채워지고 체포되어 경찰차에 내던져졌으며 지금은 정학 위기에 처했다.

이보다 놀라운 일이 있을까? 경찰관들이 이 학생들을 다루는 방식과 이미 왜곡된 비용에 따라 학생들의 삶을 공격하는 경영진이 학생을 다루는 방식에는 차이가 없다. 우리의 삶은 영구적으로 공격받고, 이 위기를 꼭 이뤄야 할 총체적인 혁명으로 바꿀 때까지 패배는 계속될 것이다.

왜 학생들이 '우리의 것'이라고 주장하며 건물 입구에 바리케이드를 치기 시작했던가? 저항과 해방의 물리적 공간을 수중에 넣기 위해서였다.

그렇게 함으로써 우리가 포위 상태에서 살고 있음을 명확히 하고, 그에 찬성하라고 옭아매는 사슬과 자물쇠를 실제 물건으로 구체화시키기 위해서였다.

위의 사건은 우리에게 이런 해방의 공간이 법의 테두리를 벗어나 바리케이드 안에만 존재함을 가르쳐준다. 건물 안에 있던 학생들은 체포를 면했다. 건물 밖의 학생들은 공격을 받고 억류됐다. 우리에게 자유로운 공간은 무력으로 쟁취한 곳밖에 없다. 우리 모두 배워야 할 뼈아픈 교훈이다.

우리 가운데 일부는 그 교훈을 남들보다 더 빨리 배웠다. 안주하지 않고 용기 있는 행동으로 처벌받은 동료들에게 끝없는 관대함을 보여주자. 기꺼이 행동하는 이들에 대한 우리의 지지는 구체적이고 즉각적이며 단호했다. 앞으로 상호 협조를 위한 조직 체계는 필수적이다.

우리는 경찰의 탄압을 자초하려는 의도의 과장된 시위에는 흥미가 없다. 그러나 운동이 보다 전투적으로 나아가기에 경찰의 무자비함과 경영진의 징벌적인 특성들은 끊임없이 모습을 드러내리라는 사실을 안다. 재산과 사람이 대치할 때 경찰은 재산의 대리인이고, 재산의 권리를 지켜주려고 박봉을 받는다. 그들이 착취당하는 노동자와의 연대를 거절하면 착취 논리에 도전하는 누군가를 공격하면서 벽, 쓰레기통, 피크닉 테이블 따위의 신성함을 보호하는 셈이다. 우리는 그들의 공격에 대응하는 전투 정신과 공격받는 이들을 향한 지지를 반드시 지켜가야 한다.

이번 체포는 우선 올해 캘리포니아대학 캠퍼스들에서 벌어진 학생들의 저항을 목표로 삼았다. 앞으로도 이런 일이 더 있을 것임을 안다. 억압과 저항 사이에 절대적인 적대 관계가 날로 확실해지는데, 그 아닌 어떤 다른 일이 있겠는가?

재산의 파수꾼인 군인들을 그저 경멸할 뿐이다.

아무것도 요구하지 마라. 모든 것을 점령하라.

조사하고 파괴하라!

A   UC 산타크루즈의 인문대 제2관 점거 후인 2009년 10월 18일에 발행.

왜 점령인가?

왜 점령인가? 왜 바리케이드인가? 사람들을 부채와 강제 노동에서 풀어주려는 해방운동이 왜 빌딩 문을 걸어 잠그나? 대학에 들어가려는 사람들에게 갈수록 높은 장벽을 세우는 대학을 개탄하던 사람들이 왜 바리케이드를 치게 되었나? 이는 역설이다. 곳곳이 열려 있고 수많은 학생과 교사, 노동자들이 오고가는 UC 버클리 캠퍼스의 공간이 사실은 외관상으로만 열려 있다는 이야기다. 사회의 모습이 그렇듯 본질적으로 대학은 닫힌 공간이다. 이 나라의 대다수 젊은이들에게 대학은 계급, 인종, 시민권의 가치에 따라 닫혀 있고, 단지 바닥을 청소하거나 식당에서 음식을 나르는 일을 하러 들어가는 박봉의 노동자들에게 닫혀 있다. 정치적 측면에서도 무익한 항의를 넘어서 배제된 데 의문을 제기하거나 답하는 이들에게 대학은 닫혀 있다.

건물 점령하기, 경찰을 상대로 입구 봉쇄하기는 관례나 규칙에 따라 우리를 지배하며 누가 어디에, 언제, 어떻게 가는지 결정하는 재산 관계로부터 최대한 구출하는 방식이다. 봉쇄라는 행위는 내부의 우리(그리고 우리와 동참한 이들)가 자유롭게, 자발적 의지로 어떻게, 누구를 위해 권력을 사용할지 결정할 수 있도록 잔악하고 무심한 권력들이 행하는 행정을 무효로 만들 포문을 열었다. 대학은 이미 자본, 국가, '비상 통치권'을 행사하는 독재 정권에 점령당했다. 물론 우리의 진정한 목표는 건물이 아니라 사회적 관계의 시스템을 바로잡는 것이므로 건물 점령은 단지 첫 단계일 뿐이다. 가능하다면, 일단 이 공간을 완전하게 해방시키고 대학의 불공정한 관례, 예산 규정과 계획적 특권으로 철저하게 자신을 비호하는 경찰과 경영진으로부터 우리를 성공적으로 보호하고 나면, 우리와 함께하길 원하는 모든 이에게 문호를 개방하고 자유롭게 사람들이 이 공간을 활용할 방법을 성하도록 할 수 있으리라. 하지만 경찰이 대여섯 시간이나 하루 정도 후면 우리를 끌어내려고 문을 열어놓은 채, 건물 안에 앉아 감시하는 한은 그렇게 할 기회가 없다. 우리 인원이 무기한 공간을 점거할 만큼 충분하면 자물쇠도 필요 없을 텐데.

우리의 목표는 또렷하다. 이 공간에서 단순한 진실을 널리 알리고 싶은 것이다. "그래, 결코 여러분의 것이 아니던 것을 가질 수 있다." "그래, 대규모 감원에 맞서 노동자들은 일터를 점거할 수 있다." 3분의 2에 달하는 집들이 비었거나 정부의 후한 태도에 힘입은 은행에 압류당한 지역 사회에는, "이 집들을 점령하여 살 곳이 필요한 이들에게 나눠주자." 꼭 가능한 이야기는 아니다. 그러나 현 상황에서 우리에게 제공될 가능성이 어느 때보다도 희박해졌으므로 필요한 이야기다. 유명한 이단자[독일의 급진적 종교 개혁자인 토마스 뮌처를 말한다]가 "만물은 만인의 것이다"라고 말한 짤막한 금언이 가르침을 주지 않는가. 이것은 우리들 공동의 재산이다.

우리는 이 원칙을 보편화하는 발판으로 가능하다면 여기 그리고 또 다른 장소를 사용할 생각이다. 다른, 그리고 또 다른 건물 점령의 발판이 되고, 파업을 지속시키며 그 범위가 대학을 넘어 더욱 넓어지는 데 디딤돌이 되고자 한다. 그렇게 해야 우리는 우리가 원하는 바가 아닌 우리가 할 일을 정할 수 있다. 만약 이번에 실패하고 뜻대로 미치지 못한다면 어쩔 수 없겠지만 소명은 남을 것이다.

왜 지금 당장인가?

다가온 평의회 표결이(마크 유도프^{Mark Yudof}와 UC 총장 및 총장실에서 제안한 등록금 32% 인상안의 비준이 거의 확실하다) 모욕과 상처로 점철되는 길고 장황한 이야기의 최근 내용임이 틀림없다. 하지만 이는 겉보기에 학교 밖 사회와는 달리 폭력이 자취를 감춘 공간인 UC가 부정할 수 없는 진실의 순간이다. 건설사 채권 구입을 위한 학교 측의 등록금 강탈은 부채에 속박된 우리에게 부채를 주제로 한 더욱더 웅장한 이야기를 들려준다. 신용카드 빚과 모기지 부채, 평생 갚아나가야 할 등록금 대출이 그 속에 담겨 있다.

무엇을 위해 빚이 늘어만 가는지 학생들이 눈치 채길 바란다. 착취하고, 만연한 실업으로 이미 위태로워진 미래 임금을 또 삭감하기 위해서이니. 솔직해지자. 모든 장식들을 떼고 보면 대학 교육은 직업 훈련의 한 형태다. 우리는 미래에 더 많은 임금을 확보하려고 지금 당장 돈을 지불하고 있다. 일종의 투자인 셈이다. 하지만 대학의 위기와 고용의 위기는 많은 이들에게 학위를 얻고자 지불하는 금액이 향후 얻게 될 혜택을 훨씬 넘어섬을 의미한다. 우리는 적어도 잘못된 투자라고 결론지을 수 있다.

하지만 잠시 뒤로 물러나서, 공립 대학이 계급 이동과 미래에 대한 견고한 투자로서 예전의 영광을 되살린다는 의미가 무엇인지 생각해보자. 여기저기서 몇몇 사람들의 지위가 올라가고 또 그 지위가 흔들리지 않도록 담보해주는 시스템의 회복쯤이 되겠다. 우리가 희망할 수 있는 최선책은 '다음에는 다른 사람들이 망할 것이다' 정도다. 이 사실에서 벗어날 수 없다. 대학 학위에 대한 절대적인 평가절하가 없다면 모든 이가 대학에 접근할 수 없다. 대학 구하기는 다름 아닌 가난을 구제하는 것이다. 이는 '일부는 공부하고 일부는 바닥을 청소하는 시스템을 구하는 것'과 같은 논리가 교육 시스템 전체에 적용됨을 의미한다. 사회 전체를 변혁하지 않고 K-12 교육의 불평등을 감소시킬 방법은 없다. 학교는 이러한 불평등을 양산하도록 설계되어 있다. 그늘이 농능하게 자금 지원을 받고 공정하게 운영하며, 우리가 여전히 계급 사회에 살고 있다면, 그곳에서 받는 교육이 미래 생계라고 주장하는 것은 의미가 없을 것이다. 최하층 계급이 있어야만 한다. 이는 교육의 진실이다. 그리고 이는 우리가 학교에서 절대 배우게 될 리 없는 사실이고, 연대하기 위한 모든 몸짓에도 불구하고 더욱더 심하게 착취당하는 대학 노동자들로부터 학생운동을 구분 짓게 만드는 요인이기도 하다.

이런 이유로 우리의 공간이었던 적이 없던 대학을 점령하고 이 공간을 새롭게 활용해야만 한다. 대학이 투쟁을 확산시키고 강화하며 사회 전반에 걸친 의사소통에 있어 매개체와 전파 도구로써 구심점의 가치를 지닌다면, 우리가 근로 소득을 지켜내고 등록금을 낮추는 등 도처에서 개혁을 성취한다면 이곳(우리가 점령한 대학 건물)은 우리를 행복하게 해줄 것이다. 우리는 이러한 성취가 대학에서 일하고 공부하는 사람들에게 얼마나 의미 있는가를 이해한다. 하지만 그들이 이 사회 전체에서 얼마나 무의미한 존재인지도 안다. 어떤 면에서 보면 대학 구하기는 망해가는 길목에 서 있는 대학을 저지하는 것이기도 하다. 그렇다면 우리와 대규모 운동 사이에 해결할 수 없는 모순이란 없을 것이다. 우리가 운동의 한 측면이니까.

왜 요구하지 않는가?

첫째, 지금 우리가 무언가를 이긴다는 것이 너무 사소하기 때문이다. 파업과 건물 점령, 방대한 인원의 집결 등 과거의 무수히 많은 학생 투쟁들이 몇 개월, 몇 년에 걸쳐서 이뤄졌지만 그들이 이미 잃었던 것의 절반만 회복했고, 그 절반은 1, 2년 후에 다시 빼앗겼다. 하지만 어떤 경우라도 지금까지로 봐선 등록금 축소 또는 동결, 정리 해고와 무급 휴직 중단같이 가장 온건한 요구에 해당하는 사항들을 쟁취하기에도 인원이 턱없이 적은 형편이다. 이런 요구들은 단지 작년이나 재작년의 상황으로 되돌리는 것에 불과하다. 극도로 소심한 평가에 근거하느라 불충분해진 요구라고 해도 말이다. 우리가 눈을 높여 무상교육과 최대한의 차등 임금제(3~5배까지), 교수진과 학생, 노동자들이 운영하는 대학을 추구한다면 전면적인 혁명과 다름없는 실천으로 이를 달성할 수 있음을 즉각 알아채야만 한다. 그리고 우리가 우리를 둘러싼 현 체제를 무너뜨릴 수 있을 만큼 충분히 강하다면 왜 우리가 걸음을 멈추고 앞서 말한 것들에 만족하겠는가?

요구 사항의 합의로서의 협상 과정은 운동에서 위험한 단계다. 그것은 종종 죽음을 알리는 신호가 된다. 이에 대한 환상이 우리에게는 없다. 우리가 충분히 강력한 힘을 지녔다면, 모든 협상이나 합의를 거절하는 입장을 고수한다면 어떤 개인이나 단체가 접근하여 우리를 위한 협상을 시작할 것이다. 회피란 없다. 일단 우리가 위협적인 존재가 되면 흥정이 시작될 것이다. 처음이나 두 번째의 요구 사항들이 가치 있어 보인다면 우리는 조언을 얻게 되는 셈이다. 먼저 위협적인 존재가 되어라. 그러면 무언가를 얻으리라. 하지만 부스러기를 두고 싸우려고 한다면 결코 위협이 될 수가 없다.

현재 존재하는 요구 사항의 전체 이론은 근본적으로 오해받고 있다. 요구 사항은 사실 현 권력에 발송하는 메시지가 아니다. 그들에게 우리의 말은 들리지 않는다. 모두 알고 있지 않는가. 어떤 경우에라도 그들은 진정서나 요구서에 대해 결코 답변한 적이 없으며, 폭력만을 사용했을 뿐이다. 요구 사항의 실제 수신인은 우리 편이지 그들이 아니다. 요구가 언명하는 사람을 규정한다. 요구는 주어진 투쟁에 연대하는 사람과 아닌 사람을 결정하며, 투쟁의 한계를 설정한다. 그리고 요구 사항들은 항상 일부 당파나 단체들을 배제하기 마련이다. 물론 우리가 그것들이 투쟁할 때 조직체를 구성하고 통합하는 수단이란 측면에서 유용할 것이라고 생각하지만, 이런 조직체는 단지 부분적이고 파편적이며 나중의 지원에서는 쏙 빠질 뿐이다. 일부 단체들은 그들의 요구 사항을 절충하는 상세한 목록을 만듦으로써 이 문제를 피하려고 하지만, 그런 해결책은 늘 엉터리로 끝나곤 한다. 이것이 우리가 요구하지 않는 이유다. 왜냐하면 우리는 억압당하고 착취당하는 모든 사람과 연대하고 싶으니까. 우리는 누가 먼저가 되어야 한다고 말하지 않겠다. 그 순서는 스스로 발생하고 우리와 함께 서 있음으로써 정해질 것이므로.

왜 이 건물인가?

음, 완벽하니까. 그렇지 않은가? UC는 학생들에게 어느 때보다 터무니없이 높은 등록금을 거둬들이고, 불명예스러운 확장(위태로운 시기에 축구장, 하

         반자본주의 프로젝트 Q & A

이테크 연구센터, 행정동 신축 등에 13억 5천 달러를 투입)을 계속하려고 노동자들을 가난으로 내몰았다. 그렇기에 우리는 축적 전략의 중추들 가운데 하나이자 사람보다 건물을 중요시하는 논리의 한 경유지인 이 학교가 최적의 목표물이라고 생각한다. 사실상 자본 프로젝트다. 엄밀한 의미에서 자본주의 기업처럼 수익을 추구하는 곳이 아니더라도 대학은 그 어느 때보다 높은 수준의 개인 부채를 새 건물로 탈바꿈시키는 기관이 되었으며, 우리의 살아 있는 행동을 무기물로 굳혀 우리에게 되돌아오도록, 즉 새로운 부자유의 미궁이 되도록 설계한다. 이 모든 활동은 결국 자본 프로젝트를 약간 꾸며놓은 것에 불과하다. 성장, 확장, 증식, 투자가 이뤄지지 않는다면 자본이란 아무것도 아니고, 인간의 요구를 조금도 고려하지 않는 가운데 자기 길만을 갈 뿐이니까. 이는 기필코 자본을 키우고 늘려가겠다고 하는 UC에서도 마찬가지다. 『월 스트리트 저널』 1면이 우리에게 말하듯이, 그들은 모든 성장을 좋은 성장으로 본다. 국내총생산은 질적 성장을 측정하지 않는다. 국내총생산에서는 한 무더기의 권총이나 말라리아 치료약의 가치가 같다. 성장하거나 죽거나 해야 하는 시스템이고, 점점 많은 자원과 에너지를 필요로 하며 무슨 일을 하느냐에 상관없이 더욱더 많은 노동자들을 필요로 한다. 이는 개혁과 기술의 조합, 소비자 윤리로는 증가하는 생태 위기를 해결할 수 없다는 이유를 알려주는 것이다. 기본적으로 한계를 모르는 시스템의 위기 때문이리라. 그래서 우리는 이곳, 지속 가능한 사무실이자 부동산 사무소에서, 자본 프로젝트의 관점에서 입장을 밝히는 것이다. 우리는 사람들에게 필요하지 않은 것을 더 이상 만들어내지 않겠다. 오늘이 아니다. 여기, 자산 취득과 부동산 최적화를 조정하는 이 건물에서 우리는 자본 축적 논리에 종속되기를 거부한다. 그리고 우리와 연대하는 모든 이에게 캠퍼스 및 그들의 지역 사회 내 다른 공간을, 또한 일터를 점령하고, 상황의 법칙과 무기물의 규칙 거부를 촉구한다. 매우 쉽다. 점령할 건물들이 수없이 많다. 우리는 다 함께 "누구의 대학인가? 우리의 대학이다!"라는 구호를 외칠 수 있고, 또 정말로 그렇다.

2009년 11월 18일, 버클리에서

UCLA 캠벨 홀 점령 현장에서 날아온 성명서

2009년 11월 19일, 대략 오전 12시 반쯤 학생들이 UCLA 캠벨 홀을 점령했다. 우리가 성명서를 발표하고 요구 사항을 밝힐 때가 된 것이다. 법원의 강제 명령에 대한 우리의 답변은 이렇다. "요구 사항이란 없다." 정말이지 요구할 것이 없다. 우리는 쟁취하고 점령하겠다. 당연한 권리로 모든 이에게 소속되어야 할 공간에서 당당하게 걷는 법을 배워야만 한다.

환상과는 거리가 멀다. UC 평의회는 예산 삭감과 등록금 인상안을 표결할 것이다. 뿌리 깊은 비민주적 특질을 지닌 의사 결정 과정, 교육비를 마련하고 일자리를 지키려고 고군분투하는 사람들의 곤경에 대한 그들의 무관심은 놀랍지도 않다.

우리는 이 위기가 평의회와 새크라멘토의 범죄라 할 만한 예산 삭감, 경제 위기를 뛰어넘어 우리 사회의 근본 토대가 지닌 구조적인 문제 탓임을 안다. 하지만 동시에 이 사태의 심각성이 '대책 없음'의 변명이 되고 있음을 주지하고 있다.

우리의 모습을 찾을 수 있는 곳, 생활하고 공부하는 우리의 대학에서 싸우고 저항하기로 했다.

우리의 투쟁에 공감하는 이들에게 동정에 그치지 말고 적극적인 지지를 보내달라고 호소한다. 학교에 다니면서 두세 가지 일을 병행하는 학생들, UC의 헌장 위반으로 앞으로 학비를 감당하기 어려워진 학생들의 부모, 해고된 교사와 강사, 외면하는 학생, '고용 없는 성장 경제'에서 대학 졸업장의 가치 상실을 목격한 노동자들까지 이 모든 사람에게, 또 그 밖의 사람들에게 말한다.

"우리의 투쟁은 여러분의 투쟁입니다. 여러분에게 잡을 용기만 있다면 여러분이 대안을 쟁취할 수 있습니다."

투쟁이 확산되어야 한다는 우리의 입장은 단호하다. 요구를 실현하려면 필요한 조건이므로.

대학 측에서는 평화로운 시위와 대학 점령에 최대한의 경찰 병력을 가동해 대응하리라 예상한다. 위쪽에서 빙빙 맴도는 헬리콥터 소리도 들린다. 우리는 점령을 통해 겸허하지만 단호하게 배우고 가르칠 작정이다. 두렵지 않다. 어디로도 숨지 않겠다.

2009년 11월 19일, 로스앤젤레스에서

   UCLA 캠벨 홀 점령 현장에서 날아온 성명서

므라크 홀 점령을
돌아보며: 평가

사람들은 '협상'과 '지속적이고 건설적인 대화'를 양보하기, 긴장 완화, 대학 투쟁을 쫓아내는 수단 정도로 상상해왔다. 확실히 그렇기는 하다. 하지만 어젯밤 므라크 홀에서의 협상과 대화는 경찰의 위협과 즉각적이고 억압적인 경영진의 노골적인 연장 수단이기도 했다.

이유는 우선 다음의 상황 때문이었다. 협상이 주로 지난주 점령 때 경찰의 역할에 초점을 맞추었던 탓에 우리의 관심이 현재의 공동 연대와 대학의 미래가 아닌, 친구와 동료들에게 가했던 불의에 대항하는 과거 지향적 투쟁으로 쏠렸다. 물론 그 투쟁도 우리 연대에서 중요한 일부분이고, 부분적으로나마 어젯밤에 거둔 승리가 사소한 일은 아니다. 허나 협상이 끝나갈 무렵, 열정적인 한 학생이 "나는 취하된 혐의 때문에 연행된 것이 아니다"라고 지적했다. 그 말이 맞다. 짐작컨대 그녀는 정부 입법자와 기회주의 행정관들의 신자유주의 안건들이 초래한 우리네 삶과 대학의 파멸을 끝내라는 온갖 요구들로 상황이 급박하게 돌아간 탓에 체포되었을 것이다.

경찰이 동석하지 않은 상태로는 협상이 진행되지 않았다는 사실로만 봐도 대화가 얼마나 억압적이었는지 알 수 있다. 자넷 공Janet Gong 부총장과 처음 대면했을 때, 그는 경찰관들의 호위 하에 자리를 잡고 나서야 협상을 시작했다. 경찰국장이 우리에게 "이들은 폭동 진압 경찰이 아닙니다"라고 알렸으나 알고 보니 '무장한 경찰 특공대원들'이었다. 대화를 나누는 동안 특공대원들이 19일이었던 화요일과 마찬가지로 므라크 홀의 출입문을 봉쇄하기 시작했다. 학생들이 경영진과의 대화를 중단하고 그 문들을 지켰다는 단순하고도 구조적인 사실을 유념해야 한다. 학생들은 끝도 없이 되풀이되는 대화에서 빠져나와 전략적인 위치를 잡았다. 그들이 경찰에 대항하여 건물 배치를 지켜내는 현실적인 임무를 실행하려면 근본적으로 수행사 역할을 해야 하는 대화의 각본에서 자기 자신을 제거해야 했다. 어젯밤 성공적으로 출입문 봉쇄를 막아낸 일은 우리의 요구 사항에 대해 얻어낸 궁극적인 양보를 넘어서는 최고의 승리였으리라.

출입문 봉쇄에 실패한 경찰은 다음으로 화장실을 막았다. 이번에도 그들은 진정으로 충실해야 할 '협상'의 정신과 신의를 저버린 셈이다. 지난주에 친구가 과격하게 체포되는 모습과 UC 버클리 캠퍼스에서 잔혹하게 구는 경찰관들을 포착한 비디오 영상을 본 학생들은 경찰 배치 상황에 비통한 감정을 표하면서 경찰에게 학교를 떠날 것을 요구했다. 경영진과 경찰국장은 잠시 가능성을 '타진'해보겠다며 건물을 비웠다. 하지만 그들은 나가서 헬멧을 쓰고 무장한 경찰 2열을 내보냈는데, 그 경찰들은 군중 사이를 활보하고 다니면서 문을 점검하고 복도 한쪽과 계단 상단에 자리를 잡았다. 그 후 화장실로 가는 모든 통로를 막았다. 이 확실한 전술로 점령 참가자들을 건물에서 해산시키고 경영진이 유리한 결과를 얻어내도록 협상에 압력을 가하는 두 가지 소득을 동시에 거두려는 의도였다. 그리고

30분이 되자마자 부총장, 경찰국장, 무장한 경찰 특공대 한 명이 '대화'를 재개하려고 건물로 복귀했다.

　　UC 데이비스 캠퍼스의 향후 점령에서도 '경찰 특공대가 캠퍼스에 머무는 한 어떤 경우라도 경영진과의 대화란 없다'는 분명하고 단호한 원칙을 고수해야만 한다. 경영진이 "필요하다면 언제든지 학생을 체포하라"고 경찰 측에 이미 요청했다면 협상은 위선이고, 위선으로 대접받아야 한다. 경영진이 대화 상대를 억압하고 위협하고자 진압 요원들을 미리 불러둔 것이라면 더 이상 '논의'란 없다. 11월 18일부터 22일 사이에 UCLA·데이비스 캠퍼스·버클리 캠퍼스·산타크루즈 캠퍼스에서 벌어진 일들을 쉽게 잊을 수 없을 것이다. 경영진이 효과적으로 캠퍼스를 장악하려고 경찰을 배치했고, 학생들과 교수진이 무더기로 체포되었으며, 산타크루즈 캠퍼스의 교수 한 명은 2층 테라스에서 추락해 현장에서 들것으로 이송됐다. 또 UCLA의 학생들은 전기 총을 맞았고, 데이비스 캠퍼스의 한 학생은 자동차 후드에 계속 내던져졌으며, 버클리 캠퍼스에서는 폭력적인 경찰 기동대한테 폭행을 당하고 불구가 된 학생도 있었다. 야경봉과 전기 총, 진압용 방패가 경영진의 공권력 확장 도구가 되었다. 이 모든 일은 대학 민영화를 거부하는 학생들의 건물 점령에서 비롯되었다. 반면 유럽의 대학생들은 몇 주나 건물을 점유했지만 경찰의 대응이 전혀 없었다. 지난주에 전개된 일련의 사태(그리고 계속되는 잔혹 행위에 대한 UC 경영진의 책임)는 언젠가 결과를 낼 것이다. 우리는 반드시 공동으로 저항하고 투쟁해나갈 것이다. 더불어 자신들의 적의와 무능함을 증명한 경찰 배치를 중단할 때까지 우리의 복지야 어떻든 관심조차 없는 경영진과는 어떤 대화에도 응하지 말아야 한다.

결과적으로 일종의 승리라 할 만한 11월 24일 므라크 홀의 일에 대해서는 다른 이야기도 있다. 승리의 다른 양상들 말이다. 또 어제 오후와 밤에 거둔 것이 승리라면, 이는 경영진의 특정한 요구들이 우리와 맞아떨어졌기 때문이 아니다. 연습으로 다듬어진 우리들 지성의 승리였다. 그날은 놀랍도록 딱 들어맞는 다수의 전망과 입장의 일치가 연달아 일어났다. 함께 이야기를 나누며 우리는 공동 투쟁이라는 상황에서 많은 혼란을 주고 분열시킨 논란들을 뚫고 나갈 가능성을 보았다. 우리는 조력자도 무기도 없이 해냈다. 경영진이나 경찰과 얘기할 때면 우리의 목표와 동기, 공동의 지혜가 그들보다 한수 위라고 느꼈고, 즉시 우리 행동의 합법성과 고결함을 마음에 새겼나. 올끈음의 위력을 느꼈다.

므라크 홀에서 자신들을 드러내 보인 사람들 중에는 '학생'도, '교수진'도, '교직원'도 없었다. 의욕적인 분별이 낳은, 결과의 강인함을 측정해 주는 공동의 결의만이 있었을 뿐이다.

11월 24일, 데이비스에서

   므라크 홀 점령을 돌아보며: 평가

하노이에서 디즈니랜드 매직 킹덤까지, 다시 돌아보는 27일간의 농성

호세 라구아르타José Laguarta

푸에르토리코대학 교수연합APPU 회원.

2010년 4월 21일 수요일, 날이 밝아오자 대부분 마스크를 착용한 2백 명의 학생들이 임시로 만든 나무 방패와 차량 통제용 플라스틱 드럼을 휘두르며 푸에르토리코대학UPR: University of Puerto Rico의 역사 깊은 리오 피에드라스Río Piedras 캠퍼스의 주 차량 출입구에 나타나 입구를 사슬로 걸어 잠갔다.

그리하여 지속적인 캠퍼스 점령이 시작되었고, 현재 푸에르토리코 대학 11개 캠퍼스로 퍼져나가 푸에르토리코 전역에서 최초로 일어난 공립대학의 전 캠퍼스 농성이 되었다. 그리고 2005년 리오 피에드라스 학생들의 농성(29일간 지속) 이후 미국 자치령에서 일어난 어떤 농성 중에서도 가장 오래 지속된 농성이다. 끝이 보이지 않는 푸에르토리코대학의 2010년 농성은 머지않아 푸에르토리코 역사상 가장 오래 진행된 대학 점령이 될 것이다.

학생들의 세 가지 주요 요구 사항은 다음과 같다. 첫째 우등생, 운동선수, 교직원 및 그 가족들의 재정 보조를 배제토록 한 '서티피케이션 98Certification 98' 무효화, 둘째 여름 학기 등록금 인상 중단, 셋째 재정 투명성 확보.

"

리오 피에드라스Rio Piedras 캠퍼스의 파업 참가자들은 내부의 이원화된 투쟁을 '베트남과 디즈니'라고 농담 삼아 불렀다. 전자는 급진적인 인문학 및 사회과학 전공 학생들이 통제하는 앞문이고, 후자는 상대적으로 온건한 법학 및 자연과학 전공 학생들이 통제하는 뒷문을 가리킨다. 이 비교는 각기 다른 때에 양쪽 입구에 배치된 적이 있는 경찰한테서 들은 적이 있는 내용이다.

협상(일반화와 단순화 적용에 관계된 통상적인 단서들) 측면에서 '베트남'은 파업을 사회 변혁을 꾀하는 광범위한 투쟁의 일부로 인식해, 실질적인 성공과 장기적인 운동 수립 보장을 추구하는 강경한 접근 자세에 호의적인 경향이 있있다. 반대로 '디즈니'는 파업을 경영진과의 총체적인 공존을 모색하기 위한 필요악으로 여기는 경향이 있었고, 압력을 가함으로써 경영진에 위험부담을 넘겨주는 식으로 손에 넣기 쉬운 성공을 확보하는 쪽을 선호했다.

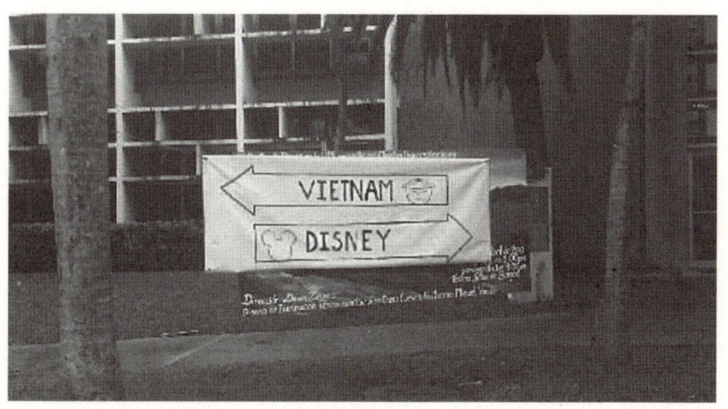

 하노이에서 디즈니랜드 매직 킹덤까지, 다시 돌아보는 27일간의 농성

경영진은 파업 첫 두 주 동안 16명의 학생들이 구성한 협상위원회(각 캠퍼스의 '기초위원회' 대표자와 지지자들을 포함)의 합법적 인정조차 거부했고, 나중에는 마지못해 나섰지만 일부러 꾸물거리며 지연시키려고 했다. 그동안 많은 단과대 학장과 행정 조교들은 대학 보안 팀의 통제 아래 있어 바리케이드를 칠 수 없던 입구로 드나들면서 학생들과의 대치를 유발했다. 학생과 교수들은 피켓 라인을 유지하고는 있으나 경찰 배치가 계속되면서 효과적으로 강행할 어떤 희망도 막혀버렸다. 학생이나 교수들이 파업을 방해하는 경우는 무시해도 될 정도여서 다행이었다.

이사회는 당초 학생들의 요구 사항을 자체적으로 '연구'하는 다섯 명으로 구성된 위원회를 꾸렸다. 푸에르토리코대학의 호세 라몬 데 라 토레José Ramón de la Torre 총장은 결국 공적으로 자금 지원을 받는 합법적인 비정부기구NGO 인권위원회의 중재를 받자 곧 협상위원회와 만났다. 이미 파업을 반대하는 소규모 학생들의 모임인 '침묵하는 다수Silent Majority'를 공개적으로 만나 축하했으면서도 말이다. 이 모임은 비록 파업을 반대하는 입장이었지만, 경영진으로 하여금 협상을 통해 상황을 타개하도록 했음이 나중에 밝혀졌다.

이사회 전체가 학생들과 만날 의도가 있음을 밝힐 때까지 진전이 없었다. 며칠 동안 기대감만 지속되다가 교착 상태에 빠졌다.

이 글을 쓰는 지금, 지난 목요일인 5월 13일에 열린 대규모 학생 집회에서 만장일치에 가깝게 학생 농성이 승인되자, 리오 피에드라스 캠퍼스의 총장인 안나 과달루페Ana Guadalupe가 이에 대응하여 7월 31일까지 행정부 폐쇄를 선언한 상태다.

당시 집회는 경영진과 제휴한 '리오 피에드라스 학생회의'였는데, 캠퍼스 밖에서 경영진의 의사대로 진행되었다. 이들은 학생들이 농성에 반대하고 졸업에 열을 올리거나 아니면 3주 이상 지속된 불확실과 긴장감에 지쳤기를 바라면서 학생들을 몰아가고, 끝내기 표결을 부치거나 적어도 일시적이나마 파업을 중단시키려고 애썼다. 그 계획은 자리에 모인 3천 명 이상의 학생들이 압도적인 표로 파업 지속을 결의하며 실패로 돌아갔다.

예상치 못한 승리에 이어서, 참석자들은 현 정부의 신자유주의 '긴축 정책'이 불러온 광범위한 예산 삭감 정책에 반대 입장을 표하고자 의회 건물까지 행진했다. 긴축 정책 외에도 수만 명의 공공 근로자들의 해고를 합법화한 악법인 '공법7Public Law 7'을 적용하여 푸에르토리코대학의 자금 지원을 법적으로 보장한 및 가시 주요 항목들을 제시했나. 이로써 유출뇌는 재원이 추가되었다.

다른 캠퍼스들은 향후 파업 여부를 결정할 집회를 아직까지 열지 않았다. 1만 8천 명의 절대적인 학생 규모와 호전적인 투쟁의 역사 등을 볼 때 다른 캠퍼스들도 리오 피에드라스 캠퍼스의 현 추세를 따를 가능성이 높다. 그러면서도 각 캠퍼스가 저마다 지도력을 키우고 투쟁 과정에서도 개별적인 요구를 해왔음을 부정할 수 없다. 리오 피에드라스 캠퍼스와 더불어 마야궤스Mayagüez 캠퍼스, 휴마카오Humacao 캠퍼스는 각기 디지털 라디오 방송국도 구축했을 정도다.

전 캠퍼스에서 벌이는 광범위한 파업 운동이 5월 6일 금요일에 조직되었다. 11개 캠퍼스에서 온 수천 명의 학생과 지지자들이 이사회와 리오 피에드라스 협상위원회가 논의 중인 총장실까지 다 같이 행진했다. 경찰은 시위자들이 출퇴근 시간 중에 어쩔 수 없이 중요 교차로에서 대규모 피켓 시위를 벌이고 몇 시간 동안 부분적으로 교통 정체를 유발하게끔 입구

          하노이에서 디즈니랜드 매직 킹덤까지, 다시 돌아보는 27일간의 농성

부터 봉쇄했다.

한편 협상 과정에서 배제된 다른 캠퍼스들의 항의가 잇따르면서 모든 캠퍼스의 대표자들이 참여한 전국조정위원회 National Coordinating Committee 가 결성되었고 현재는 이 위원회가 경영진을 협상 테이블로 앉히려는 노력을 주도하고 있다.

푸에르토리코대학 이사회와 리오 피에드라스 캠퍼스의 협상위원회 사이의 협상은 결국 경영진이 학생들의 '서티피케이션 98' 폐기 요구를 거절함에 따라 결렬되었다.

경영진은 대신에 이론상으로는 중요한 양보를 한 대체 협정을 제시했다. 하지만 여기에는 페더럴 펠 그랜트 Federal Pell Grants[연방 정부의 재정 보조금]를 받는 학생들의 학비 면제를 폐지하는 독소 조항이 포함되었다. 이는 생계 곤란으로 지원을 받는 가난한 학생들이 성적에 따른 면제 혜택을 받지 못하도록 해 이들을 노골적으로 차별하는 불법적이고 헌법에 위배되는 수단이다.

조심스럽게 조직한 기업 언론의 작전이 그때 시작되었다. 파업의 끝이 눈앞에 보이며 이제 공은 학생들에게 넘어갔다는 주장이었다. 경영진은 베트남파가 받아들일 리 없는 재정 보조금-학비 면제 교환안을 제시하면서 협상위원회를 분열시켜 급진파들을 물러나게 하고 고립시키려는 바람을 내비쳤다.

하지만 이런 시도는 파업 학생들이 참여한 논의에서 '파업 지속'이 압도적 지지를 받고 디즈니파가 똘똘 뭉치도록 독려하는 결과를 낳으며 끔찍한 실패임이 입증됐다.

그러자 이사회는 '민주적'으로 일을 해결하기로 결정했다. 모든 학생에게 질문을 던지고, 캠퍼스 외부와 신문 광고에 수백만 달러의 돈을 들여 (지원금 감축이 불러온 재정 위기로 학생들이 시위하고 있건만) 학생 협상단이 서명한 예비 협정서를 '동의안'으로 둔갑시켰다.

그러나 그들의 뜻대로 흘러가지는 않았다.

5월 13일 역사적인 집회가 다시 한번 학생들에게 유리하게 흐름을 바꾸어놓았다. 하지만 다음날 악명 높은 경찰의 폭동 진압대가 리오 피에드라스 캠퍼스 주변 1마일 범위를 봉쇄하여 파업 참가자 및 지지자들에게 환멸을 안겼다.

캠퍼스 안에서 시위하는 아들에게 음식과 물을 전하려던 아버지가 구타당하고 체포되었다. 경찰 서장 호세 피게로아 산차 Jose Figueroa Sancha 는 나중에 음식과 물의 배급을 차단하고 문제가 되는 사람은 누구라도 재판에 회부하라는 명령을 개인적으로 받았다고 밝혔다. 경영진 역시 캠퍼스 시설 내부의 물과 전기 공급 차단도 요구하겠다고 발표했다. 같은 날 얼마 후에는 신체장애가 있는 대학원생이 잠깐 캠퍼스를 벗어났다가 얼떨결에 얻어맞고 경찰 차량으로 끌려가 체포됐다. 경찰관들은 그 학생을 도우려고 한 행인들에게 최루액을 뿌렸다. 그 학생은 가까운 병원에서 치료받고 그날 밤 늦게야 기소 없이 풀려났다.

하지만 경찰의 진압 강도가 다시 세지면서 대중의 지지가 눈에 띄게 늘어났다. 애매한 법원 명령들에도 불구하고 경찰이 음식과 물의 공급을 봉쇄했지만 수백 명의 지지자들이 TV 카메라 앞에서 음식이 든 가방과 물병을 울타리 위로, 경찰들의 머리 위로 던져 넣으면서 일찌감치 봉쇄를 효과적으로 무너뜨렸다. 이렇게 음식 전달이 계속되는 한편, 경찰이 계속 자유로운 접근을 막으면서 때때로 실랑이도 벌였다. 그날 그 현장에 수천 명

   하노이에서 디즈니랜드 매직 킹덤까지, 다시 돌아보는 27일간의 농성

의 사람들이 몰려와 캠퍼스 양편에 자리한 입구에서 거대한 피켓 라인을 만들었다. 오후 한때는 정문을 관통하던 폰세 데 레온 거리Ponce de León Avenue에 지지자들이 밀려들어 교통이 통제되기도 했다. 이때 울타리를 넘어 캠퍼스로 진입하려는 학생들이 경찰이 통제하기 어려울 정도로 큰 무리를 이뤘고, 시위는 밤까지 이어졌다.

다음날에 사람들이 늘었다 줄었다를 반복했고 경찰의 가혹 행위도 그에 따라서 변동을 거듭했다. 한 번은 한 유명한 의사가 고열 환자가 있다는 보고를 받고 학생을 치료하려고 캠퍼스에 진입하려 했으나 경찰관들이 그를 무력으로 밀어냈다. 결국 가까스로 진입이 허용되기는 했다. 글을 쓰고 있는 지금도 느슨해졌다가 다시 팽팽해지는 대치상황이 지속되고 있다.

새롭게 구성된 전국협상위원회가 이사회에 새롭게 정비한 제안을 제시했으나 아직 소용이 없다. 학생들 사이의 공공 연대와 의욕은 높지만, 이 시점에서 대학 경영진과 정부 양측을 배후에서 조종하는 자본주의 거물들의 굳건하고 비타협적인 태도는 푸에르토리코에 대치 상황을 이끌어낸 대중의 운동만이 깰 수 있다.

노동조합들은 공동으로 다음 주 화요일인 5월 18일에 24시간 조업 중단을 요청했다. 그들이 기꺼이 참여하고 성사시킬지는 두고 볼 일이다. 이 조합들 중 상당수는 예전에 '미국 노동총동맹-산별회의ALF-CIO'와 '승리를 위한 변화Change-to-Win'[미국 노동총동맹-산별회의에 이어 미국 제2의 노조연합체] 소속이었는데, 과거 굴복했던 사건의 여파로 신뢰와 힘을 크게 잃었다.

다른 면들을 보아도 그들은 양 지배 정당이 주도하는 과거 정권 편에서[1] 농성을 금하는 악명 높은 공공 서비스 노동조합 법, 억압적이고 인기 없던 판매세, 군대와 일반인 및 독립 교사들의 연합을 깨뜨리려고 한 시도를 지지한 바 있다. 또한 많은 이들은 그들이 작년 10월 15일 '전국적 파업' 이후 정리 해고와 민영화에 반대하는 대규모 운동을 조직할 기회를 살리지 못했다고 믿는다.

한편 지속적으로 강력하고 진심 어린 일반인들의 연합은 아직 계획을 발표하지 않았다. 일부에서는 그들의 지연이 무엇보다도 파벌 간의 다툼 때문이 아닌지 의심하고 있다. 비즈니스 모델의 '국제적' 특성과 달리, 일반인 연합은 중요한 결정을 내리기 전에 실질적으로 여러 사람들의 기반을 염두에 두어야 한다.

이제 투쟁은 5월 18일에 보여줄 일반 노동자와 시민들의 수용 능력과 기꺼이 행동하고 거리를 가득 메울 수 있는 자발성, 그리고 그것을 뛰어넘는 독립적인 그들만의 리더십이 관건인 중대 국면에 접어들었다. 재정적으로든 행동으로든, 국제적 연대의 표현이 그 어느 때보다 절실하다.

2010년 5월 17일

---

1   친연방주의를 표방하며 미국의 주州로 승격을 주장하는 신진보당PNP과 친현상유지 입장을 보이는 민주인민당PPD을 말한다.

    하노이에서 디즈니랜드 매직 킹덤까지, 다시 돌아보는 27일간의 농성

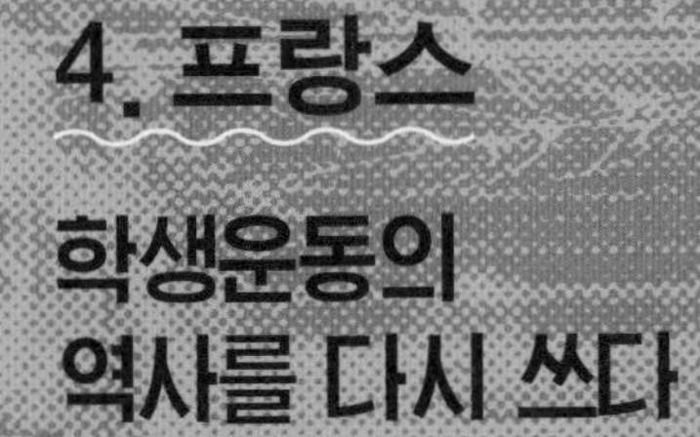

4. 프랑스

학생운동의 역사를 다시 쓰다

프랑스인의 교훈 : 투쟁은 계속된다[A]

세바스티앙 뷔젱Sebastian Budgen

버소Verso 출판사 편집인이자 『역사
유물론Historical Materialism』의 편집진.

대개 당황스러워하기나 경멸을 숨기지 않는 북유럽 및 영어권과는 대조적
으로, 남부 유럽에서는 일반적인 젊은이들의 반란, 특히 학생운동을 진심
어린 정치 행위자들의 반란으로 매우 진지하게 다룬다. 그들이 직면하는
억압도 적당히 균형 잡힌 편이다. 적어도 1968년 5월 이후 프랑스는 학생,
대학생, 방리유 젊은이들의 집결로 지난 40년 이상 좌파 우파 할 것 없이
(특히 우파) 정부에 지속적인 위협이 되어왔고, 지난 5년은 빈도와 변화하는
형식이 특별히 풍부하기까지 했던 극단적인 시기였다. 물론 프랑스에서
대학 이하 학생운동은 다양한 계층에 충격이 미치지 않는 순수한 그들만
의 투쟁으로 제한된다. 하지만 학생들은 1968년에 그랬듯이 다른 부문에
평행 폭발을 일으킬 만한 상대적으로 자율적인 과정의 틀을 짤 수도 있고,
'유연한 착취'(혹은 '불안정성précarité') 같은 폭넓은 관심사에 대해 노동자들과
뜻을 모으거나 반향을 일으킬 수도 있다(뒤에 이와 관련하여 2006년 최초고용
계약제, 이하 CPE 반대 투쟁을 살펴보겠다). 그게 아니라도 사실 학생들은 훨씬
광범위한 전선 안에서 급진적인 촉매제로서의 역할을 해낼 수 있다(2010년

연금 개혁 반대 운동처럼 말이다). 청소년들이 거리로 나올 때 프랑스 지도층이 느끼는 초조함은 이같이 변화무쌍한 본질의 인식에 뿌리를 두고 있다.

수준 높은 행동주의, 노동조합주의, 대학 내 급진적 정치 논쟁, 어린 학생들에게까지 '전염된' 열기로 기억될 '붉은(좌파의) 시대'라 불리는 시기는 1968년부터 시작해 1970년대를 관통하며 뻗어나갔다. 동시대의 많은 노동조합과 정치 운동가들(그중에는 사회주의 정당의 현 거물급 인사들도 섞여 있다)은 이 격동의 시대에 대한 기억으로 정치를 논했고 그 기억을 간직하고 있다. 1980년대 초 다른 사회 운동들은 단과 대학에서 행동주의의 쇠퇴를 목격했다. 또 1981년 좌파가 승리에 도취한 사이, 긴축을 계기로 수뇌부 분열이 두드러졌는가 하면 국민전선Front National[극우 정치인 장 마리 르펭Jean-Marie Le Pen이 설립한 프랑스 극우 민족주의 정당]이 출현하면서 사회주의자들이 대거 우익으로 급선회했다. 새롭게 대통령으로 선출된 자크 시라크Jacques Chirac의 우익 정부는 레이건과 대처를 흉내 내다가 전형적인 프랑스 스타일로 방향을 돌렸다. 하지만 시라크 정부는 곧 1986년의 고등교육 개혁인 일명 '드바케 개혁Réformes Devaquet'(불운한 알랭 드바케Alain Devaquet 장관의 이름을 붙였다)으로 불을 지폈다. 프랑스의 어느 '개혁적인' 우익 정부에 있어 11~12월은 치명적이었다. 프랑스 전국학생연합-독자민주조직UNEF-ID: Union nationale des étudiants de France-Indépendent Démocratique이 관여하고 지지한 모든 대학에서 최고 총회를 기초로 한 학생조정위원회 주도의 대규모 시위운동이 발발했다. 전국학생연합-독자민주조직은 수백만 명의 사람들을 끌어들였고, 그 세대의 정치 의식을 무수히 불태운 비극으로 기록되었다. 한 사례를 보자. 12월 6일, 22세의 학생 말릭 오세킨Malik Oussekine이 라탱지구의 재즈 클럽에서 나와 학생들이 경찰관들과 대치하며 바리케이드를 치고 있던 시위대의 후

미로 들어갔다. 경찰관이 모터사이클을 타고 곤봉을 휘두르며 뒤쫓자 오세킨은 이웃 건물의 홀 안으로 피했지만, 이내 잡혀서 공권력의 손에 구타당한 끝에 목숨을 잃었다. 나흘 후 파리의 페르 라쉐즈 Père Lachaise 묘지에서 열린 장례식에는 대략 40만 명이 참석했고, 전국적으로 많은 사람들이 침묵시위에 동참했다. 학생조정위원회는 노동조합들에 총파업을 선언할 것을 요청했다. 실제로 자발적인 조업 중단이 생겨났고 장례 행진 대표단의 절반가량이 노동조합에서 온 사람들이었다. 동시에 일어난 일은 아니지만 드바케 장관이 사임하고 시라크는 곧 폐기될 그 개혁안을 발표했다.

1980년대와 1990년대 초 신자유주의 합의라는 납빛 하늘을 관통한 두 번째 태양 광선은 1994년 젊은이들의 폭동이었다. 단언하건대 이 폭동은 1년 후 철도 및 공공서비스 노동자들이 주도한 운동의 전환점을 알리는 전조였다. 신자유주의 성향의 에두아르 발라뒤르 Édouard Balladur 총리 체제에서 우익 정부는 고용진입법안 CIP: Contrat d'insertion professionnelle 을 2월에 통과시키려고 했는데, 이 법안은 26세 이하 젊은이들에게 최저 임금의 80%만을 지급하고 고용할 수 있는 단기 고용계약제(6개월에서 1년까지)를 허용해 청년 실업을 해결하려고 했다. 3월 3일부터 25일까지 3주 동안 집중적인, 때로는 격렬한 시위가 불붙었고 그전까지는 상대적으로 수동적인 노동계급이었던 테크니컬 칼리지 학생과 교외 젊은이들이 적극적으로 동참했다. 130개 도시에서 70만~100만 명에 이르는 시위자들이 참가해 300여 건의 시위가 일어났으며 낭트와 리옹에서 경찰과 대규모 충돌을 빚었다. 한 번 더 정부가 물러섰고 법을 철회했다.

1995년부터 2000년 사이에는 학생운동이 주로 재정 문제에 초점을 맞추고 재원이 열악하거나 지방에 위치한 대학에 집중되었으며, 공공 부문 파업을 선도했다(실제로 정부는 양 진영의 접근을 저지했음을 즉각 인정했다).
다양한 학생운동이 부상했으나 대체로 소규모에 그쳤던 때이기도 하다.
다만 이 시기에 프랑스 최대 학생 단체인 프랑스 전국학생연합UNEF: Union
nationale des étudiants de France을 '재통합'한 소득이 있었다. 매우 의미심장하게도
학생들은 사회당 출신의 교육부 장관 클로드 알레그르Claude Allègre(1998년
에 그는 자신의 승리를 주장했다)의 신자유주의 개혁안에 반대하며 일제히 반
란을 일으켰다. 이로 인해 교사, 젊은이들은 당시 총리였던 리오넬 조스팽
Lionel Jospin 정부와의 갈등이 깊어졌음은 물론이고 자발적으로 시위에 참여
했으며, 비록 드물긴 해도 좌파 정권 아래서 정치적 승리가 가능하기도 했
다(4년 후 조스팽은 교사와 젊은이라는 결정적인 표심을 잃고 고통을 겪어야 했다).

2002년 4월 대통령 선거에서 조스팽은 2차 선거 진출에 실패했고, 괴
물의 형상을 한 장 마리 르펜이 그를 대신하여 결선에 진출해 자크 시라크
후보와 겨뤘다. 이 일은 젊고 어린 수많은 참가자들을 끌어 모은 거대 시
위를 촉발시켰다. 열기로 불안정했던 4월과 5월의 몇 주 동안 시라크 주변
에 형성된 '신성 동맹union sacrée'은 정치적으로 매우 미덥지 않았고 혼미한
공황 상태에 빠지도록 불을 지폈다(르펜의 존재는 사회당의 표심 붕괴를 보여주
는 산술적인 징후 이상이었고, 인종주의자나 친파시스트 유권자가 대거 증가하기보다
는 예전 '복수 좌파Gauche Plurielle' 정부에 관여했던 여러 후보자들이 난립했다). 당시 많
은 시위자들의 의식은 극단적으로 고지식하고 순수했다. 수만 명의 젊은
이들에게 이 결집은 건전한 반인종주의 본성을 표현한 것으로, 첫 번째 정
치 경험이었다. 조작이 관여되었을지는 몰라도 이 사실을 아예 부정할 수
는 없으리라.

물론 다음날 아침은 씁쓸했다. 특히 2003년 연금 개혁에 반대하는 첫

번째 대규모 시위는 조합 연맹들 간의 연대가 약했던 탓에 실패하고 기반
도 약화되었다. 다음 해에는 사회 운동이 수렁에 빠지기까지 했으나 2005
년에 각기 별개지만 매우 중요한 세 가지 사건들로 강한 인상을 남겼다.
첫째 사건은 당시 교육부 장관이었던 프랑수아 피용이 제안한 고등학교 시
스템 개혁으로 비롯되었다. 2004년 12월부터 2005년 4월에 걸쳐 처음에
는 교사연합이, 다음은 인상적인 학생운동으로 개혁안에 이의를 제기했다.
2005년 1월 6일 경찰이 '말썽을 일으킨다'고 판단한 1,200개 학교를 조사
했으나 이는 긴장감을 높이는 데 도움이 되었을 뿐이다. 학생연합뿐 아니
라 새로 조직된 조정위원회들(자발적으로 조직된 고도로 민주적인 조직으로 1986
년 학생 투쟁 때 처음 등장했고 이후 1986년과 1988년 간호사, 철도 노동자 파업에서
확산됐다)이 주도한 학생 시위는 2월에 시작해서 2월 10일은 프랑스 전역
에서 10만 명까지 불어났으며, 2월 15일에는 15만 명까지 다시금 증가했
다. 정부가 일부 물러섰지만 전국의 조정위원회는 피용의 개혁안 완전 철회
등 최대 요구 사항을 유지했고, 3월 8일 20만 명(경찰 추산 16만 5천 명)이 거
리로 나섰다. 3월 10일 노동조합들은 생활비 상승에 항의하는 '행동의 날'
을 요구했으며, 이날은 전국적으로 백만 명이 모여 파업하고 시위를 벌
였다.

　　불행하게도 운동은 바칼로레아^{baccalauréat}[프랑스의 대학입학 자격시험]에
관한 정부안 일부를 철회하는 부분적인 성공을 거두는 데 그쳤다. 게다가
3월 8일 시위는 시위자들과 다른 젊은이들(대략 7백~천여 명으로 추정) 간의
일부 충돌로 얼룩졌다. 이 젊은이들은 런던 노팅힐 축제 기간에 날뛰고 다
녀 고소당한 '증기선의 폭도들'처럼 시위 대열을 헤집고 다니며 다른 사
람들의 휴대폰, 돈 등을 강탈하고 폭력을 휘둘렀다. 이 같은 사고들은 분

　　프랑스인의 교훈: 투쟁은 계속된다

명 동질적이거나 조화로운 집단과 거리가 먼 프랑스 '젊은이'들 내의 사회적, 공간적, 민족적인 분열의 표현이었다. 그렇지만 특정 언론의 방송인들은 이 사건들을 완전히 날려버렸다. 『르몽드 *Le Monde*』지와 아코메 앗자이르, 라디오 샬롬 Radio Shalom 의 도움을 받아 방송인들은 과격하고 신경질적인 '반백인 인종주의' 관념을 퍼뜨렸고 이는 '반백인 박해 ratonnade'에 반대하는 호소로 연결되었다. '반백인 박해'는 알랭 핑키엘크로트 Alain Finkielkraut, 자크 쥘리아르 Jacques Julliard, 베르나르 쿠시네 Bernard Kouchner 등 전문가들과 더불어 급진파이자 친팔레스타인 좌파인 피에르 앙드레 타기에프 Pierre-André Taguieff 의 '반유대주의 Judeophobia' 논란으로 세상에 알려진 개념이다.

정치적 기운을 정화하는 데 도움을 준 두 번째 사건은 2005년 5월 유럽 헌법조약 European Constitutional Treaty 국민 투표를 부결시킨 'No' 캠페인의 놀라운 승리였다. 모든 역경을 이겨내기도 했거니와, 더욱 중요한 점은 전 주류 정당들의 합의와 조약에 호의적인 거의 모든 언론에 반하여 시민들이 완전히 아래에서 위로 집결했고, 캠페인 조직은 광범위한 전선 구축에 성공한 사실이다. 진보적이고 반민족주의, 반신자유주의 성향의 전선은 모든 기대에 대항해왔으며 이 나라 각 분야의 엘리트들 앞에서 악명 높은 비난자의 역할을 했다.

마지막으로 2005년 10월과 11월에 프랑스 역사상 가장 오랫동안 도심 폭동이 지속되었고, '긴급 상태'를 선포하기에 이르렀으며, 심지어 일부(극우파 필립 드 빌리에 Philippe de Villiers 같은 사람들)는 군대와 탱크를 투입하자는 요구까지 했다. 10월 27일 센 생 드니 Seine Saint-Denis 의 코뮌 commune[프랑스의 최소 행정 구역] 클리시 수 부와 Clichy-sous-Bois 의 한 건물에서 절도 혐의로 경찰의 추격을 받던 부나 트라오레 Bouna Traoré(15세), 지드 벤나 Zyed Benna(17세),

무히탱 알툰Muhittin Altun(17세) 세 명의 젊은이들은 전력공사 변전소 안으로 대피했다. 그러다가 트라오레와 벤나는 감전사하고 알툰은 심각한 화상을 입은 채 탈출했다. 경찰은 즉각 이 사고에 대한 책임을 얼버무리는 작업에 돌입했고 당시 내무부 장관이던 니콜라 사르코지Nicolas Sarkozy가 대열의 맨 앞에 나섰다(실제로 두 경찰관은 끝까지 기소되지 않았다). 그날 저녁 클리시 수 부와에서는 경찰 기동대 차량에서 실탄을 쏘고, 그 후 최루 가스통을 지역 회교 사원에 발포했다는 사실을 들어 폭동이 시작되었다. 충돌은 곧 번져 나가 통합 정보국RG: Renseignements Généraux[정치, 첩보 분야에 특화된 경찰의 정보기관]이 '비조직적인 폭동 형태'라고 명명한 3주간의 폭동에서 11월 7일 274개 코민괴 지구에서 9,000대 이상의 차량이 전소되고, 수십 곳의 공공건물 및 상점 등이 불에 탔다. 그 밖에 4,770명이 체포되고 백 명 이상의 경찰관들이 부상을 입었다. 충돌 지역을 감안해 이들의 프로필을 판단하건대, 이들 대다수는 이민 가정 출신이고 학교 중도 탈락, 실업, 매우 불안한 일자리와 빈곤의 타격을 가장 심하게 받는 계층이다. 하지만 학문적으로 '성공한' 사람들도 유사한 형태의 사회적, 공간적, 인종적 차별과 불이익을 받는 대상이다. 그런데도 두 부류 사이에 커다란 '간극'이 있다며 자칫 완전히 구별 지을 위험이 있다(누군가가 그렇게 몰아가려고 한다).

어떤 면에서는 2005년에 경험한 높은 사회적, 정치적 전압이 다음 해의 봉기, 즉 최근의 투쟁들에서 가장 인상적이고 성공적이던 2006년 2월~4월 반고용계약제에 대한 항의 운동을 준비한 셈이라는 주장이 지나치지 않다. 실제로도 도미니크 드 빌팽Dominique de Villepin 총리 정부는 예상되는 청년 실업과 그 문제로 지난해 폭동이 일어나게 된 사회 분위기를 감안해 고용계약제의 수정안 '기회균등법Loi pour l'égalité des chances'[자유로운 해고 가능

   프랑스인의 교훈: 투쟁은 계속된다

기간을 2년에서 1년으로 바꾸고 해고 사유를 명시토록 함]을 제안하여 3월 31일에 채택했다. 사실 고용계약제는 2005년에 상당히 쉽게 통과된 신고용계약제CNE: Contrat Nouvelles Embauches를 단순히 확장시킨 법이다. 신고용계약제는 20명 미만의 기업체에서 사유 고지 없이 2년 이내에 자유롭게 해고할 수 있는 제도다. 신고용계약제는 노동 시장의 '유연성' 재고를 위해 적용 연령을 26세 이하 전체로 확장했고, 사업장의 규모 제한도 없앴다. 신자유주의의 정교한 논리를 따르던 정부는 이 법이 특정 고용인으로 '고정되는' 두려움을 없애주고 노동자의 고용을 '재확인'시켜 주는 조치이며, '취업 못하는' 졸업자들을 양산하고 경제 현실과 동떨어졌다고 비난받는 대학이 기업과 보다 가까워지는 기회라고 주장했다. 이제 와서 돌이키기란 어렵겠지만 당시 '유연한' 노동 시장으로 대변되는 미국의 사례는 특히 청년 실업 측면에서 따라가야 할 본보기로 대접받았다. 하지만 신사회연구원New School of Social Research의 데이비드 호웰David Howell은 미국과 프랑스의 비율 차이는 통계적인 환상에 불과하다며 다음과 같이 설명했다.

> 미국-프랑스 양국 간에 전체 청년 인구 대비 실질 실업률은 거의 같다. 왜 그럴까? 미국 학생 대부분이 시간제 일을 하지만(그래서 '고용'으로 산출된다), 프랑스 학생은 그렇지 않은 탓이 크다.

> 프랑스의 인구 대비 남성의 청년 실업률은 8.6%이며 미국은 8.3%이다…… 인구 대비 여성의 청년 실업률은 프랑스는 7.4%, 미국은 6.5%로 양국 모두 남성보다 낮다. 그런즉 적절한 척도를 활용하면 청년층의 인구 대비 실업률은 프랑스와 미국의 차이를 분별하기 어렵다.

그렇지만 실제로 프랑스 학생들은 고용계약제 이전에도 '유연한 착취'나 '불안정'의 위협을 받았다. 51~60세 노동자와 26~30세 노동자들의 수입 차이가 1977년 15%에서 2005년 40%로 크게 벌어졌고, 부모와 함께 거주하는 15~26세 학생들의 경우 57.1%에 이른다. 학업과 일을 병행하는 대학생들은 약 47~48%로 이들이 하는 일은 대부분 최저 임금에 매우 불안정하며 '인턴직'은 말할 것도 없다.

이전의 폭발적인 과정에 비해 잉크의 얼룩처럼 무척 느리게 번져나가는 반고용계약제 운동의 놀랄 만한 특징은 대규모로 교육학적인 움직임이 펼쳐진다는 점이다. 이 교육은 국제금융관세연대ATTAC: Association for a Taxation of financial Transactions in Assistance to the Citizens[세계화와 신자유주의에 반대하는 국제적 운동 단체] 등에서 유럽 헌법조약을 계몽하는 것과 비슷한 이치다. 또 불안정 고용이 '일상화'된 지 몇 년이 지나서야, 마땅히 반대해야 할 고용계약제에 매우 호의적이었던 젊은이들을 설득한다. 더욱이 운동가들은 젊든 늙었든 모든 봉급생활자들에게 영향을 끼치는 업무상의 갖가지 변모를 공격해 의문을 확대할 수 있고, 그럼으로써 그들 뒤의 노동조합들을 끌어올 수 있다. 실질적으로 1968년 5월의 '실패한 만남'과 냉정하게 대조하면, 2006년의 학생들은 특히 대규모 시위 이전에 노조와 연대하고 노동자들을 끌어들이려고 떼를 지어 일터로 향했다. 실제 협상에 개입해 적극적 거부 의사를 밝힌 도미니크 드 빌팽도 그의 적들이 전면적인 거부에 나서도록 한몫 거들었다.

프랑스에서 가장 오래 지속된 이 운동은 몇 가지 중요한 특징들로 묘사될 수 있다. 첫째, 대학 건물에 봉쇄 전술을 광범위하게 적용한 것이다. 전술들로는 피켓 시위, 점거, 가구나 도구를 활용한 물리적 차단 등이 있

  프랑스인의 교훈: 투쟁은 계속된다

다. 둘째, 내부적으로 긴장감과 마찰이 있었음에도 고용계약제 철폐라는 주된 요구 사항을 두고 결정적으로 학생 및 노동자 연맹 간에 강력한 연대가 유지되었다. 학생 단위에서는 프랑스 전국학생연합, 대학생단체협의회FAGE: Fédération des associations générales étudiantes, 남부대학생연대SUD-étudiant, 대학생연맹Confédération étudiante, 무정부주의 성향의 전국노동연맹CNT: Confédération nationale du travail이 참가했고, 결정적으로 노동연맹이 대규모 시위를 지지하고 3월 25일과 4월 4일에 파업을 요청하기도 했다. 셋째, 전국적인 조정위원회가 적극적인 역할을 했다. 관련 대학들이 모인 총회에서 144명의 대표자들을 선출하여 대표단을 구성하기도 했다. 매주 다른 도시에서 회의도 열었다. 푸아티에Poitiers, 렌Rennes, 엑스Aix, 릴Lille, 디종Dijon, 리옹Lyons과 같이 사실상 '지방' 도시였으니, 이렇게 파리 외 지역에 뿌리를 둔 운동 또한 중요했다. 조정위원회는 학생연합보다 급진적이었고 급진 좌파의 중요한 입지와 '자치주의'의 감수성을 갖췄다. 그러면서도 수준 높은 민주주의를 구현하고 언론 대담자로 대변인 지명을 거부했다. 대학들은 스스로 총회를 열고 일주일에 2~3회씩 표결을 통해 파업과 봉쇄의 지속 여부를 결정했다. 수천 명이 총회에 참석하는 경우도 있었다. 리모주Limoges에서는, 럭비 경기장에서 총회를 열었고 이를 TV가 보도했다. 렌2대학Université Rennes 2과 푸아티에대학Université de Poitiers에서는 5~6천 명의 학생들이 총회에 참석할 때도 있었다.

  3월 10일 밤, 경찰 기동대CRS: Compagnies républicaines de sécurité가 소르본대학Université Paris-Sorbonne에서 점령 시위자들을 내쫓자 긴장감이 고조됐다. 3월 14일에 시위자 4만 명이 모였고 이틀 후에는 50만~80만 명의 군중(경찰 추산 44만 7,500명)이 참가했다. 3월 18일 토요일에는 160개 지역에서

53만~150만 명이 운집했으며, 전국적인 농성이 실시된 그 다음 주 화요일에는 무려 105만 5천~3백만 명의 인파가 거리를 가득 채웠다. 3월 31일 시라크 대통령이 TV에 등장했지만 상황을 잠재우는 데 실패했고 4월 4일, 공공 운송 부문과 학교에서 거대한 규모의 농성이 벌어지고 3백만 명의 시위자들이 거리에 나섰다. 4월 10일 정부는 마침내 항복했다. 대통령은 공포한 법을 시행하지 않겠다고 밝혔다. 시위 참가자들에 대한 출석조사가 극악무도했더라도 우리들로 하여금 총체적인 직접행동들을 회피하도록 압박하지는 못했다. 다양한 직접행동에는 도로, 교량, 철도, 고속도로 봉쇄와 여당인 대중운동연합UMP: Union pour un Movement Populaire[우파 정당들의 연합] 및 프랑스 경제인연합회MEDEF: Mouvement des Entreprises de France 건물 점령, 그 밖에 무수히 많은 '멋진' 광경들 또는 인터넷과 문자로 접했던 우스꽝스러운 '사건 사고들'이 있었다.

반고용계약제 운동은 급진적이고 탄탄한 조직을 갖춘 민주적인 투쟁, 무엇보다도 아래로부터 승리를 거둔 투쟁의 교과서적인 사례로 완벽하지는 못했다. 비록 노동 인구와 연계해서 시작했음에도 불구하고 방리유의 서민층까지 '아우르기'에는 성공했다고 볼 수 없음은 물론이다. 지난해와 유사한 구체적인 사건들이 일부 행진의 가치를 손상시키기도 했다. 더욱이 4천 명 이상 체포되고 67명이 수감되는 등 운동가들이 경찰의 억압에 과중한 대가를 지불했다. 하지만 폭넓은 관점에서 보면 사소한 결점들일 뿐이다.

다음 시위는 2007년에 일어났다. 사람들이 반대하는 고등교육 개혁에는 교육부 장관 발레리 페크레스Valérie Pécresse의 '대학의 자율과 책임에 관한 법LRU: Loi relatives aux libertés et responsabilités des universities'도 포함되었다. 계량서

          프랑스인의 교훈: 투쟁은 계속된다

지학적 지표 평가를 내세우는 터무니없는 법령에 대해서 대학과 연구기관의 불만이 고조되었고, 교직원의 커져가는 '불안정'과 부족한 예산, '쓸모없는' 과목과 교재를 가르친다는 사르코지 대통령의 비아냥과 교양 없는 발언, 연구원들의 불만에 대한 모욕적인 대응이 일반화되어 있던 적개심을 퍼뜨리는 데 힘을 보탰다. 여기에는 깜짝 놀랄 만한 인원의 서명과 진정서, 과학자들의 '과학 연구를 구하자SLR: Sauvons la Recherche' 네트워크의 설립이 큰 역할을 했다.

2007년 8월 공포된 페크레스 개혁법Pécresse Reforms을 보면 대학 교직원에 대한 총장의 권력이 막강해지는 반면, 교수 및 연구원, 행정 및 기술직원들의 직업상 지위는 위태로워지며, '탁월한 양극'을 이루는 특정 엘리트들과 반대로 자금 부족, 표준에 미달하는 교육기관, 입학금 상승에 따른 위험, 미국 방식을 좇는 학생 대출 등에 시달리는 다수의 사람들로 '이원화된' 대학 시스템으로 향해가는 듯하다.

시위의 첫 번째 물결은 10월에 시작해 15개 대학에서 봉쇄 및 경영진의 휴교 조치가 내려지고 약 40건의 파업이 발생한 끝에 11월 9일 막을 내렸다. 여러 관계 당국이 이번 운동의 '소수자적인minoritarian' 본성을 입에 거품을 물며 설명하자 페크레스가 일부 양보했고 운동은 12월 중순까지 잦아들었다. 그러다가 2008년에 중등교육 부문에서 11,000명을 감원하기로 함에 따라 이 운동이 소규모로 되살아났다.

그렇지만 2009년 2월에 시위가 다시 진정한 모습을 드러냈다. 위로는 유명 교수부터 아래로는 대학원생에 이르기까지 개혁안을 반대하고 새로운 비판을 제시했다. 이 시기에 전국대학조정위원회Coordination Nationale des Universités를 결성하여 2009년 1월부터 6월 사이에 11차례 모임을 열었다. 2

월 5일 첫 시위에는 프랑스 전역에서 5만 명(경찰 추산 3만 6천 명), 2월 10일에는 파리 행진에서만도 5만 명(경찰 추산 17,000명)이 참여했으며, 다른 도시 곳곳에서도 시위가 벌어졌다. 2월 15일에는 학생조정위원회가 결성되었고 교사와 연구원 계층까지 확대되었다. 2월 19일에는 소르본대학의 일시 점령 등 또 시위가 일어났고, 3월 5일은 아직 방학 중인 대학들이 있었음에도 불구하고 2만 4천~4만 3천 명의 사람들이 시위에 나섰으며, 3월 11일에도 3만~6만 명이 거리로 나왔다. 3월 24일에는 5천~1만 5천 명이 파리에서 시위했다. 그러는 사이에 소르본대학과 프랑스 국립과학원CNRS: Centre National de la Recherche Scientifique을 새로 점령했고, 4월 2일에는 7천~2만 5천 명이 항의했다. 2008년 12월부터 2009년 4월 사이에 75개 대학 및 33개의 기술 연구소IUT: Institut Universitaire de Technologie들이 점령되었다.

2010년 사르코지의 연금개혁 반대 시위에는 정부가 대단히 비타협적이었다. 대학에서도 대규모 사건은 일어나지 않았다. 대신 상당수의 어린 학생들이 다양한 방식으로 도로 및 교통수단 차단과 행진 등 단체 행동에 참여하기 시작했다. 특히 차단은 투쟁 기간에 전국의 다양한 거점들을 마비시키는 데 중요한 역할을 했다. 하지만 노조연맹의 매우 어리석고 의식적으로 행한 '행동의 날'은 시위자들이 줄어들 때까지 정부가 버티게 하는 결과를 초래했다.

말할 필요도 없이 연금 연령 문제에서 사회당의 애매한 태도는 시위자들에게 도움을 주지 못했다. 2012년 대선 후보로 유망한 도미니크 스트로스칸Dominique Strauss-Kahn은 반대 시위를 격려하지 않았다. 하긴 그는 IMF 총재로 신자유주의 합의의 화신이며, 그리스, 아일랜드, 현재는 영국을 위협해 긴축 정책으로 몰아넣은 장본인이다. 사르코지 대통령이 'DSK(도미니

  프랑스인의 교훈: 투쟁은 계속된다

크 스트로스칸)'의 합의와 지지를 강조했을 때, 그는 짐짓 꾸미는 행위조차 하지 않았다.

그럼에도 불구하고 2010년 가을 대규모 시위에 참가했던 사람들 중에 그들이 결정적인 패배를 당했다고 느끼는 참가자들은 거의 없었고, 끓어오르는 감정은 더욱 커지는 듯했다. 어찌됐든 부정할 수 없는 사실은 프랑스의 학생 및 청년 운동이 왕성한 생명력을 유지했으며, 현 정부와 차기 정부에도 진정한 힘으로 각인되리라는 점이다. 중고생들까지 포함하여 젊은이들은 자신들이 수십 년 안에 혜택을 입지도 못할 연금개혁까지도 방어할 의사와 능력이 있음을 보여주었다. 프랑스 사회의 미래에 대한 공통된 열망은 '모두 함께' 공유한 투쟁의 전통으로 다른 세대들과 유대를 형성하는 것이었다. 바로 이 투쟁 경험이 한 세대에서 다른 세대로 성공적으로 전파 및 재생산되었고, 이는 앞으로 일어날 폭동에 희망적인 기대를 품게 하는 굳건한 토대임은 의심의 여지가 없다.

A   이 글은 로비 모르데Robi Morder[프랑스의 고등학생, 대학생 운동 전문가]가 강력하게 추천한 『공산주의 비판 Critique communiste』 181호(2006년)의 글 '젊은 대학생, 불안정 그리고 반(反)CPE 집결 Jeunesse étudiante, précarité et mobilization anti-CPE'의 도움을 많이 받았다. 더불어 스타티스 쿠벨라키스Stathis Kouvelakis의 조언에도 감사를 전한다.

프랑스에서 전략과 혁명[A]

앙드레 글뤽스만André Glucksmann

5월 운동은 프랑스를 괴롭히며 전국적인 위기를 드러냈다. 혁명 사제가 아닌 혁명을 가능케 한 환경의 측면에서 전국적이라는 말이다. "'하류계급'이 옛 방식을 원치 않을 때는 '상류계급'이 옛 방식대로 할 수 없다. 오직 그때에만 혁명이 승리할 수 있다."[B] 천만 명의 '하류계급' 시위자들이 프랑스 노동자들의 운동 역사상 견줄 수 없을 정도로 확대된 운동에 참여하기 시작했고, '상류계급' 사이에 정치적 위기가 휘몰아쳤으며, 경찰의 잔혹함이 일반 시민의 여론에 충격을 가져다주었다. 그리고 거리의 요구와는 거리가 먼 첫 번째 공식 성명서가 발표되었고, 거리의 사람들이 늘어만 갔다. 5월 28일 화요일부터 30일 목요일까지 사흘 동안 프랑스는 정부가 있는지 의심스러울 정도였으며, 모든 언론이 대안을 모색하고 야당은 임시정부 수립 준비를 선언했다.

공권력의 물리적 열세는 극에 달했고, 도덕성은 땅에 떨어졌다. 파업만이 지속되었고, 계속되는 시위로 국가 권력이 무너졌다. 5월 30일, 드골De Gaulle은 상황을 만회하려 두 번째 연설을 했다. 그로써 정부 권력이 자체의 매우 미약한 힘에 의존하는 것은 아니지만 반대 진영의 연약함에 의존한다는 점이 드러났다. '좌파'는 의지력의 부재를 증명했고, 정치는 공백 상태를 용인하지 않았다.

1958년 5월 13일 드골은 질서유지라는 명목으로 프랑스를 정복했다. 반대파도 10년 후에 똑같이 할 수 있었지만 자신의 우세를 이용해 작전을 재현하지는 않았다. 5월 13일의 '반대로' 행동하는 대신 우리는 5월 13일을 '재현'했어야만 했다. 드골은 자신의 발이 다시 한번 그의 권력을 지탱하는 지면 위에 티탄^Titan[그리스 신화에서 올림포스 신족이 등장하기 전에 세계를 지배하던 거인족]처럼 디디고 있음을 확인했다. 질서의 권능이 아니라 무질서 속 '두려움'이 그에게는 힘의 원천이었다. 의회 반대파의 무기력 덕분에 드골 정권은 불사조같이 완벽하게 재탄생했다.

노동자와 학생들은 권력을 손안에 쥐고 있었으나, 그 힘을 위임할 만한 제대로 갖춘 세력이 없음을 알아챘다. 레닌이 말했듯이 운동에서 대중이 '자신들의 승리를 두려워하는' 그들의 지도자들을 싸우게 할 수 있을 때 전국적인 위기가 혁명이 된다.

약한 상대였음에도 5월의 운동은 혁명으로 타오르는 길이 막혔다. 정당과 노동조합들은 원하는 바가 없었다. 혁명적인 조직이 부족한 데다 파업하는 노동자들은 자신들이 지닌 힘을 사용하지 못했다. 더구나 혁명적 이론이 뒷받침되지 않아 무엇을 할지 모르는 지도자들이 조금씩 승리를 두려워하며 주저하는 모습이 목격되었다.

전국적인 위기는 전쟁터로 유리했으나, 공산당만이 자신들의 권력을 유지하고 사회주의에 길을 열어주지 않으려고 전쟁에 동참했다. 사회주의는 전투가 시작되기 전에 퇴각 나팔을 불며 곤경에 빠진 시위 참가자들을 떠났다. 이렇듯 전국적인 위기를 혁명으로 탈바꿈시킬 두 가지 전제 조건이 결핍되었다. 전국적인 규모의 투쟁을 조정해줄 만한 혁명적인 조직도, 일반적인 이론도 없었다.

대신 처음부터 젊은 노동자들을 포함하며 확장된 학생운동이 선두에 섰다. 학생들의 임시 의회 격 행동 조직은 전략을 대신했다. 학생 '기폭제'의 중요성이란 프랑스 사회 전체에 연쇄 반응을 보이며 폭발할 수 있는 트립 와이어tripwire[폭발물과 연결해 건드리면 자동으로 터지도록 고안한 철선]를 알아채지 못한 모든 사람에게 기적과도 같았다. 학생운동은 혁명적인 조직과 이론의 (빈)자리를 채웠다. 또한 가능성의 한계 내에서 일부 역할을 담당했다. 5월 운동은 '진보한' 자본주의 국가들이 21세기 후반부에 적용할 만한 혁명적 전략의 새로운 시각을 제시했다.

로마의 노예 반란의 지도자인 스파르타쿠스Spartacus는 70명의 노예와 대서사시를 시작했다. 그들은 베수비오Vesuvius 화산 비탈에 자리 잡고 밤에는 화산의 불로, 낮에는 연기를 피워 먼 곳에서 전례 없는 반란의 출현을 선포했다.

후에 로마가 가시권에 접어들자 스파르타쿠스 군대는 움직일 수가 없었다. 세계의 중심 로마는 거의 무방비 상태였지만 노예들은 감히 대적하지 못하고 무너지기 시작했다.

혁명적인 학생들이 점령한 소르본대학은 내부에서 정복한 로마를 상징한다. 지성의 요새가 열렸고 노동자들의 교외 빈민가는 이동하기 시작할 것이다. 이곳에서 일어난 충돌이 혁명으로 불린다면 말이다. '거대 다수의 이익 안에서 거대 다수의 독립적인 운동', 5월의 운동은 격렬함과 연설로 사회를 두 번 일깨웠다.

A *New Left Review*, I/52(1968), pp. 70-2.
B   V. I. Lenin, *Selected Works in Three Volumes*(Moscow, 연도 미상), vol. III, p. 430.
C 같은 책, p. 431.
D "소비에트 연방의 노동자와 군인 대표들은 평범한 자본주의 공화국을 세우려는 목적이 아니라 즉 각적인 사회주의로의 이행을 목적으로 권력을 쟁취해야 한다. 이래서는 안 된다. 그렇다면 목적이 무엇인가? 소비에트 연방은 이러한 이행으로 나아가는 견실한 첫 걸음, 걸을 수 있고 걸어야만 하는 걸음을 내딛기 위해 권력을 잡아야 한다. 이런 관점에서 두려움은 가장 큰 적이다." Lenin, *Selected Works*(1917년 5월), vol. II, p. 106.
E Marx-Engels, *Selected Works*, vol. I, p. 44.

프랑스의 새로운 계급 투쟁[A]

래리 포티스 Larry Portis

『조르주 소렐*Georges Sorel*』, 『프랑스의 광기: 프랑스 대중음악의 역사 *French Frenzies: A Social History of French Popular Music*』 등 프랑스에 관한 책을 지었다.

"코앞에서 '사랑과 평화를!*Flower power dans la gueule!*'" 2010년 10월 16일 프랑스 몽펠리에Montpellier 시위 현장에서 본 가장 맘에 들었던 슬로건이다. 파마 머리에 머리띠를 한 어린 여학생이 이 문구를 적은 마분지 푯말을 들고 있었다. 푯말 아래쪽에는 "모두 함께 총파업Tous ensemble pour la Grève Générale"이란 글을 대문자로 커다랗게 써놓았다.

홍미로웠던 나는 그 소녀에게 푯말에 대해 묻고 뒷면도 보자고 했다. 뒷면에는 "히피를 절대로 믿지 마세요Ne fais jamais confiance aux hippies"라고 적혀 있었다. "이게 진짜 문제라고 생각하니? 주변에 히피가 아직도 있더냐?" 하고 내가 물었다. 내 나이가 신경 쓰였는지 아이는 대답을 주저하다 입을 열었다. "물론 있죠. 우리가 히피잖아요." 나는 그 아이가 누구하고라도 프랑스 공교육의 신자유주의 개혁 논점에 대해 토론할 수 있는 열다섯 살 아이임을 알았다. 적어도 그 아이 정도 되는 사람들은 단순히 '상식'이라 일컫는 것을 이해한다. 사르코지 정부가 제안한 은퇴 개혁이 요구하는 바를 살펴보면, 학년에 상관없이 모든 학생과 젊은이는 정년이 연장됨으로써 젊은 세대의 일자리 감소로 이어진다는 사실을 알고 있는 것이다.

이는 피할 수 없는 추론인 데도 거의 모든 정치인이 회피하는 추론이다. 프랑스 사회당만 봐도 신성불가침의 유럽연합EU 결정에 따라 은퇴 연령이 올라가야 함에 수긍한다. 보다 급진적인 정당인 공산당과 녹색당, 반자본주의신당NPA: Nouveau Parti Anticapitaliste(혁명적 공산주의자 동맹LCR: Ligue Communiste Révolutionnaire의 후신) 정도가 진정으로 진보적인 재정 개혁, 업무시간의 단축, 여타 급진적인 구조 변혁 등을 요구하는 실정이다. 당연히 혁명적인 몇몇 노조와 전국 노동연맹 같은 정치 조직들인 자유 대안AL: Alternative Liveraire, 노동자 투쟁당Lutte Ouvrière, 아나키스트연합FA: Fédération Anarchiste도 포함되기는 한다.

우리는 유머와 창조성이 녹아 있고 명확하게 표현된 수천 가지의 익살스러운 표어를 원하는 대로 분석할 수 있다. 프랑스에서 운동이 몇 주 이상 계속될 때면 창조적인 표어 짓기가 인상적일 만큼 터져 나오고, 신선하면서 정치적으로 신랄한 가사를 붙여 인기 있는 노래를 개사해 부르고(대체로 원곡보다 훨씬 낫다), 다양한 길거리 공연으로 가득 찬다.

나는 적어도 1986년(프랑스 학생들이 정부에 대학 입학 조건 개혁 철회를 요구했던 해) 이후 프랑스에서 최근에 일어난 거의 모든 시위 현장에 있었다. 대형 집결 현장에 참가했던 수많은 기회들 속에서 내가 목격한 건 오래전 대학원 시절에 프랑스와 프랑스 대중 운동의 역사, 그와 관련해서 발생했거나 반응했던 개념들에 초점을 맞추면서 배운 내용이었다. 그것은 바로 '프랑스에는 혁명의 전통이 있다'는 사실이다.

모순이지만 나는 늘 놀라곤 했다. 프랑스 비판 의식의 점진적 쇠퇴, 새롭고 파괴적인 형태의 언론 혼란(통상적으로 미국에서 넘어온다), 유럽연합 국가들 가운데서 단연 빠른 속도로 증가하는 프랑스의 1인당 맥도날드 매장 수, 교육의 추락, 그 밖에도 누구나 동의할 1차원적 징후들을 보며 나는 습관적으로 한탄하곤 했기 때문이다.

그러나 이는 혁명적 전통이 의미하는 바다. 기술적 변화의 적응과 관계없이 권위에 반항적인 태도가 남아 있다. 프랑스에서 대중의 봉기는 적어도 17세기로 거슬러 올라가는 유산의 일부다.

중앙 집권 국가가 국민으로 하여금 개인의 자유와 권리를 포기하도록 끊임없이 강요할 때 저항은 자란다. 오늘날의 상황에서 개인의 자유와 권리의 혜택들은 과거 투쟁에서 맺은 열매다. 하루 8시간 노동, 유급 휴가제는 1936년 맹렬했던 대중 투쟁으로 쟁취한 것들이다. 전쟁으로 점령당했던 동안의 레지스탕스 활동과 그 후 1945년의 해방은 사회보장제도, 공공의료, 퇴직 연금 등 현재의 시스템을 낳았다. 이러한 제도상의 변화는 빼앗을 수 없는 사회적 권리로 즉각 받아들여졌다.

현 정권은 상황 전복을 서약했다. 2007년에 니콜라 사르코지 대통령은 이미 프랑스의 마가렛 대처가 되려고 한다고 개인적으로 밝힌 바 있다. 그는 좌파 정치 세력을 약화시키고 정부가 지원하는 사회 프로그램들을 폐지하는 방식으로 근본적인 변화를 추진하려고 했다. 선거 기간에는 "이번 선거의 핵심은 1968년 5월의 정신이 불멸할지 완전히 사라질지를 알아보자는 것이다"라고 선언하기까지 했다.

강력한 산업과 금융 부문의 이익에 대한 충성심을 조심스럽게 감추어 가며 사르코지는 많은 유권자들의 마음을 사로잡았다. 그는 젊은이들에게 일자리를 제공하고 구매력을 높여주겠다는 확신을 심어주었다. 또 노년층에게는 온 국민을 위해 범죄를 근절하고 보안을 책임질 것임을 맹세했다. 새 정부에 사회당원을 뽑기도 하고, 신중하게 선별한 소수민족 출신을 임

　　　프랑스의 새로운 계급 투쟁

명하는 등 사르코지는 우파도 좌파도 아닌 정파를 뛰어넘은 지도자로 포장되었다. 정부 출범 몇 개월 후, 그는 아내와 이혼하고 즉각 전 톱모델이자 유명인의 추종자에서 가수로 변신한 새 아내를 맞았다(그녀 가족의 인맥과 엄청난 유산의 도움도 받았다). 이렇게 해서 '수퍼 사르코'가 탄생했다.[1]

효과가 있는 듯했지만 선거가 1년 남짓 지난 2008년, 뉴욕 증시 붕괴가 수퍼 사르코를 완전히 바꿔놓았다. 프랑스인들은 다른 나라 사람들과 마찬가지로 질문을 던지기 시작했다. "왜 은행과 여타 금융 기관들은 원조를 받는데 일반 국민은 못 받나요?", "왜 대학들은 불평등해지는 겁니까?", "교사들이 더 필요하다는 게 일반적인 생각인데 왜 감원이 계속되나요?", "우체국과 기차역은 왜 문을 닫지요?", "민영화 계획대로 정말 서비스가 좋아지는 건가요?"

사람들이 의문을 품음과 동시에 사르코지의 산업계 및 금융계 거물들과의 인맥이 알려지기 시작했다. 선거 당일 밤에는 파리의 최고급 레스토랑에서 그들에게 파티를 열어주었다. 사르코지는 지나친 자부심으로 가득한 퍼니 리틀 맨^{funny little man}으로, 비웃음을 살 만한 일을 일삼곤 했다. 곧 그는 조롱거리이자, 자신의 사내다움을 뽐내고 부하들을 비하하는 천박한 상상의 대상이 되었다. 사르코지는 최근의 역사에서 가장 경멸받는 프랑스 대통령이다. 요즘 그의 지지율은 26% 정도에 머물고 있다.

사르코지의 작은 결점들보다 훨씬 중요한 문제는 그가 사회적으로 표방하는 것들이다. 그는 사회학자 미셸 팽송과 모니크 팽송 샤를로가 말

1 　**수퍼 사르코Super Sarko:** 사르코지 대통령의 초기 애칭. 처음에는 의욕적으로 일한다고 '수퍼 사르코'라는 애칭이 붙었는데, 나중에는 '블링블링(사치와 허세 투성이의 생활방식을 일컫는 말) 대통령'으로 별명이 바뀌었다.

하는 프랑스 과두정치의 대표자다. 2010년 9월에 둘은 『부자들의 대통령: 니콜라 사르코지의 프랑스 과두정치에 대한 조사*Le president des riches: Enquête sur l'oligarchie dans la France de Nicolas Sarkozy*』를 출간했다. 이 책은 사르코지가 막강한 경제인연합회와 금융계 거물들과 유착했다는 사실을 논쟁의 여지없이 입증했다. 파리 서쪽, 사르코지 개인의 힘의 토대인 부유층의 거주 구역 뇌이Neuilly와 비즈니스 중심지인 라데팡스La Défense는 횡행하는 정치 부패와 족벌주의의 중심지다.

사르코지의 두드러진 특성은 전반적으로 사람들을, 특히 가난한 사람들을 대하는 그의 진심에서 우러나오는 경멸이다. 프랑스인들(또는 오늘날 거리 시위를 지지하는 적어도 71%의 프랑스인들)이 사르코지가 국가의 복지 서비스를 거둬들이는 시도에 넌덜머리가 나기까지 3년이 걸렸다. 현재의 시위는 퇴보하는 국가 은퇴 프로그램의 '개혁'에 초점을 맞추고 있지만, 그들은 훨씬 더 나아가고 있다. 우리는 불과 며칠 전 온라인 신문 『메디아파르Mediapart』 덕분에 최근 한 금융사가 현재(또는 개혁 후) 시스템에 만족하지 않는 사람들에게 '자본화'를 토대로 하는 '은퇴 보완 서비스'를 추진 중이란 사실을 알았다. 대통령의 형이자 경제인연합회의 전 부대표인 기욤 사르코지Guillaume Sarkozy가 이 그룹을 지휘한다.

니콜라 사르코지 덕분에 프랑스 국민은 나라 통치법을 한 수 배웠다. 이것이 현재 사람들이 거리로 나서는 이유다.

A 이 글은 *Counterpunch* 인쇄판(2010년 10월 17권 18호)으로 처음 발표되었다.(연간 구독료 40$, 캘리포니아 주 페트롤리아Petrolia, 사서함 226, 우편번호 95558)

업데이트

리처드 그리먼 Richard Greeman

베테랑 활동가, 작가인 동시에 빅토르 세르주
연구로 정평이 난 학자.

나는 지난주에 이 글의 작성을 마무리지었다. "언제나 놀라움으로 가득한 프랑스인은 그들의 '대표자들'(조합 지도자들 및 공식 좌파 정당들)이 최악의 '적'임이 확실해진 현재의 난국에서 벗어날 방법을 찾을 것이다"라는 희망으로 말이다. 일주일 후 '정치에 초연하다'고 생각했던 수많은 프랑스 젊은이들이 사회 투쟁의 장으로 진입했다는 사실은 굉장히 '놀라웠다.' 프랑스 전역에서 고등학교가 자교 학생들의 손에 의해 봉쇄되었고, 그 사이 아름다운 젊은 얼굴들의 존재가 갈수록 격렬해지는 거대하고 전국적인 거리 시위를 압도하고 있다. 여러분이 미국이나 영국 TV에서 이런 흥미진진한 광경을 볼지 확신할 수 없지만, 웹사이트 <www.liberation.fr/societe/01012297576-les-jeunes-en-renfort>에 가면 그중 일부를 볼 수 있다.

어제 파리의 일간지 『리베라시옹*Libération*』의 여론조사 결과를 보면 프랑스인 다섯 명 중 네 명은 정부가 굴복하고 협상해야 한다고 생각하며, 69%는 국민연금 전면 수급 연령 연장(67세부터) 법안의 철회를 요구하는 시위자들을 지지한다(흥미롭게도 43%만이 실제로 분명한 철회 지지 의사를 밝혔다. 다른 사람들이 대부분 자기 자신을 '현실주의자'로 여기거나 유럽 전체가 '긴축'을 추진하는 점을 감안해 어쩔 수 없이 순조로운 타협을 바라는 것이 아닌지 추측하게 한다).

청년+노동력=피플 파워?

사실 프랑스 청년들의 이 거대한 집결이 이제는 그렇게 놀라운 일이 아니다. 지난해에 몇 주 동안 교육 지원금 삭감에 항의하는 고등학생 및 대학생들의 수업 거부와 시위가 있었고, 2005년 11월에는 아랍계와 아프리카계 청년들이 주축을 이룬 심상치 않은 폭동이 파리 및 여타 프랑스 도시 외곽의 이주민 집단 주거지에서 발생했다(당시 내무부 장관 사르코지는 그들을 라카이유racaille[하층민, 불량배라는 뜻]라 부르고, 고압 호스로 진압하겠다고 위협했던 일로 유명하다). 2006년에 우파 정부가 최초고용계약제를 통과시키고 26세 이하 노동자들에게 노동자로서의 법적 권리를 빼앗은 노동 '개혁'(청년층 고용을 촉진하려는 목적이었다) 이후 프랑스 청년들의 폭동은 보다 정치색을 띠었다. 프랑스 전역에서 학생들은 학교 봉쇄, 거리 시위, 기차 운행 중단을 시도했고 결국 꾸물거리던 노동조합으로부터 시위 지지를 받아냈다. 뿐만 아니라 우리처럼 불만을 토로한 부모와 조부모들의 후원이 잇따른 끝에, 무질서한 분열이 생겨난 지 6주 만에 도미니크 드 빌팽 정부는 패배를 인정하고 법을 철회했다.

　2006년 사르코지의 가혹한 악몽이 재현되었다. 최근 사적인 자리에서 사르코지는 "청년들만 참여하지 않았더라면 연금 개혁 반대 시위를 처리할 수 있었을 것"이라고 밝혔다. 젊은 층의 참여를 바라본 정부는 폭력의 관점에서 시민들을 이간질하려는 바람으로 고등학교 주변에 격렬한 사건이 일어나도록 자극하고, 어딘가 수상쩍은 '파괴자들'이 차에 불을 지르도록 독려하는 등 세대 간에 쐐기를 박는 시도를 해왔다. 동시에 사르코지의 대변인단은 십대들이 자신들이 이해하지 못하는 어른들의 사안에 간섭하지 말아야 하고, 특히 사회보장 연금 지급액 축소는 사실상 젊은 노동자들을 도와주려고 설계한 개혁이라며 온정을 베푸는 양 주장을 펼쳤다. 좌파 측 '노동자의 힘Force Ouvrière' 연합 대표 역시 부모라도 되는 태도로 젊은이들의 도움을 거절했다. 젊은이들의 도움을 '약자의 무기'('여성의 눈물'쯤 되겠다)에 빗대면서 말이다! 허나 프랑스에서 세대 간의 연대는 다음과 같은 손수 만든 푯말의 문구들이 증명하듯 *끈끈하기만* 하다.

아들(26): "엄마, 일이 뭐에요?"

엄마(57): "네가 67살이 되면 알게 될 거야!"

엘리트 vs. 대중

청년층은 투쟁의 장으로 대거 진입함으로써 비타협적인 우익 정부와 대다수 시민 간에 펼쳐진 오늘날의 대치 상황에서 힘의 균형을 바꿔놓았다. 지난 주 이후 두 번째 '놀라움'은 (대부분 독립한) 트럭 운전자 및 정유 노동자들의 집결이 지속되면서 프랑스 전역의 주유소에서 휘발유 부족 사태가 발생하고 고속도로에서는 트럭들의 고의적인 '서행 운전'이 생겨난 사실이다. 55세에 은퇴하는 특별한 혜택을 누리는 프랑스 트럭 운전자들이 순전히 연대와 상관없이 참여했으므로 놀라울 뿐이다. 더욱이 이번 운동은 지역위원회와 노동자총회의 손안에 있었던 탓도 크다. 노동자총회는 신중한 노조 지도자들이 요청한 상징적인 1일 파업을 지속하고 확대해나가자는 데 표를 던졌다. 마르세유와 그 밖의 지역들은 정제소와 오일 저장소를 봉쇄한 시위자들과 다음날이면 또 돌아올 시위자들을 해산시키는 경찰 간 줄다리기가 계속되었다.

공식적인 좌파(노조 지도자들과 사회당 정치인들)와 우파 양측에서는 운동이 '손쓸 수 없게 될지' 모른다는 두려움이 깊숙이 자리했다. 논설위원들은 이 비극이 서서히 혼돈으로 빠져든다며 그들의 손을 꼭 움켜쥐었다. 좌파와 우파 간의 전통적인 투쟁은 오늘날 기성 엘리트와 일반 시민(미국에서는 '일하는 중산층'이라고 얌전빼며 부르는 계층) 간의 투쟁으로 대체되었다. 전형적인 프랑스인의 모순을 지닌 프랑스인은 스스로를 '밑바닥의 프랑스인'이라고 부르면서 자신들의 정체성을 정부 각료의 모욕적 비방으로 받아들였다.

다른 이해관계, 다른 전술

앞서 언급했듯이 이런 투쟁들은 어떤 쪽에서는 좌파와 우파 사이에서, 다른 쪽에서는 엘리트와 일반인들 사이에서 병행되어 왔다. 하지만 그들은 목표가 다르므로 전술도 달라야 한다. 거리에 나선 시위자들 및 대중의 목표는 분명하다. 그들은 사르코지의 '개혁 철회'를 원한다. 바로 그것이다. 그들의 전술도 간단하다. 정부가 굴복할 때까지 전면적이고 무한한 대중 시위 펼치기다. 1995년과 2006년처럼 말이다(1995년에는 감당할 수 없게 된 초기 연금 '개혁'에 반대하며 노조가 주도한 운동이 있었고, 2006년에는 최초고용계약제가 화염 속에서 사그라졌다).

한편 공식적인 좌파(사회당원, 공산당원, 산하 노동조합)의 목표는 정부를 협상 테이블로 끌어들여 사르코지를 약화시키고 2012년 대통령 선거를 감시할 우파의 대안으로서 자신들의 재합법화를 달성하는 것이다. 위

     업데이트

기 기간을 잘 조절하여 늘려가면서 때때로 힘을 보여주자는 것이 그들의 전략이었다. 물론 지연 전술은 2003년의 경우 노동자들의 패배라는 결과를 낳았다. 그해에는 여름방학 동안 예상대로 파업이 점차 약화됐고 정부는 연금 수령이 가능한 의무 노동 기간을 최소 37년에서 42년으로 늘렸다(특히 육아 휴직을 사용한 여성들이 타격을 입는다). 그럼에도 불구하고 어제까지 최대 350만 명이 거리에 모였던, 여섯 차례의 전국적인 집결이 성공한 후에 조합 지도자들은 이틀 더 시간 간격을 두고 상징적인 '1일 전국 파업'을 명했다. 첫 번째는 한 주 안에, 다음번은 두 주 안에 하자고 한다!

그 사이 나라는 온통 과격해졌고 아무도 지금부터 두 주 안에 어떤 일이 벌어질지 알지 못한다. 어느 때보다도 비협조적인 사르코지 정부는 청년과 노동자들이 운송, 석유, 화학 및 기타 주요 산업 부문에서 파업을 계속하는 동안에도 상원에서 개혁안을 최종 표결에 붙이도록 압박했다. 계속해서, 자발적으로, 매일매일 이어지는 지역적 파업 행동들이 프랑스 전역을 들끓게 했다. 한 개혁적인 노조 리더는 말했다. "우리를 무시했기에, 사르코지는 권력을 거리에 내줬다." 도대체 왜 사르코지는 말썽 부리는 노조들이 그에 반대하여 똘똘 뭉쳐 행동하도록 만들었으며, 협상을 거절함으로써 대통령직이 위기에 처하도록 했을까?

나의 분석

짧은 답변: '프랑스 우파는 지구상에서 가장 멍청하다.' 큰 열등감을 지닌 작은 사람 사르코지를 보면 알 수 있잖은가. (시위자들의 슬로건은 이랬다. "카를라Carla Sarkozy[프랑스 영부인], 우리도 당신과 마찬가지다. 우리도 대통령한테 당했다.")

긴 답변: 1995년, 프랑수아 미테랑François Mitterrand의 복수 좌파(사회당-공산당

연합) 정부의 14년 집권이 막을 내리고 드골주의자들이 권력을 되찾았다. 그 무렵부터 우파는 막대한 양의 석탄을 비축해두었다가 광부들의 장기파업을 분쇄한 대처, 항공 관제사 전원을 해고한 레이건이 활약했던 1980년대의 신자유주의 승리를 되살리고자 노동자 단체들과의 대결을 준비했다. 시라크 정부 하에서 드골주의자들의 첫 번째 시도는 시라크 정부의 일방적인 사회보장 삭감안인 '쥐페 플랜plan Juppé'이었다. 1995년 불행하게 끝을 맺은 이 계획은 일방적인 총파업을 자극하고 마침내 폐기되었다. 2006년 도미니크 드 빌팽의 청년층 노동 권리 공격(최초고용계약제)도 같은 운명을 맞이했다. 두 경우 모두 총리가 질책을 받았고 대통령은 체면을 살렸다. 물론 삭감에 대한 개인적인 책임을 지는 데 있어 사르코지는 지나치게 자기중심적으로 행동했고, 그래서 자신을 궁지로 몰아넣었다.

오늘날의 우파는 공식 좌파가 그들에게 최고의 협력자임을 잊는다. 1968년 5~6월 총파업 기간에 공산당 및 그들과 제휴한 프랑스 노동총동맹CGT: Confédération générale du travail의 지도자들은 농성 중인 학생과 노동자들 간에 접촉하지 못하도록 막았고, 농성하는 이들을 대신해 정부와 온건한 임금 인상 협상을 벌여 프랑스의 자본가들을 구했다. 다음으로 농성을 이어가자는 다수의 표결에도 불구하고 공식적으로 농성을 '종결'했고, 운동의 방향을 의회 선거로 전환하는 데 동의했다. 결국 그 선거에서 우파가 승리

---

1   1984년 3월 1일부터 정부의 적자 탄광 폐쇄 방침에 반발해 파업에 들어간 광부들이 1년 넘게 파업을 지속하다가 1985년 3월 3일에 패배를 인정하고 업무에 복귀했다.

2   1981년 8월 3일에 근무 환경 개선을 요구하며 항공 관제사들이 파업에 돌입하자 레이건은 48시간 이내 업무 복귀를 명령했다. 이에 파업자들 중 10% 정도의 인원만 복귀했는데 8월 5일 복귀 명령을 따르지 않은 11,345명을 해고했다.

했다. 사실상 프랑스 노동의 역사는 훨씬 퇴보했다. 1936년 총파업과 공장 점령 기간에 공산당-프랑스 노동총동맹 지도자 모리스 토레즈^{Maurice Thorez}가 한 유명한 선언도 있지 않은가. "여러분은 파업을 끝내는 법을 알아야 한다." 마찬가지로 노동자들이 여전히 무장한 상태였고 프랑스 자본가들이 나치 점령자들에게 협력했던 1944~1945년 해방기에, 그들의 재산을 빼앗았어야 했다. 하지만 이번에도 토레즈는 드골 정부에 합류했고 프랑스 노동자들에게 "소매를 걷어붙여라"라고 말하며 자본주의 체제 하에서 나라를 다시 세웠다. 이 같은 배신 행위에도 프랑스 노동계층은 영국과 미국의 노동자만큼 자본주의에 심하게 패배하지는 않았다. 그리고 프랑스인은 연대가 효과적이고, 저항이 성과가 있으며, 대규모 파업은 자신들의 가장 강력한 무기라는 교훈을 터득했다.

사르코지는 물론 대다수의 프랑스인 역시 이 충돌로 어떤 일이 벌어질지 예측할 수 없다. 여론조사 결과 엄청난 수의 국민이 수뇌부에 위기를 불러올 무한 총파업에 손을 들어주었다(비록 이들 중 절반이 연금 삭감의 필요성을 인정했지만). 그러니 미래의 발전을 위해 계속해서 주목하라.

리처드 그리먼의 프랑스 파업에 관한 첫 번째 보고서

사람들은 내게 보수적인 사르코지 정부의 연금 '개혁'에 반대하는 대규모 1일 파업과 대중 집회가 잇따르는 프랑스에서 살기가 어떠냐고 묻는다. 이번 삭감은 최소 은퇴 연령을 60세에서 62세로 늦추고, 연금 전면 수급 연령을 65세에서 67세로 연장하는 내용이 골자다.

날로 역진하는 정부에 도전해 힘겹게 손에 넣은 사회적 권리를 수호하려는 수십만 노동자들의 파업은 물론, 수백만의 시민이 거리에 나서는 모습은 긴장감이 넘친다. 참으로 용기를 주는 대목은 이 '시민 군대'가 공식적인 지도자들이나 노조 대표들, 사회당 정치인들보다 급진적이라는 점이다. 최근 조사를 보면 프랑스 국민은 1일 파업(통근자들과 통학하는 자녀를 둔 학부모에게는 지옥 같은 하루다)을 지지할 뿐만 아니라 거의 절반가량이 정부를 굴복하게 만들 무기한 총파업(강경한 일반 노동자들과 안달이 난 지역 노조들, 반자본주의신당 같은 극좌파 정당에서 창안한 전략)에도 찬성한다.

　나는 내가 프랑스를 사랑한다는 사실을 다시금 떠올린다. 1789년 상퀼로트 sans-culotte[퀼로트(반바지)를 입지 않는 사람이란 뜻으로 프랑스 혁명을 주도한 의식 있는 민중들을 가리킴]로 거슬러 올라가는 군중 집결과 투쟁이 여전히 살아 있는 혁명의 선봉, 1830년, 1848년, 1871년(파리 코뮌)의 혁명들, 1936년의 연좌시위, 그리고 내가 경험한 1968년 5~6월에 걸친 전국적인 학생-노동자 연대 폭동, 1995년에 두 달 동안 파리를 마비시키고(이 기간 동안 파리 시민들은 자전거와 유람선으로 활기차게 통근했다) '들고양이 파업'[노동조합 규약이나 본부 지령에 위반해 산발적으로 벌이는 파업]을 벌인 공공 부문 노동자들의 전국적인 시위는 초기 보수 정부의 인기 없는 복지 '개혁'을 철회하도록 했다. 야유하는 수백만 시민들이 기차를 막고 거리를 점령해 사르코지 같은 역겨운 우익 인사가 분노하고 굴욕당하는 모습을 보는 것도 빼놓을 수 없는 즐거움이다.

　한편으로 나는 데자뷰가 느껴져 낙담한다. 노조들은 2009년 공공 부문의 1일 조업 중단같이 꾸물거리는 전술을 쓰고, 정부는 단지 프랑스인들이 휴가를 떠나는 여름까지 좋은 때를 기다리다가 8월의 어느 늦은 밤, 의회에서 삭감안 통과를 밀어붙인다. 그리고 이런 전략이 실패하는 게 처음은 아니다.

　업데이트

　　1995년 낙승을 거둔 총파업 이후, 프랑스인들이 노동자와 복지 권리에 대한 정부의 공격에 반대하며 전국적인 시위를 벌일 때면(2003, 2008, 2009년) 공식 노조 지도부는 며칠씩 간격을 둔 전국적인 1일 조업 중단과 시위 등 지연 전술을 강행한다. 그리고 시위는 정부에게 그들의 군대를 동원할 수 있음을(더불어 자신들의 뜻대로 움직일 수 있음을) '보여주기' 위해 행진과 후퇴를 매우 정확하게 짜 맞춘다. 이와 같은 시위는 울분을 발산하기에는 훌륭하지만 불가피하게 기력을 소진시키고 만다. 계급투쟁에서 '시간'은 언제나 정부와 자본가들 편이다. 대중의 유일한 힘은 모인 사람들의 수와 결연함, 그리고 효과적인 전술이다. 일단 대중이 모이고 나면 그 상태가 유지되고, 운동은 모든 경제 부문으로 확산되며 전력을 쏟는 식이다. 그러면 1936년, 1968년, 1995년에 그랬듯이 정부가 굴복할 때까지 나라는 마비된다.

　　지도부가 군대 스타일로 작전을 펴는 명백한 목적은 힘을 과시하고 정부를 노조 지도자들과의 협상 테이블로 유도하기 위함이다. 그래서 공식적인 노동계 대표자들로 그들의 합법성을 인정받으려고 한다. 그러나 언론은 잇따른 시위마다 시위자들이 얼마나 거리에 참석했는지 보여줌으로써 사회 투쟁을 스포츠 통계로 격하시켰다. '노조 측은 350만 명, 경찰 측은 그보다 절반 이하가 있었다고 집계되었다.' 노조 지도자들은 TV에 나와 시위가 성공적이었다고 주장하고, 정부는 시위가 인상적이지 않았으며 입장 변화가 없다고 밝힌다. 그러면 정치인들이 행동에 돌입한다. 대통령 선거 전망이 어둡고 사르코지의 인기가 사상 최저 수준으로 추락하자, 역시 신자유주의 삭감을 강요했던 실세의 사회당원들은 과장되게 운동에 지지를 표명한다. 여론조사에서 사르코지의 인기가 하락한 덕을 봐야 하므로 그들 또한 사르코지에 반대하는 투쟁의 연장에 흥미가 있다. 사회당 출신 대통령 후보였던 세골렌 루와얄Segolène Royale은 젊은이들, 특히 고등학생들에게 시위에 동참하라고 격려했다. (교사들을 미친 듯이 감원한) 우파는 '스캔들'을 외친다. 또 다른 정치적 접전이다.

대중들의 운동 목표는 매우 다르다. 파업 참가자나 시위자들은 1995년에 일반인들의 집결이 노조의 조심스러운 전술을 무시하고 모든 상황을 자신들의 손으로 쟁취함으로써 시라크-쥐페 정부에게 강요했듯이, 대중의 힘을 사용해 정부가 삭감안을 폐기하도록 굴복시키기를 원한다. 1995년의 시위는 통제를 벗어나 그들이 완벽하게 승리를 쟁취하고 삭감안이 폐기될 때까지 두 주 동안 계속되있다. 역실적으로 이 승리는 정부뿐 아니라 책임 있는 '사회적 파트너'로 인정받지 못했고 자신들의 군대를 통제하지 못했던 노조들에게도 뼈아픈 패배였다.

현재 프랑스 노동자의 23%만이 노조에 속해 있고, 그마저도 자발적인 게 아니라 정부 할당에 따른 것이기에 프랑스 노동총동맹과 프랑스 민주노동동맹CFDT: Confédération française démocratique du travail, 기타 동맹들에게도 우려가 된다. 1995년 이후 노조들은 또 다른 들고양이 파업을 막으려고 운동에 대한 자신들의 통제를 강화해왔다. 냉소적으로는 대중의 열정을 돌릴 수 없으며, 대중의 분노를 완전히 비워내지 않고 수도꼭지처럼 틀었다 잠갔다 할 수는 없다. 그런 전술들은 불가피하게 노동자들을 좌절시키고 노동자들의 수줍은 꿈은 그들이 러닝머신 위를 달리는 사이에 점점 더 사라져 간다.

유사한 대중들의 투쟁이 (금융계의 구제금융으로 생겨난) '부채' 상환이라는 명목 하에 신자유주의 긴축 정책의 압박을 받는 유럽 곳곳에서 일어나는 중이다. 하지만 여기서도 역시, 국제적인 연대를 통해 힘을 강화하려는 노력과는 거리가 먼 좌파 정치인과 노조 지도자들이 존재한다. 이들은 유럽연합이 공동 경제 구역을 구축해놓았는데도 나라의 테두리 안에서 비타협적으로 고립되어 있다. 그보다는 자신들에게 영업권을 내준 정부 '프랜차이즈 매장'에 의존한다.

언제나 놀라움으로 가득한 프랑스인들이 그들의 '대표자들'(조합 지도자들 및 공식적인 좌파 정당들)이 최악의 '적'임이 확실해진 지금의 난국에서 벗어날 방법을 찾았으면 한다.

2010년 10월 15일, 프랑스 몽펠리에서

 **회상**　　　　**1968년**

앤젤로 콰트로치|Angelo Quattrocchi

김징 옷을 갖춰 입고 봉쇄하는 성찰들. 가숙, 강철, 플라스틱.

잊힌 악몽들. 눈먼 가면들. 두려움의 선율.

입 안의 달콤하고 역겨운 맛. 말라버린 입천장. 창자. 첫 번째 물결.

검정 옷을 갖춰 입은 무리는 이제 하얀 곤봉으로 고통받는 사람들의 물결이다. 혼자 남으면 붙잡히고 구타당한다. 고꾸라지고 먹잇감에 몰려든 사람들에 발길질 당한다. 한 소녀가 정신을 잃고 누워 있다.

수류탄이 소리를 내며 푸른 구름을 만든다.

자갈돌. 돌들이 나무 근처에 놓여 있다.

구역질나는 가스는 거리로 허파로 깊이 스며든다. 보호, 전열 재정비, 바리케이드의 태동, 그리고- 바리케이드.

붙잡힌 학생들은 노트르담-데샹 경찰서로 연행된다.

그때 비가 내리기 시작한다.

11시, 경찰이 주인이다.

소르본대학을 검은 옷 입은 사람들이 에워싼다.

프랑스의
스프링 타임

프랑스, 학생운동의 역사를 다시 쓰다

© Lea Guzzo

REDESCEND
SUR
TERRE
VILLEPIN

CPE
allez à l'ANPE
retournez à la case départ

MONSIEUR 80%
TU AURAIS PU
RENVOYER
L'ASCENSEUR !

  프랑스의 스프링 타임

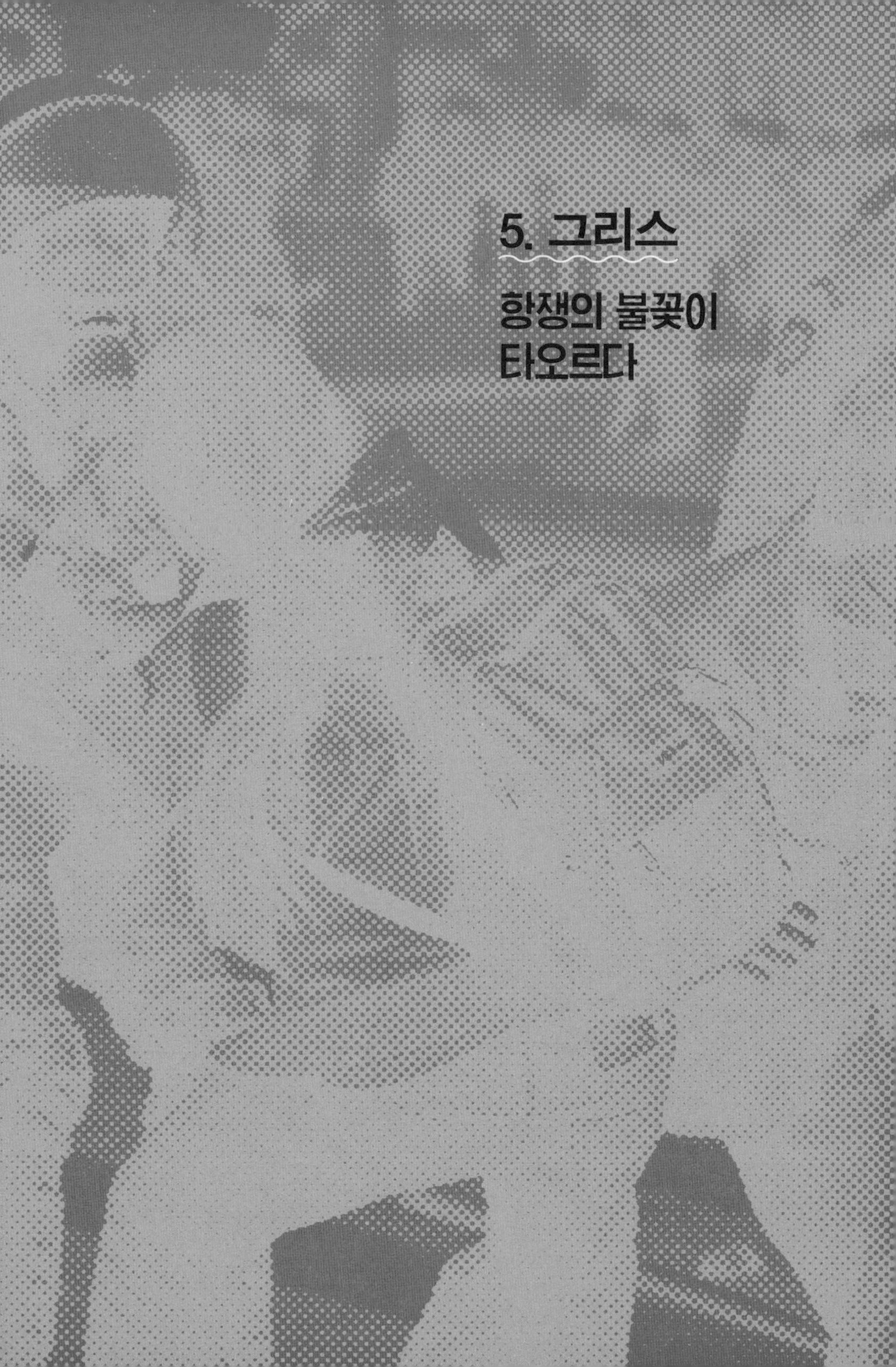

5. 그리스

항쟁의 불꽃이 타오르다

ΟΧΙ ΣΤΟ ΝΕΟ ΝΟΜΟΣΧΕΔΙΟ
ΣΤΑ ΙΔΙΩΤΙΚΑ ΠΑΝΕΠΙΣΤΗΜΙΑ
ΚΑΤΑΛΗΨΕΙΣ

스파이로스 드리트사스 Spyros Dritsas, **조르고스 칼람포카스**Giorgos Kalampokas

드리트사스는 외과 레지던트, '학생 연합 총회 및 점거 조정위 2006~2007' 일원이자
대변인이었다. 칼람포카스는 화학 엔지니어이자 정치철학 및 사회이론을 공부하는 학생,
'학생 연합 총회 및 점거 조정위 2006~2007'의 일원이었다.

새 천년이 시작될 무렵 그리스 대학들의 상황은 차분했다. 1997~1998년
에 시행된 중등교육 개혁이 보다 잘 훈련받은 대학 신입생 세대를, 또 압
박감과 고된 공부, 스트레스에 훨씬 잘 적응하는 세대를 양성했다. 더욱이
초등 및 중등 교육에서 교사와 학생연합의 맹렬한 반대를 무릅쓰고 교사
임명 시스템에 새 국가시험을 도입했다. 변화는 대학 학위 가치의 철저한
하락으로 이어졌다. 그렇더라도 이들의 반대는 학생운동의 본거지가 일부
좌절에서 회복되고 있음을 의미했다. 전체 학생의 수가 급격하게 증가했
지만 대부분 가시적인 고용 전망도, 집단적인 투쟁의 전통도 없는 신생 학
과 학생들이었다. 그리스의 대학은 급변해왔다. 그리스와 프랑스에서 '다양
한 속도의 대학들*Universités à plusieurs vitesses*'이라는 표현은 자본의 명령에 순응하
는 정도에 따라 매기는 새로운 대학과 학과 서열을 묘사할 때 쓴다. 이렇
게 사회적, 정치적 배경이 달라졌으니 과거 학생운동의 승리가 구조 개혁
의 새 물결을 막을 수 있다고 보증하지는 못한다. 볼로냐 프로세스에서 폐
기할 측면들을 요구하는 데는 성공했지만, 2001년 여름 동안 학생들의 시

위는 모든 대학의 투쟁에서 통합을 이뤄내지는 못했다. 분열이 여전했고 학생운동이 새로운 상황에 공동으로 대응하지 못한다는 느낌이 만연했다.

그러나 수면 아래 긴장감은 높아만 가고……

이 모든 경향은 복잡한 상황의 한 단면만을 보여줄 뿐이다. 대학에 대한 자본가들의 전략은 거대한 모순에 직면했다. 학생 대다수가 지배적인 이념의 양상들에 영향을 받으면서도, 여전히 대학 학위 취득을 발판으로 버젓한 일자리 구하기에 성공하기를 기대하는 모순이 그것이다. 이는 광범위한 자본주의 전략의 결과다. 볼로냐 프로세스가 적절한 사례다. 고등교육을 받을 수 있는 기회는 확대되었더라도 높은 수준의 자격이 곧 좋은 노동 환경이나 구매력 향상으로 이어진다는 확신을 심어주지는 못했다. 이 전략에 따르면 교육의 이동성이 사회적 이동성으로 해석되어서는 안 된다. 학생들을 통제하려는 시도, 학업에 드는 많은 비용(대학 입학을 위한 개인 교습 비용, 특히 지방 대학에서 많이 드는 생활비와 교통비)과 더불어 악화되는 고용 전망 등 현실은 가혹하기만 하다. 공동의 염원과 현실 사이의 괴리는 희생해도 소용없다는 사람들의 실망감을 더욱 강화시켰다.

결과적으로 1990년대 학생운동을 유발한 구체적인 정황들, 특히 대학 졸업자들의 일자리 전망의 악화가 이제 그 어느 때보다 두드러진다. 하지만 모든 모순이 드러나 상황이 무르익었는데도 젊은 학생들은 마침내 국가가 학생들에 관한 훈련과 순응의 내기에서 승리라도 한 것처럼 수동적이고, 심지어 동의하는 듯한 모습이다.

폭풍 전야

2005년에 무슨 일이 벌어질지 예측하거나 낙관할 수 있는 사람은 거의 없었다. 정부는 과거 학생들의 거센 저항에 부딪쳤음에도 불구하고 가치 산정과 평가 과정 도입 같은 대학의 자본주의식 재편의 본질과 관련된 일련의 법안들을 통과시켰다. 매우 강건해 보이는 마리에타 기아나쿠Marietta Giannakou 교육부 장관은 흠잡을 데 없이 직무를 수행해왔다. 과거 많은 이들이 사임했기에 전통적으로 교육부 장관직을 '전기의자'라고 묘사했지만, 기아나쿠는 이 자리에서 살아남을 듯하다.

하지만 전국의 강의실에서 정부에 대한 분노는 높아지고 있다. 학생 연합 내 급진적인 좌파 세력인 독립좌파운동연합EAAK: Eniaia Anexartiti Aristeri Kinisi은 정부 정책을 철회하도록 조직적으로 압박했다. 이 문제는 민주쇄신중심DAP: Dimokratiki Ananeotiki Protoporia[당시 여당인 보수 성향의 신민주주의당ND: Néa Dimokratía 내 학생 진영]이 정치적, 이념적으로 맞닥뜨린 문제였다. 신민주주의당은 정부 정책에 열렬한 이념적 지지를 표한 반면, 다른 학생들의 성향은 반정부 입장을 취했다. 이 모든 요인이 적극적인 저항과 운동으로 전환할 방법을 고심하며 높아지는 불만에 기름을 부었다.

이런 분위기 속에서 고등교육의 사교육화를 금하는 헌법에 명백히 위배됨에도 불구하고 사립대 합법화를 추진한 2006년 초 정부 발표는 학내에 긴장감을 고조시켰다. 이는 2006년 3월 산발적인 점거와 더불어 앞으로 어떤 일이 벌어질지를 보여주는 첫 번째 징후였다. 정부의 오만과 학생 운동이 패했다는 정부의 평가, 그에 따라 공격적인 전략으로 당국의 신보수주의 개혁을 시행하겠다는 결정은 운동에 불을 붙일 스파크가 되었다. 새 법에는 대학과 폴리테크닉polytechnic(전문대학에 해당하는 과정으로 전문기술

　　첫 번째 큰 물결: 2006~2007년

자 배출을 목표로 하는 교육기관), 의대에서 4~6년으로 각기 다른 최소 수료 기간+2년 내에 과정을 마치지 못하면 영구 제적시킨다거나 대학 내 성소sanctuary 폐지, 대학을 기업 경영 표준에 맞춰 운영하고 자금 지원을 축소하는 조항들이 들어 있다. 이제 한계에 다다랐다……. 한편으로는 공격이 모든 학생에게 영향을 끼쳤다. 투쟁의 전통을 지닌 대학이나 학과를 비롯하여 투쟁의 역사가 없는 곳들, 즉 전문적인 고등교육 기관들은 물론이고 집단 투쟁 경험이 없는 지방의 많은 대학들까지 그야말로 총체적이었다. 다른 면에서는 공격의 권위주의적인 특성, 공공연한 신보수주의의 '법과 질서'라는 수식어, 과도하게 징계하려는 노력, 공교육과 과거 대중 운동으로 어렵게 쟁취한 모든 것에 대한 공격이 펼쳐졌다. 정부는 이로써 자신들의 존엄을 위해 싸우는 학생들을 위협하는 모양새를 더욱 굳혔다. 2006년 3월 최초고용계약제에 대항한 프랑스 운동의 승리는 격려 그 이상이었다. 이어 그리스 학생운동이 그 바통을 이어받았으니…….

모든 일이 어떻게 시작되었나 : 2006년

첫 시위는 2006년 3월, 오랜 투쟁의 전통을 지닌 학교들인 국립 아테네 공과대학National Technical University of Athens, 아테네대학University of Athens 의과대학, 파트라스대학University of Patras 및 트라케대학University of Thrace의 폴리테크닉 스쿨에서 열린 첫 번째 집회에서 내린 점령 결정으로 시작되었다. 하지만 운동은 지금껏 시위의 징후를 보이지 않던 대규모의 학생연합으로 곧 확산됐다. 1,500명 이상이 참석한 대규모 집회들에서 아테네대학 문과대학, 아테네 경제경영대학Athens University of Economics and Business, 마케도니아대학University of Macedonia 점령에 찬성하는 표결을 했다. 여당인 신민주주의당의 학생 진영은 선거에서 강한 존재감이 있고 학생연합을 통제하는 대학에서조차 강당과 강의실을 포기하기 시작했다. 마케도니아대학에서 분노한 학생들이 실행에 들어가기 위한 집회 결정에 공동 서명을 요구하며 학생연합 운영진을 둘러쌌다. 그리고 2천 명의 학생들이 테살로니키 중심지를 지나 자발적인 행진을 벌였다. 이렇게 2006년 5월이 끝날 때까지 거의 모든 그리스 대학 및 404개 학부들을 점거했다.

대학은 활기찬 사회적 공간으로 거듭났다. 공동체와 저항의 새로운 패러다임이 탄생했다. 대학은 학생들로 가득 찼다. 투쟁은 사회적이고 예술적인 창조성과 결합해 급진적이고 정치적인 답변을 갈구했다. 1968년 5월이 멀지 않은 듯했고 보다 친숙하게 느껴졌다.

2006년 5월 25일 투쟁의 조정 및 구성을 담당할 '학생연합의 집회 및 점령 조정위원회'가 발족했다. 조정위원회의 결정은 당시 그리스 내 모든 학생연합의 출발점이 되었는데, 학생연합들 가운데 일부가 그때까지 집회의 경험이 없는 경우도 있었다. 대학 학부들이 들어선 아테네와 다른 도시들의 거리에서 대규모 학생 집회들이 조직되었다. 정부와 우리 모두 시위의 규모에 놀랐다. 하지만 정부는 학생들과 정치적 논쟁을 하지 않고 경찰 기동대의 힘을 빌렸다. 2006년 6월 8일 학생, 교수, 교사, 일반 노동자들이 연대한 대규모 시위대에 경찰이 격렬한 공격을 가했다. 그러나 경찰이 운동을 중지시킬 수는 없었다. 모든 시위가 끝난 후 학생들은 투쟁에서의 승리를 확신했다. 정부는 운동의 압력에 굴복하고 의회에서 법안 도입을 연기하겠다고 발표했으며, 조정위원회는 첫 번째 투쟁의 승리를 선언했다.

우리의 행동은 정부에 대한 투쟁일 뿐만 아니라 무저항과 패배주의 정신에 대한 대항이었고, 우리가 할 수 있는 일은 없다는 태도에 대한 저항이었으며, 운동 안에 내재한 '나쁜 자아'를 둘러싼 투쟁이었다. 이제 모든 이가 깨달았다. 우리가 투쟁을 조직하고, 연대와 공동의 정체성을 구축하며, 필요한 모든 사항을 진정으로 표현하여 분명히 요구를 제시한다면 성취할 수 있음을 말이다. 학생들과 그 밖의 사회와 마찬가지로 정부도 이를 깨달았다.

헌법 수정 저지하기

다음 학년(2006~2007년) 시작부터 학생들의 투쟁으로 용기를 얻은 초등학교 교사들이 긴축 재정에 반대하는 연장 투쟁에 돌입했다. 대규모 학생 집회와 동시에 2006년 6월 총회를 연 그리스 초등학교교사연맹DOE: Didaskaliki Omospondia Ellados은 학년 시작부터 파업에 돌입하는 역사적인 결정을 내렸다. 지역 교사연합들은 집회에서 찬성표를 던졌고 두 달에 걸친 파업이 시작되었다. 정부가 이 상황에 대항하기란 불가능했다. 초기의 사소한 분열이 불만과 분노가 빠져나갈 길을 제공했고, 이는 정부가 쉽게 다루기 힘들 정도로 투쟁을 길어지게 만들었다. 주요 연합들도 파업을 통제할 수 없었으므로 정부가 연합들에 의존할 수 없었다. 그래서 정부는 파업하는 교사들과의 협상을 거부하고 대결 전략을 선택했다. 하지만 교사들의 파업은 학생운동의 발전에 도움이 될 만한 공동 투쟁의 본보기를 보여주었다.

　2006년이 끝나면서 일부 학생들 사이에 낙관론이 돌았다. 2006년 5~6월의 점령과 교사들의 파업이 교육 전반에 걸쳐 힘의 균형을 바꿔나갈 투쟁 전선의 확대 가능성과 신자유주의 정책에 맞서 폭넓은 대중 운동으로 이끌어나갈 수 있음을 보여주었다. 운동이 한창이던 2006년 5~6월에 범그리스대학 교사연구원연합POSDEP의 강경 노선도 낙관론에 힘을 실어주었다. 대표인 라자로스 아페키스Lazaros Apekis와 총비서인 야니스 마이스트로스Yanis Maistros는 신자유주의 개혁 비판에 거침이 없었다.

그런 맥락에서 2007년 초 마무리할 대대적인 헌법 수정의 일부였던 제16조 수정 시도는 주요 정치 쟁점이 되었다. 제16조를 보면 어떤 형태로든 고등교육의 사교육화를 금한다고 명시되어 있다. 헌법 조항의 방어가 새로운 학생운동의 물결과 교육 시스템 전반에 걸친 폭넓은 움직임을 유연하게 했다. 언론에서 "이들은 '소수'에 불과하다"며 깎아내리고 사립대학들은 현대화가 필요하다고 주장했으며, 당시 여당인 신민주주의당과 야당인 범그리스 사회당PASOK: Panellinio Sosialistiko Kinima 양측이 수정안을 지지하는 상황이었음에도, 학생연합들은 크리스마스 연휴에서 복귀한 직후 점령을 시작했다. 학생 집회가 그리스 전역에서 조직되었고, 몇 달 후 두 번째로 대학을 점령했다. 모든 도시에서 대규모 집회가 열렸고, 학생들은 교수와 교사 및 노동자들과 연대했다. 그리스 전역에서 교사, 교수, 학생, 노동자들이 '제16조 수호투쟁위원회'들을 결성해 각 지역에서 토론과 집회를 열고 공교육을 지지하는 대규모 운동을 조직했다. 운동이 최고조에 달했던 2007년 3월 8일, 정부는 이에 맞서 경찰력을 동원하기로 했다. 그리고 진압 경찰을 투입해 아테네에서 벌어진 전국적인 시위에 난폭하게 공격을 가하고 참가자들을 무더기로 체포했다. 정부는 시위자들을 해산시키고 운동을 패배시키려는 목적이 뚜렷했다. 하지만 범그리스 사회당은 운동의 압박과 국민들의 불만을 더 견디지 못했다. 결국 범그리스 사회당은 일부 사소한 절차상의 세부 조항들을 핑계 삼아 헌법 수정 과정에 참가하지 않겠다고 발표했고, 그렇게 함으로써 정부가 필요로 하는 다수표를 빼앗았다. 최근 역사상 처음으로, 사회 운동의 개입에도 불구하고 (가장 숭고

　　첫 번째 큰 물결: 2006~2007년

한 의회 절차인) 헌법 수정 과정이 심각하게 훼손되고 방해받은 사건이었다.
전체적으로 교육 부문에서 학생과 운동의 역사적인 승리로 마무리되었다.
비록 정부가 1년 전에 제안한 법의 일부 수정안이 가까스로 통과되긴 했
지만(전면적인 개정 위험이 여전히 남았다), 제16조 수정을 저지한 점은 투쟁이
정치적으로 거둔 승리라고 할 만하다.

정부는 패했고, 어떤 정책이든 수정할 능력이 있다는 이미지도 타격
을 입었다. 또한 공교육에 대한 거대한 공격에 우리는 성공적으로 응수했
다. 정치 현장은 불안정했고 젊은이들은 정상으로 돌아가기가 오히려 힘
든, 제어할 수 없는 세대가 되어갔다.

두 번째 큰 물결: 2010~2011년

일리아스 케팔스Ilias Kefalas

국립기술대학의 기계공학부 학생이자

독립 좌파 운동연합의 투쟁 운동가.

2011년이 밝지미지 이 글을 쓴다. 지난 10개월 동인 그리스는 유럽연합-국제통화기금-유럽중앙은행 트로이카의 감시 아래에 놓였다. 공공 부문의 임금 삭감, 단체 교섭 시스템의 급격한 변화(긴축 조치 중 노동자들의 단체 교섭 권한을 축소하는 조항이 포함되었다)는 민간 부문의 임금 삭감을 초래했다. 공식적인 실업률이 13.5%가 넘었고 앞으로 수개월 안에 15%에 육박하거나 이를 넘어설 것으로 예상된다. 대형 감원 사태가 여러 회사와 공장들에서 진행 중이다. 정부는 공립대학들을 전부 해체하려고 한다. 그리스 청년 운동은 보다 밝은 미래를 꿈꾸며 또다시 투쟁한다.

이것이 부채 위기가 전면적으로 폭발하고 '구제 프로그램'이 포함된 조치들을 시행한 이후 그리스의 상황이다. 사실상 경제 통제와 정책 입안을 유럽연합-국제통화기금-유럽중앙은행 트로이카에 넘겨준 셈이다. 그리스 사회는 역사적인 분수령이라 할 만하다. 글로벌 자본 위기라는 비상 국면에서 '실제로 존재하는' 신자유주의가 지난 세기 노동 투쟁과 학생운동이 성취한 사회적, 정치적 성과를 되돌려놓으려는 목표를 세우고 공격적인 신보수주의와 만났으니까.

이른바 '사회주의자' 정부는 봉급과 임금을 먼저 공격한 다음, 복지국가로서 지켜온(혹은 좌측에 있던) 혜택을 완전히 해체하려고 한다. 공교육 기관은 폐쇄했고, 공공시설 및 회사는 민영화를 추진하며, 공공 의료 및 교육 시스템은 병원과 학교 등의 폐쇄 가능성과 심각한 예산 삭감에 직면했다. 하위계층은 부가세 인상으로 생활비 인상에 맞닥뜨렸다.

대학들도 이번 공격 범주에서 예외일 수가 없다. 1991년부터 전개된 그리스 학생운동은 자본주의 교육 재편, 특히 '볼로냐 프로세스'와 '유럽 고등교육지역 EHEA: European Higher Education Area' 전략의 중요한 국면마다 가까스로 저지하거나 지연시켜 왔다. 하지만 자본 세력은 새로운 유형의 대학 졸업자, 즉 값싸고 유순하며 잘 훈련받은 졸업자를 양산하도록 대학에 계속해서 압박을 가해왔다. 위기 국면에서 이 압력이 가중되었고, 새로운 대학 개혁의 흐름은 물론이고 청년층이 노동 시장에 진입하는 방식에서 심각한 변화를 초래했다.

2010년 초 유럽연합과 국제통화기금의 명령에 따른 재편 과정의 일부로 그리스 정부가 25세 이하 노동자들을 대상으로 새로운 법적 뼈대를 도입했다. 여러 가지 면에서 프랑스의 최초고용계약제와 닮은 이번 개혁을 살펴보면 청년 노동자들은 임금의 70~80%만을 받게끔 규정했다. 15~24세 사이의 실업률이 34.5%에 이른 데다, 그리스 청년들은 유연성이 크고 불안정한 고용으로 가족의 도움 없이 자립할 길이 요원하다.

2010년 9월 그리스 정부는 학술위원회에 자문을 요청하며 대학 개혁 플랜을 발표했다. 개혁안은 학위와 고용 전망을 낮춰 잡았을 뿐 아니라 근본적으로 대학 교육의 본질을 바꿔놓는 변화를 담고 있다. 대학은 시장과 고용주의 명령에 따라 기업의 표준과 기준에 준하여 운영되어야 한다. 유럽학점이전시스템ECTS: European Credit Transfer System의 도입은 졸업생들 사이에 개인별 등급화 및 경쟁을 불러온다. 많은 학과들이 문을 닫거나 통합될 것이고, 이로 인해 고등교육은 심각하게 위축될 것이다. 대학은 주로 비선출직인 '전문가들'과 '사업 공동체 대표들'로 구성된 '대학위원회'에서 운영할 것이기에 대학 내 민주적인 절차는 사라지고 말 것이다. 입학 첫 해 말에 추가 시험을 실시하는 등 대입 제도도 달라진다.

학생들은 이 개혁안에 반발했다. 시작점은 독재에 맞서 1973년 11월에 일으킨 학생 및 대중 항거를 기리려고 조직한 2010년 11월 17일의 대규모 시위었나. 2만 명이 넘는 학생늘이 시위에 참가해, 상정된 고등교육상의 변경 반대뿐 아니라 유럽연합-국제통화기금-유럽중앙은행 트로이카의 감시 하에 정부가 강요한 긴축 패키지 반대 투쟁에 나설 것임을 천명했다. 11월 25일과 12월 2일에 대규모 학생 시위가 열렸고 학생연합 조정위원회는 상정된 개혁안 및 긴축 정책 반대 투쟁에 학생들이 동참할 것을 호소했다. 경찰은 공격적인 전술을 전개했고 학생들이 경찰 기동대와 충돌했다. 며칠이 지난 12월 6일, 수천 명의 학생들이 모여 2008년 12월에 있었던 폭동 2주년을 기념하는 시위를 열었다. 나라 전역에서 수만 명의 시위자들이 행진했고 경찰과의 충돌이 되풀이되었다.

이번 대치의 첫 라운드에서 절정은 12월 15일에 벌어진 총파업이었다. 수천 명의 학생들이 그리스 곳곳에서 노동자연합들과 대형 집회에 참가했다. 노동자들과 학생들은 유럽연합-국제통화기금-유럽중앙은행 트로이카의 감시 체제 타도와 일괄적인 긴축안 폐기라는 공동의 투쟁 전선을 형성했다. '사회주의' 정부는 이번 정책 실행이 갈수록 어려워짐을 간파

했으며, 의회 다수파가 줄어들고 있다. 5월 이후로 범그리스 사회당은 네 명의 의원들이 정책에 반대하며 소속당과 다른 의견을 표출했다.

2011년 초 그리스 정부는 커져가는 불만과 분노에 직면했으며, 그리스 사회는 폭발할 준비가 된 화약고와도 같다. 그리스 정부는 학생운동의 역사가 통제하기 매우 어려운 사회적인 항의와 논쟁에 불을 붙일 수 있음을 깨달았다. 이것이 정부가 전술 및 개혁안 도입 시기를 조정하려 하는 이유이기도 하다.

글을 쓰는 동안에도 학생들은 점령과 대규모 시위의 새로운 물결을 논의할 총파업의 다음 라운드를 재차 준비하고 있다. 그리스 청년들은 자신들의 생존과 존엄을 위해 싸우고 있다. 내일의 희망은 오늘의 투쟁에서 시작된다.

12월의 폭발

에이리니 가이타누Eirini Gaitanou

전기 엔지니어로, 현재 파리의 사회 과학
고등 연구원EHESS: Ecole des Hautes Etudes
en Sciences Sociales에서 정치학 연구
석사MRes과정 중이다.

12월, 답이 아니더라. 질문이너라.
— 아테네의 벽에 붙어 있던 표어

실재의 사막에 오신 것을 환영합니다

토요일 밤 엑사르키아Exarcheia(아테네 도심의 엑사르키아는 급진적인 정치적 이상
과 대안적인 사회 관행의 실험실이요, 도전적인 젊은이들이 자주 모이는 장소다)에서
15세 소년이 경찰관의 총에 맞아 숨진 사건은 청년, 이민자, 불안정 노동
자 등 수만 명을 한 달 동안 계속된 가두시위로 끌어 모으기에 충분했다.
이 사건은 그리스뿐 아니라 유럽 전역에서 저항과 투쟁의 새로운 물결이
일어남을 알리는 신호다. 두려움의 시대에 답하여 반란의 시대가 시작된
것이다.

하지만 새로운 물결이 이 총격만으로 가능했을까? 사실 12월의 반란
은 지금껏 비난받아온 압제적인 규칙에 대한 젊은이들의 응답이다. 또 경
제 위기 동안에 일어난 첫 번째 사회적 폭발이고 모든 사람이 감지한 다가

오는 사회적 재앙에 대한 반응이다. 처음 이 반란은 현 세대가 대면한 미래가 이전 세대들의 미래보다 상황이 나쁘다는 인식에서 출발했다. 대규모 실업, 긴축, 노동의 유연성, 불평등의 심화, 복지국가 후퇴, 사회 주체들의 분열과 개별화, 이 모든 것이 한편으로는 하위계층의 사람들에게 참을 수 없는 상황이었음을, 다른 한편으로는 사회적인 배제와 주변화의 강화, 상류사회로의 이동 가능성이 언제나 희박함을 의미한다. 이와 같은 사회적, 정치적 현실은 국가가 사회운동을 억압하는 행로를 선택하게끔 이끌어 심각한 이념적 위기도 유발한다. 동시에 국가가 더 이상 사회적으로 재생할 수 있는 최소한의 환경조차 보장해주지 않으므로 사회 조직 내 분열이 갈수록 골이 깊어지고 있다. 양당 지배, 정치 정당들에 만연한 환멸에 더하여 국가 권력이 사회의 요구와 항의에 무관심과 권위주의적 엄격함으로 대처한다는 느낌이 팽배해지면서 정치 체제의 합법화가 위기에 빠졌다. 압제적 수단, 정치적 의사소통 창구요 대표성을 지녔던 전통적인 수단(정당이나 노동조합)이 더 이상 과거처럼 기능하지 않는다는 인식의 확산이 이 위기를 가속화한다.

규율의 끝-마법 같은 삶

매일의 삶이 예측 가능한 것 같던 때 '우연한' 사건이 상황을 과격하게 바꿔놓았다. 언론과 정계 대표자들은 처음에는 살인을 '비극적인 오해'의 탓으로 돌리려고 했다. 시위자들의 즉각적인 반응이 포스터를 통해 나돌았다. "거리의 모든 사람에게. 점령, 행진, 충돌하라…… 오해가 아니다!" 갑자기 아테네 시민들은 한 달 내내 불타올랐고 반란의 기운이 온 나라에 휘몰아쳤다. 최루가스와 과격한 충돌이 일상의 일부분이 되었다.

12월은 그 이상이었다. 동시에 12월은 자율 조직의 대규모 자발적 행동, 투쟁 형식에 관한 혁신과 실험 정신, 대중 공간의 광범위한 집단 재전용再戰用, 이 자발적인 행동과 집단 경험에 관여한 수많은 사회 주체들의 행동주의와 창조성으로 묘사할 만한 달이었다.

12월의 운동은 특별했다. 특정한 정치적 요구나 프로그램이 별도로 없었고 사람들이 자발적으로 참여한 행동에서 이뤄낸, 급진적인 변화의 요구와는 별개인 거대 운동이었다. 그리고 정해진 선봉자가 없었으므로 계층 구분이 없는 자율적인 조직 구성이 가능했다. 좌파, 무정부주의자, 자치 단체들을 아우르는 정치 조직과 집단들은 운동의 일부였지만(모두 그랬던 건 아니었나. 공산당은 호의적이지 않았다) 리더로 행농하지는 않았다. 캘리포니아 주의 학생 점령 시위에서 요구했던 것("모든 것을 점령하라, 아무것도 요구하지 마라")은 12월의 기세를 쉽게 표현해준다. 특정한 요구 사항이 있던 사회 운동의 전통적 기준을 뛰어넘어 정치와 공간의 종합적인 재전용을 나타낸다. 하지만 그것은 새로운 형식의 투쟁을 실험하고, 정치적 이해의 새로운 한계를 정립하려고 시도한 위대하고, 정치적 이해가 내포된 폭동이었다.

은행에 흘러간 돈, 젊은이에게 날아온 총알 : 우리의 때가 온 것이다

12월의 반란은 그 자리에 참가한 사회 계층으로 대변된다. 청년층이 운동의 발전에 주도적인 역할을 했다. 2006~2007년의 교육 개혁에 반대한 학생운동은 학생들과 여타 부문의 그리스 청년들을 상대로 공동 투쟁 문화의 발전을 도모했다. 더욱이 청년들이 사회적 재생산 장치와 생산 과정 두 곳의 사회 부문에서 속한 위치, 젊은 노동자들의 불안정한 고용 전망, 교육

시스템의 과격한 개혁(특히 교육 개혁은 노동력의 생산 및 재생산이라는 관점에서 거대 자본주의 재편성의 일부로서 단행되었다), 이 모든 것들이 결정적으로 젊은 이들로 하여금 투쟁의 최전선으로 나서도록 자극했다.

동시에 이민 청년 계층의 운동 참여는 매우 중요한 의미를 지닌다. 노동의 유연성과 불안정한 고용에 직면한 노동자들도 마찬가지다. 현재와 미래의 불안정 말고도 전통적인 표현 방식으로는 분노 표출이 불가능하고 (중등 교육에 조직을 갖춘 학생연합들의 부재, 정치 대표에서의 이민자 배제, 노조 운동의 관료화 그리고 거의 모든 부문에서 불안정 노동자들을 위한 연합 대표 부재가 그 이유다) 압박감과 동시에 갈수록 하찮은 존재로 전락했다는 느낌이 커져갔다. 이 모든 요인이 억압받는 공동의 정체성 아래서 폭넓은 사회 부문과 계층이 똘똘 뭉치게 만들었다. 축적된 분노와 불만이 표출될 준비가 끝난 것이다.

2008년 12월, 여러분의 삶으로 되돌아온 것을 환영합니다

그리고 이 분노가 표출되었다. 경찰관의 총격으로 15세 소년 알렉산드로스 그리고로풀로스Alexandros Grigoropoulos가 사망한 지 한 시간 후, 수천 명의 사람들이 아테네 도심에서 홍수를 이뤘다. 동시에 그리스의 많은 도시들에서 항의 시위가 조직되었다. 아테네의 격렬한 충돌은 그로부터 약 한 시간 후에 시작되었다. 아테네 도심의 대학 건물들이 점령되었다. 그러나 사람들은(특히 첫째 날 밤) 대부분 거리에 머무르며 바리케이드를 세우고 국가로부터 공공 공간을 되찾았다. 그날 밤, 또 그 이후로도 이어진 많은 날들 동안에 거리는 반란자들의 세상이었다. 다음 날 정치 및 사회단체들이 대규모 집회를 조직했고 경찰이 군중 진압에 실패한 사이에도 충돌이 계속되었다. 그때 사람들은 "살인자 정부는 물러나라"는 구호를 처음 외쳤으며, 이 구호는 운동의 정치 담론에서 핵심 요소가 되었다. 12월 8일 월요일은 반란의 이정표가 된 날이다. 그날 아침 전국의 고등학생들이 자신들의 학교를 점령하고 경찰서를 목표로 삼은 자발적인 시위(이 지역 규모의 시위는 오랫동안 지속되었다)를 조직했다. 이어서 각 대학이 집회를 열고 점령을 시작했다. 저녁에는 아테네에서 큰 시위를 벌이며 도심이 전쟁터로 바뀌었다. 수만 명의 항의자들이 참가해 정부 청사로 공격을 확대했으며, 경찰은 도시 통제력을 상실했다. 가까스로 정치 체제의 상징물들인 의회, 대통령 궁을 지켰을 뿐이다. 거의 모든 은행과 많은 상점들이 공격의 대상이었다(고급 상점들이 부와 소비지상주의의 상징이란 이유로 대부분 파괴당했지만, 의외로 약탈은 만연하지 않았다). 신타그마토스 광장Plateia Syntagmatos(헌법 광장)에서는 크리스마스트리가 불길에 휩싸여 이번 운동을 상징하는 이미지들 가운데 하나가 되기도 했다(이후 몇 주 동안 아테네는 경찰의 꾸준한 보호를 받는 세계 유일의 크리스마스트리를 소유하는 영광을 누렸다!). 정부는 '비상사태' 선포, 시위 금지 등의 조치를 취하려고 했으나 결국 취소했다. 폭동은 이미 일어난 사실이었다.

아테네의 불꽃, 파리의 불길, 폭동이 오고 있다

첫날, 그 다음날(경찰은 알렉산드로스의 장례일에 운집한 수천 명의 시민들을 공격했다!)…… 시가행진이 매일 조직되었고 경찰은 시위대를 포위했다. 하지만 운동은 계속해서 새로운 행동 양식을 고안해냈다. 총파업이 예정된 12월 10일, 그리스노동자총연맹GSEE: Geniki Synomospondia Ergaton Elladas이 대규모 집회를 취소하자 '상황을 더 이상 악화시키지 않기 위해' 풀뿌리연합들grassroots unions과 학생연합들이 앞장서 대형 집회를 개최했다. 이렇듯 관료적인 노동조합과 전투적인 작업 현장 사이의 분열이 보다 분명해졌다. 이후 며칠 간 많은 공공건물들이 점거되었고(타운 홀 및 도청 건물들), 여론조사 회사와 라디오 및 텔레비전 방송국들은 편파적인 태도로 비난받았다. 특히 '반란 노동자총회 General Assembly of the Workers in Revolt'가 그리스 노동자총연맹 건물을 점령한 사실이 중요하다. 투쟁 기간 동안 체포된 사람들과의 연대와 대형 집회 역시 그리스의 많은 도시들에서 열렸다. 새로운 형태와 방법의 이념 적, 문화적 대항 헤게모니 counter-hegemony도 발전했다. 아테네 오페라하우스 를 점령하고 이 장소를 토론과 공연 장소로 한동안 활용했는가 하면 국립 극장의 초연작 등을 올리지 못하게 방해했으며, 버려진 건물을 점령해 문 화센터로 탈바꿈시켰다. 공공장소의 재전용은 빈 건물의 일부 구역을 점 령해 자율 관리 공원으로 전환하는 형태로 이뤄지기도 했다. 그것들 가운 데 일부는 여전히 사용 중이다. 개입은 새해 전날 행사에서도 발생했다. 마 침내 행진과 시위가 해외 도시 열여섯 군데서 벌어지자 외국 정부마저도 우려하기 시작했다. "'그리스 바이러스'가 우리나라에도 영향을 미칠 것인 가?" 프랑스 대통령 사르코지는 새 교육 개혁 도입을 연기하는 것으로 답 을 대신했다. 그가 언급했듯이 그리스 반란의 잠재적 확장이 프랑스까지 번진 "두려움 속에서"였다.

역사, 여기 우리가 왔다

12월의 마법은 정확히 다형성 polymorphism[동일 집단에서 보여주는 다양한 행동 양식]과 창조성, 대중의 집결 안에 있다. 그리고 국가 체제와 경찰에 대항 하는 투쟁 형식의 격렬한 정도에 보조를 맞추었고, 운동의 반체제적 특징 을 분명히 했다. "모든 꽃은 피기 위해 남아 있다." 동시에, 반란과 그 투쟁 형식은 그리스 사회 내에서 폭넓게 정당성을 인정받았다(심지어 일반 시민들이 경찰관들에게 냄비를 던지고 '우리의 집을 빼앗아 간' 은행을 공격하는 시점에까지 이르렀다). 언론이 동원되어 폭동의 정당성을 부정하는 상황임에도 시위에 참여하는 모습은 매우 감동적이다. 12월은 정치로의 회귀가 필요함을 역설한다. 이는 지배적인 기존 체제의 정당 정치나 전통적인 정치적 대표성을 의미하는 것이 아니다. 12월은 자율 조직과 집단의 자기 관리 측면에서 정치가 필요함을 천명한다. 이것이 정계를 두려움에 떨게 한 핵심 요소다. 12월을 폄훼하려는 노력의 한 단면이 '억압'이었다면, 다른 측면은 정치적 요구도 없이 일어난 폭발일 뿐, 즉 폭력의 '아노미'라고 간단히 이름 붙여 반란의 가치를 깎아내리려는 시도였을 것이다. 하지만 '폭동'과 특정한 요구를 담아 조직된 '사회 운동' 간의 차이를 묻는다면 전자는 일어나지 않을 때만 패배한다고 답하겠다. 이런 면에서 2008년 12월은 그리스 사회에서 커지는 분노와 "상황이 그들이 했던 대로 계속되지 않을 것이다!"는 외침을 보여준 모범 사례다. 덧붙이자면, 원래 그렇듯이, 폭동은 합법적이거나 도덕적이지 않았다. 폭동은 그저 폭동일 뿐이다!

그리스 청년들의 소요

파나지오티스 소티리스Panagiotis Sotiris

레스보스 섬 미틸리니Mytilene에 있는
에게해대학교University of the Aegean
사회학과에서 사회 및 정치 철학을 가르친다.
마르크스 철학, 사회 이론, 교육 정책에 관련된
책을 폭넓게 출간했다.

1973년 국립 아테네 공과대학에서 발생한 반독재 점령 시위부터 1979년 대학 점령 물결까지, 1987년 점령부터 1990~1991년의 고등학교 및 대학교 운동까지, 거기에 1995년, 1997~1998년, 2001년에 연이어 일어난 소요의 물결에 이르기까지 그리스대학과 고등학교들은 평화로웠던 적이 결코 없었다.

오늘날 소요는 2006년 그리스 정부의 신자유주의 개혁안 통과를 지연시키기 위한 경찰과의 충돌 및 시위, 대학 점령의 물결에서 시작되었다. 2007년에도 학생들의 점령과 교수들의 파업이 계속되었다. 이들은 대학 사교육화의 금지 해제가 포함된 헌법 수정안 처리를 저지해냈다. 그 후 2008년 12월에 그리스 청년층의 대규모 봉기가 발발했다.

경제 위기 이후 현재, 그리스는 유럽연합-국제통화기금-유럽중앙은행 트로이카의 감시 하에 가혹한 긴축 패키지 정책을 시행하고 있다. 또 고등교육 전면 점검안은 민주적인 절차 폐지, 기업 경영 관행의 도입 등을 조항에 담을 예정이다. 이에 새로운 항의의 물결이 분연히 떠오르고 있다.

그리스에서 학생들의 불안이 지속되는데도, 대개의 주류 이론가들은 청년층의 소요가 아노미의 표출이고 규율이 부족한 탓(칼리바스Kalyvas, 2008년)이라고 주로 설명한다. 이와 대조적으로 우리는 청년 운동이라는 행위가 그리스 자본주의의 모순점과 사회적, 정치적 호전성이라는 특정한 전통에 뿌리를 둔다고 주장하고 있다.

"메리 crisis" 앤 "해피 뉴 fear": 경제 위기와 청년 소요

경제 위기의 심화는 그리스에서 현 청년층의 소요가 일어난 구체적인 배경이다. 그 결과 전부터 유럽연합-국제통화기금-유럽중앙은행이 시작해 우리에게 강요한 긴축 패키지를 시행했고, 2004년 올림픽이 낳은 부자연스러운 도취감 이후 그리스 경제의 모순은 극심해졌다. 그리스 경제는 1990년대 중반부터 입증된 높은 성장률과는 크게 대조적으로 2004년에 이미 불황에 접어들었다(그리스 중앙은행, 2009년). 치솟는 사회 불평등은 미래에 대한 불안정과 함께 그리스 사회적 풍경의 전체를 구성하는 양상이 되었다(쿠벨라키스Kouvelakis, 2008년).

그리스 경제 위기는 단순히 세계 자본주의 위기가 드러난 정도가 아니다. 이는 저임금, 이민 노동력 착취, 유럽 기금 사용, 부채로 충당되는 가계 소비 증가를 바탕으로 한 그리스 자본주의의 '발전 패러다임' 위기다. 유럽연합의 금융 및 재정 구조의 과잉 규제가 이 같은 모순점들을 낳았다. 유로화 도입과 유럽연합 채권 규정은 지속적인 경쟁력 상실, 자본주의 재구성을 추구하라는 계속적인 압력, 임금 및 노사 관계 악화, 부채의 악순환을 의미한다.

공적 부문 노동자들의 투쟁, 학생 및 청년 운동, 증가하는 급진적인

　　그리스 청년들의 소요

시위의 정당화는 그리스 사회의 '현대화'가 여전히 '끝나지 않은 프로젝트' 임을 보여준다. 결과적으로 유럽연합-국제통화기금-유럽중앙은행 트로이카가 명령한 긴축 패키지를 통해, 그리스는 오랜 투쟁의 전통과 함께 사회 구성에 있어 구조적인 개혁이라는 '충격 요법'이 지닌 가능성의 시험대가 되어간다.

　　학생들은 2010년 봄부터 시위의 물결에 꾸준히 참가해왔다. 이는 높은 청년 실업, 불안정성, 학비를 대지 못하는 노동자 가족의 무능과 같은 예들로 입증되는 '빼앗긴 미래', '잃어버린 세대'의 커져가는 상실감이 낳은 결과다. 학생운동에서 나온 성명서들, 교육 개혁에 반대하는 투쟁은 그리스 정부, 유럽연합, 국제통화기금의 정책에 반대하는 광범위한 투쟁의 일부다.

'잃어버린 세대' 그리스 청년층의 노동 전망 악화

2008년 그리스의 청년(15~24세) 실업률은 22.1%로 유럽연합 27개국 평균 15.4%와 차이가 크다. 실업률은 2009년 말 27.5%에 이르렀고(유럽연합 27개국은 20.3%), 2010년 10월에는 34.6%까지 치솟았다. 2008년을 기준으로 졸업한 지 6년이 지난 사람들을 살펴보면, 고등교육 졸업생은 셋 중 한 명, 중등교육 졸업생은 셋 중 두 명, 의무교육 졸업생은 셋 중 한 명이 안정적인 일자리를 찾지 못했다(카람시니Karamesini, 2009년, 21쪽). '700유로 세대'라는 용어는 과잉 착취당하는 젊은 노동자들을 묘사할 때 널리 사용되며, 이들 중 다수는 잘 훈련된 능력을 갖추고 있다. 그리스대학 졸업생들을 대상으로 실시한 고용 전망 조사는 그들이 직면한 직장 유연성 그리고(또는) 정식 자격에 맞지 않는 업무를 강요받는 현실을 보여준다. 현재의 긴축 패키지는 젊은 노동자들에게 최저임금보다 적은 임금을 허용한다. 더욱이 그리스 청년들을 보면 '다양성 속의 통일성unity in difference'이라는 그림이 떠오른다. 각 부문의 청년들이 처한 고용 상태와 사회적 상황이 다른데도, 고용 전망은 누구에게나 악화되고 있다. 이는 오히려 그리스 청년층을 단일화된 정체성으로 이끌었고, 12월 폭동 기간에 특히 그러했다.

"그들은 통과시킬 수 없다": 투쟁의 장으로서의 교육

그리스에서 교육 정책은 대대로 논쟁의 장이었다. 역사적으로 교육은 사회적 상향 이동의 역할을 담당했기에 가족들은 후손이 대학 학위를 취득하도록 투자해왔고, 현재까지는 더 밝은 고용 전망을 보장하는 편이었다. 하지만 1990년대 이후로 고등교육의 접근성이 확대되면서 고용 보장으로 이어지지 못하고 있다. 2000년대에는 고등교육 입학시험 제도가 매우 경쟁적으로 바뀌고(때문에 엄청난 공부의 양, 많은 시간과 비싼 개인 지도비가 필요해졌다) 대학 학위 취득이 안정적인 고용을 보장하지 않는 탓에 광범위한 불안감을 조장했다. 고등교육을 기업 이익에 유리하게 만들고 학생운동을 통제하려는 시도는 소요에 기름을 부었다. 2006~2007년 개혁안은 '볼로냐 프로세스'에 맞춰 대학의 학위 지위에 변화를 꾀했다. 볼로냐 프로세스대로라면 전문적인 자격과 학위는 별개가 된다. 더불어 정부는 보다 가혹해진 제재 조치, 대학의 성역화(경찰 병력의 대학 캠퍼스 및 건물 진입 금지) 약화, 학업 일정 강화 외에도 헌법 제16조 수정으로 그리스의 고등교육을 사교육화하고자 했다.

2010년 가을에 도입된 현 교육부 장관의 상정안은 수십 년이 걸리는 매우 공격적인 (그리고 고등교육의 공적인 특성을 완벽하게 침해할) 대학 개혁안

　　　　그리스 청년들의 소요

이다. 비슷한 방식을 실행하는 다른 유럽 나라들과 보조를 맞춰, 정부는 의
사결정기관을 기존의 평의원회와 학부별 집회로부터 산업계 대표자와 비
선출직 총장 및 경영진이 포함된 '대학의회'로 이관해 민주적인 과정 대신
자본주의 스타일의 대학 경영 도입을 계획 중이다. 결과적으로 대학은 학
교로서의 자율성을 잃고 말 것이다. 가치 산정과 평가 과정을 거쳐 인문학
과와 사회학과는 큰 폭으로 삭감하는 등 자금 지원 방향이 결정될 것이다.
또 등록금 도입, 고등교육의 상업화 강화 추진, 직접적인 자금 지원 또는
사기업의 '후원' 허용을 강요받을 것이다. 많은 학부와 학교들은 통합되거
나 심지어 폐쇄되고, 고등교육에 대한 전체적인 접근 기회가 급격하게 줄
어들 것이다. 학교 단위에서 이루어질 유연한 학습 프로그램은 단편화 심
화와 학위 가치의 하락을 초래할 것이다. 근무 조건은 악화되어 조교수가
종신교수가 되거나, 강사가 교수직에 도달할 가능성은 희박해질 것이다.

대학 개혁은 자본주의 구조조정의 광범위한 과정 가운데 일부분이다.
고등교육의 상품화와 기업화는 그중에서도 중요한 부분이다. 하지만 그에
못지않게 중요한 부분은 사회의 재생산 측면에서 교육의 역할 변화다. 교
육 개혁은 교육기관 내부에서 노동 시장과 자본주의적 노동 과정의 변화
를 '내면화시키는' 경향이 있다. 특히 보다 유능하면서 권리는 적고, 보다
생산적이면서 불안정성은 크며, 잘 훈련되었음에도 불구하고 박봉인 노동
력의 필요 측면에서 '내면화'의 경향이 크다. 이런 자본주의식 생산의 실
제를 사전 등록하는 행위나 자본주의적으로 축적하라는 명령에 포함된 의
미는 대학 자금 지원상의 변화에 한계를 두지 말라는 것이다. 그것은 대학
학위의 상대적 가치뿐 아니라 학위에 대한 개념에서 변화라는 형식을 취
한다. 즉 새로운 단편화, 교육 체제, 직장의 새로운 현실에 대응하는 개별

화 과정으로 이끈다. 이것이 교육이 아닌 훈련이 중요하고, 교육 과정이 변화하는 한편 고등교육 내에서 현재의 기업 문화가 엿보이며, 노동자의 자격 요건에서 개별적인 '투자'가 중요한 이유다. 게다가 왜 고등교육을 받는 청년들이 직장의 현실에 대해 이전보다 더 강력한 인식을 하는지도 설명이 가능해진다. 최초고용계약제CPE에 저항한 프랑스 학생운동에서 볼 수 있듯이, 학생들은 노동 운동과 쉽게 결합하고 공동의 요구와 연대의 관점에서 생각하는 경향이 있다. 학위와 전문적인 자격 요건과의 관계를 둘러싼 논쟁은 볼로냐 프로세스 반대 운동의 발전에 중요했지만, 학생운동이 단순히 학위 가치의 하락에만 반응한 건 아니었다. 스타티스 쿠벨라키스의 주상에 따르면, 학생운동은 신자유주의의 '자본-노동 관계 전체의 구조 조정restructing of the totality of capital–labour relations'에 저항하는 거대한 사회 운동의 일부다(쿠벨라키스, 2007년, 279쪽).

'금융계에는 돈을-청년에게는 총알을' : 경찰 폭력과 청년 소요

경찰의 폭력 또한 청년 소요의 원인이었다(특히 2008년 12월에). 하지만 경찰의 청년 시위에 대한 대처 미숙이나 청년층의 집단 범죄 의례에 초점을 맞춘다면 핵심을 놓치고 말 것이다. 더욱이 경찰에 대한 적개심을 국가 독재, 좌익 투사 박해에 동참한 그리스 경찰 집단의 역사성과 결부하기에도 충분치 않다. 경찰 폭력은 주로 자본주의식 구조조정과 신자유주의, 이 둘의 조직적인 사회 폭력을 상징하는 환유어metonym로 작용한다. 15세 소년 알렉산드로스 그리고로풀로스를 냉혹하게 살해한 사건은 사회 불평등, 불안, 압제가 드러난 '빙산의 일각'이며 일상화된 공격과 차별, 젊은이들을 새로운 '위험한 계급'으로 치부하는 무수한 행태들 가운데 한 사례에 불과하다.

정당성의 위기!

주요 정책들의 정당성에 대한 폭넓은 위기감이 그리스 청년들의 소요에 기름을 부었다. 경제 위기, 만연한 정치 부패, 그리고 최근 수십 년 동안의 기업과 정치 간의 유착 관계에 대한 우려 때문이다. 12월 폭동이 있은 지 몇 개월 후, 유로바로미터Eurobarometer의 특별 여론조사는 현 상황에 대한 불만과 미래에 대한 부정적 전망으로 가득한 사회 분위기를 잡아냈다. 전통적인 정당 정치에서 대다수 인구가 소외된 현실에는 2010년 지역 선거에서 높은 비율의 유권자들이 기권 혹은 무효, 빈 투표용지로 답을 대신했다.

"폭동을 박물관에 박제할 수 없다": 호전성과 투쟁의 전통

사회적, 정치적 불평과는 별개로, 그리스 청년 소요의 지속은 공동 투쟁의 특별한 전통과도 관련이 있다. 그리스의 대학은 좌파 및 무정부주의 투쟁의 강력한 역사가 있으며, 이는 1960년대와 1970년대 학생 투쟁에 뿌리를 둔다. 반면 중고등학교는 시위의 수단으로서 점령을 이용하는 전통이 여전히 굳건하다. 대학의 학생연합 조직은 상당히 일원적이다. 매년 모든 대학에서 같은 날에 열리는 학생연합 선거의 참가율도 높고, 대개의 정당 산하에는 학생 분파가 있다. 좌파, 특히 그리스 청년공산당the Communist Party Youth은 선거에서 강력한 존재감을 발한다. 또 1990년대 이후 대다수의 학생운동 배후에서 막강한 위력을 발휘하는 독립좌파운동연합EAAK의 존재는 매우 중요하다. 이 연합은 거의 모든 대학의 급진 좌파 그룹들을 대표하는 단체다. 주류 정당의 학생 대표들이 학생운동에서 정치색을 없애고 관료화하는 경향이 있음에도 강건한 민주주의 문화는 존속한다. 대규모 학생 집회가 주 의사 결정 조직체이고, 연합 운영위원회는 결정을 번복할 수 없다는 특징이 있다. 토론의 장인 집회 및 민주적인 의사 결정, 자율 조직의 탁월함은 학생 투쟁과 급진적인 형태의 시위(점거, 대학 평의회 및 학부 총회 방해, 학습 및 연구 활동 중단)를 지속하는 밑거름이 되었다.

법을 폐기하고 공격적인 자본주의 구조 조정에 장애물을 만들 수 있는 능력이 집단 저항에 확신을 심어왔다. 학생운동은 1979년 법 철회, 1991년 장관에게 사임 요구 및 사교육화 추진안 철회 압박, 1995년 학생들의 교재비 납부 방침 취소, 2006~2007년 볼로냐 프로세스 정신이 담긴 법안 통과 지연, 2007년 헌법 조항 수정을 중단시키는 성과를 거두었다.

현재도 정치적, 이념적 급진성의 징후가 보인다. 1990년대 집단 저항은 좌파 정치에 대한 총체적인 환멸과 동시에 일어났다. 2000년대 청년과 학생 급진성은 갈수록 규모가 커지고 표현의 정치성이 강화되고 있다. 어떤 면에서는 독재 정권 이후의 급진성과 견줄 수 있을 정도다. 현 세대가 '상실의' 세대로 간주되면서 유일하게 이러한 급진성에 힘을 실어주고 있다.

결론

그리스 학생 소요는 오랫동안 지속된 투쟁의 전통과 단단한 뿌리를 바탕으로 한다. 경제 위기 국면에서 치솟는 실업과 직업 불안정 외에 교육의 기업화 및 상업화, 유연화를 추구하는 추세에 발맞춰 개혁을 실행하려는 지속적인 시도는 청년층의 불만과 소요를 키울 뿐이다. 조직의 관료화에서 자유롭고, 대체로 독립적인 정치 행보를 보이는 그리스 청년층의 운동은 우리를 깜짝 놀라게 할 잠재력을 항상 품고 있다. 누군가 희망하듯이……

학생운동 발언대

2006~2007년 학생운동부터

학생연합총회 및 점령조정위원회, 2006년 5월 25일

상정된 개혁안에서 교육부와 정부가 목표한 바는 다음과 같다.

- 유연하고 저렴한 노동력, 생산적이고 잘 훈련된 새로운 유형의 노동자 양성.

  고용주의 요구와 우선순위를 들어보면 노동자는 임금이 높지 않고, 고용 및 생활 여건 개선을 목표로 투쟁하지 않으며, 시장과 기업 경쟁의 명령에 전적으로 순응해야 한다. 이를 달성하려면 학위의 가치 절하, 자격과 고용 전망 간 분리뿐 아니라 학습 프로그램 강화, 학생운동의 징계가 이루어져야 하며 교육 개혁에 대한 저항을 억압해야 한다.

- 공립 대학을 민간 경제 기준으로 운영하기, 공공성 및 무료교육의 성격을 훼손하기, 새로운 계급 장벽 세우기.

평가제 및 인증제 도입, 평생 학습 강조는 위 목표들의 달성을 도울 뿐이다.

학생연합총회 및 점령조정위원회, 2006년 6월 28일

우리의 운동은 우리의 투쟁이 '미숙'하고 승리할 수 없다고 주장한 사람들이 틀렸음을 입증하며, 단호한 대규모 투쟁이 승리할 수 있음을 지속적으로 증명해왔다. 또한 우리는 우리 세대가 정치에 초연하고 주된 정책들에 순응하는 세대라는 설명이 틀렸음을 보여주었다. 그렇기는커녕 정치는 전문 정치인들의 몫이고 공동의 실천과는 거리가 멀다는 통념을 깨고, 집단주의 문화와 직접 민주주의, 연대를 토대로 한 새로운 개념의 정치를 선보였다. 학생운동은 총회와 조정위원회, 계층 구분 없는 협력체에서 탄생했다. 투쟁 한가운데서 학생운동은 독립적이다. 또한 자신들의 필요와 사회의 필요만이 운동을 움직일 수 있다.

학생연합총회 및 점령조정위원회, 2007년 1월 17일

우리는 여타의 교육 운동, 노동 운동과 함께 투쟁 노선을 선택했다. 오늘 우리는 고등학생들, 헌법 제16조 수정 반대 운동에 기꺼이 동참 의사를 밝히고 투쟁 정신을 보여준 초등(지역연합과 초등학교 교사협회) 및 중등(지역연합과 중등학교 교사협회) 교사들, 사립대학교 추진을 반대하는 교수협회와 함께 투쟁한다. 우리는 제16조 수정에 저항하는 전투를 책임질, 모든 교육 부문을 아우르는 강경하고 급진적이며 승리를 거둘 전선을 구축할 것이다. 학생운동과 노동운동의 역동성을 결합하고, 정부 정책에 반대하는 연합전선을 형성하려고 하니 모든 연합과 연맹이 우리의 투쟁을 지지하고 모든 이의 행동에 동참해줄 것을 호소하는 바이다.

학생연합총회 및 점령조정위원회 성명서, 2007년 3월 8일 시위에 관하여^(A)

2007년 3월 8일 전국에서 벌어진 교육 관련 시위는 특수 경찰 병력의 격렬한 공격으로 수십 명의 학생들이 부상당하고 많은 인원이 체포됐다.

지난 12개월 동안 학생운동은 공동 투쟁을 통해 많은 교훈을 얻었다. 지난여름 정부의 새 법안의 통과 폐기 및 시대에 역행하는 헌법 제16조 수정안 저지를 요구한 후, 이제 고등교육의 새 법적 뼈대에 반대하는 투쟁의 도전에 직면했다. 정부는 교육과 노동 정책에서 어떤 동의도 얻지 못했으므로 최후 수단으로 우리를 잔인하게 진압하고 있다. 3월 9일 시위에서 진압이 극에 달했다. 경찰 병력이 최루 가스를 살포하고 60명 이상의 시위자들을 연행하는 등 학생들을 상대로 극도의 야만적인 공격을 펼쳤다. 이같은 압제 강화는 최근의 역사에서 야만이 극에 달했던 순간들을 떠올리게 한다. 학생운동을 탄압하려는 시도는 시간을 되돌리는 정책에 대한 어떤 형태의 저항이든 공격하겠다는 정부와 동맹자들의 의도를 분명히 보여준다.

2008년 12월의 폭발로부터

알렉산드로스의 친구들이 언론에 보내는 편지

우리는 더 나은 세상을 원합니다. 우리를 도와주세요.

우리는 테러리스트가 아닙니다. '마스크를 쓴 사람들', '정체불명의 사람들'도 아닙니다.

우리는 여러분의 아이들입니다. 정체불명이라는…… 우리에게는 꿈이 있습니다, 우리의 꿈을 빼앗지 마십시오. 우리에게는 추진력이 있습니다. 우리의 힘을 막지 마십시오.

기억해보세요. 여러분에게도 젊은 시절이 있지 않았습니까. 이제 여러분은 돈을 추구하고 오직 '감추기'에만 급급합니다. 어느덧 살이 붙고 머리가 벗겨졌으며, 여러분은 잊고 말았습니다.

우리는 여러분의 지지를 기다렸습니다. 여러분의 관심, 한 번쯤 우리를 자랑스러워할 여러분을 기다렸습니다. 그러나 허사였습니다.

우리는 거짓된 삶을 살고, 여러분은 죽을 날을 기다리며 머리를 조아립니다. 여러분은 상상도 사랑도 창조도 하지 않습니다. 오로지 팔고 살 따름이지요.

부모님들은 어디에 계십니까? 예술가들은 어디에 계신가요? 왜 밖으로 나오지 않으십니까?

우리를 도와주십시오.

　　─아이들 올림

　　추신 : 최루탄을 멈춰주세요. 우리는 그저 웁니다.

아테네대학 법학대학원 점령에 대한 첫 번째 성명서[B]

노동자에 긴축 정책을 강행하는 정부, 은행에 구제금융으로 280억 유로를 쏟아 붓는 정부, 이 둘은 동일한 정부다. 그들이 만들어낸 사회적 불평등에 대한 답변으로 경찰을 동원하는 정부도 마찬가지다. 범그리스 사회당 정권의 정책대로 유럽연합의 틀 안에서 운동과 투쟁 참가자들을 탄압하는 반테러법을 입안하고, 경찰서에서 이민자들을 납치하고 살해하며, 시위자들을 체포하고, 노동자들의 투쟁에 벌을 내리고 억누르는 정부도 동일한 정부다. 파업을 불법으로 규정하고, 투사들을 감옥에 집어넣으며, 경찰의 폭력과 무자비함을 정당화하는 데 사법 체제를 이용하는 곳이다. 정부는 두려움을 불어넣고 모든 영역(민영화, 연금 개혁, 교육, 건강, 사회적 권리)에 대한 공격을 강화한다. 이런 정책들은 경찰의 손에 무기를 쥐어 주고 15세 소년을 죽음으로 내몰았다.

학생연합총회 및 점령 아테네 조정위원회 성명서, 2008년 12월 12일

청년층의 폭동은 우리의 삶, 교육, 노동을 죽이는 정치와 청년들을 공격하면서도 은행에는 280억 유로를 건네는 정부에 반대하는 사회적 분노의 표출이다. 이 폭동은 국가 살인과 억압에 대한 정치적인 답변이기도 하다. 또한 반노동 정책에 항거하는 전반적인 투쟁운동과 연계되어 있다. 우리는 총회, 점령, 파업을 토대로 운동을 이뤄냈다. 우리는 승리할 것이다! 테살로니키부터 크레타 섬까지 그리스 전역에서 주요 정책에 저항하고 싸우며, 요구하고 투쟁하는 젊은이들의 거대한 데모가 열리고 있다.

[……]

청년들의 폭동을 진압하려는 정부는 사회의 각 부문과 노동자들이 폭동에 등을 돌리도록 강요한다. 그들은 산발적인 약탈 사례들을 선전하고, 운동을 깎아내림으로써(경찰서를 막고 학교와 대학 및 공공 건물들을 점령하는 등) 청년층의 커져가는 급진성을 억누르려고 한다. 거짓말은 또 운동의 커지는 힘과 정치적 호소에서 보이는 급진성에 공격을 가하려는 의도이기도 하다. 반노동법의 공격을 받는 노동자들은 이 사회의 다수를 차지하는 자들로 고등학생, 대학생, '700 유로 세대'인 불안정 노동자, 실업자, 이민자들의 분노를 대변하는 우리 운동의 자발적인 동지들이다.

우리의 역사를 스스로 결정할 것인가? 아니면 우리를 배제한 채 결정되도록 내버려둘 것인가.

우리(육체노동자, 피고용자, 실업자, 임시직 노동자, 지방 거주자, 이민자 등)는 수동적인 TV 시청자가 아니다. 토요일 밤 알렉산드로스 그리고로풀로스가 살해당한 후로 우리는 시위와 경찰과의 충돌, 도심 및 주변 지역 점령에 참여해왔다. 일터와 매일의 의무를 버리고 어린 학생, 대학생 그리고 투쟁하는 다른 서민들과 함께 다시 거리로 나설 때가 되었다.

우리는 그리스 노동자총연맹 건물을 점령하기로 결정했다

- 이 건물을 노동자들의 자유 발언 공간 및 만남의 장소로 바꾸고자 한다.
- 노동자들이 과거에도 현재도 시위에 참가하지 않는다거나, 오늘날의 분노는 500명 정도의 '마스크 쓴 사람들', '훌리건들'의 소행이라거나 그 밖에도 몇몇 꾸민 이야기 등 언론이 선전하는 신화를 깨뜨리고자 한다. 반대로 TV 화면에서 노동자들을 충돌의 희생양인 양 묘사하고, 그리스와 전 세계 자본주의 위기가 낳은 끝이 없는 감원을 언론과 경영자들이 '자연스러운 현상'으로 다루는 현실을 밝히고자 한다.
- 반란을 깎아내리는 노동조합 관료의 역할을 비판하고 드러내자. 그뿐만이 아니다. 수십 년 동안 이들을 지지했던 그리스 노동자총연맹과 전 노동조합 기구는 투쟁에 해를 끼치는가 하면 작은 이익을 얻으려고 우리의 노동력을 헐값에 팔아넘기고, 착취와 임금 노예 시스템을 영속시키려고 한다. 지난 수요일 그리스 노동자총연맹의 태도가 이를 잘 보여준다. 그리스 노동자총연맹은 계획했던 시위자들의 데모를 취

소하고, 신타그마 광장에서 열린 간략한 모임을 짧게 끝내면서 사람들에게 광장에서 서둘러 해산할 것을 종용했다. 모인 사람들이 폭동의 바이러스에 감염될까 두려워하면서 말이다.

- 우리의 기부로 지어진 공간이자 우리가 배제된 공간인 이곳을, 폭동이 창조해낸 사회 개방의 지속 차원에서 처음으로 개방하고자 한다. 우리는 계속해서 우리의 운명을 온갖 종류의 구세주에게 맡겨 왔으며 결국 존엄을 잃고 말았다. 노동자로서 우리는 책임을 지기 시작해야 하고, 우리의 희망을 현명한 지도자들이나 '유능한' 대표자들에게 맡기기를 중단해야만 한다. 우리만의 목소리를 내고, 만나고, 대화하고, 결정해서 행동해야 한다. 이제 일상이 된 공격에 대항하며 우리는 인내한다. 집단의 '풀뿌리' 저항 실현만이 유일한 길이다.
- 자율 조직, 노동 현장과의 연대, 투쟁위원회, 집단 풀뿌리 운동 절차, 관료적인 노동조합원 타도 등을 선전하고자 한다.

— 반란노동자총회General Assembly of Insurgent Workers

아기오스 디미트리오스Agios Dimitrios 타운 홀 점령 현장에서[C]

폭력이 무엇이냐에 대해 많은 이야기들이 있어 왔다. 권력자와 언론에 있어 폭력은 질서의 파괴라는 뜻일 뿐이다.

하지만 우리에게 있어

- 폭력은 40년 동안 극도로 저임금에 일하게 해놓고, 우리가 은퇴할 수 있을지 의문이 들게 하는 것이다.
- 폭력은 은행 채권, 연금 기금 강탈, 주가 조작이다.
- 폭력은 우리가 막대한 이자를 붙여 상환해야 할 주택 담보 대출을 받

게 한다.

- 폭력은 고용자가 원하면 언제든지 우리를 해고할 수 있는 고용자의 권리다.

- 폭력은 실업자, 불안정 노동자, 월급 700유로를 받는 노동자가 되게 만든다. 심지어 보험이 없는 경우도 있다.

- 폭력은 '사고의' 일터다. 고용주들이 작업장의 안전을 희생하고 비용을 줄이기 때문이다.

  [……]

- 폭력은 이민자 여성이 되게 하고, 나라로부터 버림받은 두려움 속에서 살아가세 하며, 끝을 알 수 없는 불안감을 조장한다.

2010~2011년 학생운동으로부터

학생연합총회 및 점령 아테네 조정위원회 성명서, 2010년 12월

우리가 저항하는 새 법은 대학이 민간 및 기업의 기준에 맞춰 기능하게 하며 이는 학위, 집단의 전문적인 자격, 노동자들의 권리를 파괴한다. 이 법은 연구를 자본의 통제 하에 두려고 하며, 사람들이 고등교육을 받는 기회를 점점 줄이고, 학생 복지비용을 삭감하고 등록금 도입을 시도한다. 또 학생연합의 투쟁 수단을 박탈하려고 한다. 이 법은 권위주의적인 틀을 만들고 학업 부담을 가중시킨다. [……] 청년을 규율로 얽어매고 대학의 성역을 파괴하는 데 그 목적을 두었다.

  [……]

청년층은 노동자들의 권리 측면에서 중세로 회귀하고 있다. 청년층의 임금 삭감, 단체 교섭과 협약을 훼손하려는 시도를 담은 새 법은 우리가

'592유로 세대'가 될 가능성에까지 직면하고, 대규모 감원과 미성년 노동의 부활마저 대처해나가야 함을 의미한다. 유연한 노사 관계, 직업 불안정, 실업, 비정규직 노동이 그들이 우리에게 선사하려는 암울한 미래다. ……우리는 갚고 또 갚아야 할 누적된 부채 때문에 자신들의 미래가 '저당 잡힌' 청년들에 대해 말하고 있다.

[……]

이러한 맥락에서 우리는 우리 세대를 위한 투쟁을 한다. 우리는 반드시 우리 자신의 역사를 만들어야 한다. 유일한 방법은 시위와 점령을 지속하고, 우리의 투쟁 전선을 지리적으로, 사회적으로 모두 확장하는 것이다. …… 우리는 정부, 유럽연합, 국제통화기금이 우리의 현재와 미래를 파멸시키도록 좌시하지 않겠다. 고등학생, 노동자, 청년들까지 연대하는 투쟁으로서 정책 제안서를 되돌릴 것이다. …… 점령, 시위, 총회 조정위원회에 노동자들의 투쟁까지 더하여 우리는 끝까지 싸워나갈 것이다! 승리를 위해!

타오르는 도시는
만개하는 꽃이다

ΑΣΤΥΝΟΜΙΑ
POLICE
ΑΣΤΥΝΟΜΙΑ
POLICE

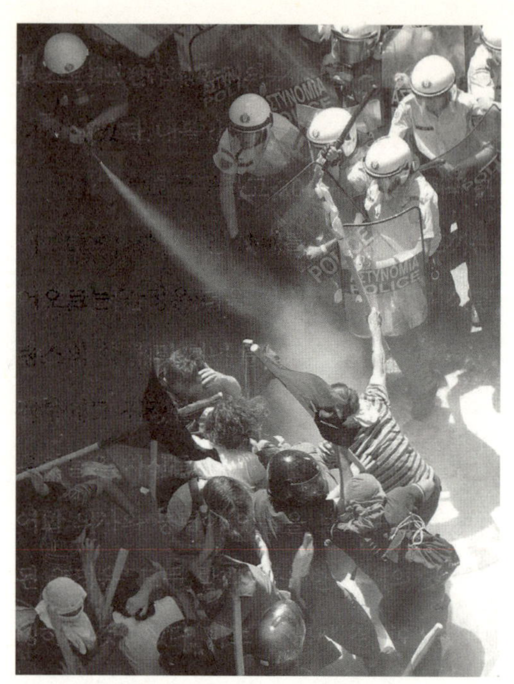

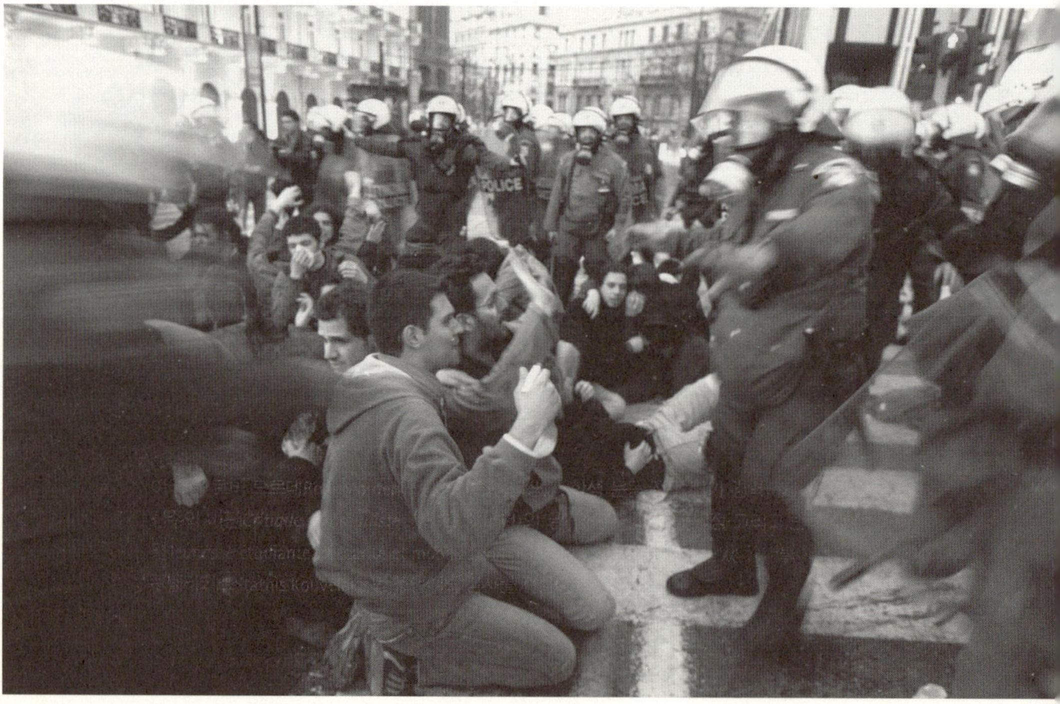
POLICE

  타오르는 도시는 만개하는 꽃이다

6. 튀니지

독재자를 타도하다

© Fethi Belaid/ AFP/ Getty Images

"가시를 키우는 자
상처를 얻으리라"

레일라 바스무디 Leila Basmoudi

튀니스 외곽에 거주하는 화가로, 스스로
'카르타고의 반체제 인사'라고 부른다.

독재자들은 스스로 권좌에서 물러나는 법이 없다. 죽든가 아니면 무력에 밀려 쫓겨나야 한다. 이러한 국면에 접어들기 직전에 독재자들은 대규모 시위로 추방당할 위기에 놓인다. 그러면 그들은 권력을 유지할 수 있는 모든 수단을 시도한다. 고문하고 살상하는 것이다. 그때는 우리가 죽음을 무릅쓰는 때이고, 제복 입은 군인들이 죽은 시민들의 장례 행렬을 향해 거리에서 경례를 하는 때이며, '테러와의 전쟁'에서 미국의 유용한 협력자였던 지네 벤 알리의 종말이 가까워진 순간이다. 범죄자, 부적격자, 친족 등으로 구성된 그의 보안대 일당이 남녀 시민들을 공격하는 모습이 눈에 띈다. 나이 든 역사가가 비난하기를, "이들은 2천 년도 더 지난 옛 카르타고의 스키피오 군대와 같다. 그들은 약탈하고 살상했으며 우리 여성들을 성폭행했다. 하지만 그들은 복수를 꿈꾸는 로마인들이었다. 벤 알리와 그의 일당들은 튀니지 용병들이다. 그들은 미국과 프랑스를 위해 지저분한 일은 뭐든지 한다……"고 했다. 미국의 견고한 동맹국이자, 사우디아라비아가 베푸는 후한 인심의 수혜국이며, 국제통화기금 총재, 튀니지를 찾는 서양 기자들(가장 최근에는 크리스토퍼 히친스 Christopher Hitchens가 『베니티 페어 Vanity Fair』에서
치켜세웠다), 정치인들한테 모델로 칭송받고, 프랑스의 니콜라 사르코지 대
통령이 끝까지 지원해주는 나라. 그러나 아무 소용없다. 벤 알리는 실패했
다. 서방에서 급하게 사건 냉정한 친구들은 서둘러 그의 망명을 도왔고, 그
러고 나서 손을 씻었다. 벤 알리는 독재자들의 안식처인 사우디아라비아
로 망명했다. 독재자들은 외국 은행 계좌에 쉽게 접근할 수 있다. 과연 그
들이 계좌를 동결시키고 몰수해서 본국의 국민들에게 돌려보낼까? 지옥
이 얼어붙을 때에나 가능할 일이다. 벤 알리는 그쪽 편 사람들 중 하나니
까. 벤 알리는 그들의 입찰에 응하고 그 대가로 막대한 부정 축재를 할 때
도움을 받았다. 우리는 우리 돈을 돌려받고, 그의 범죄에 대해 헤이그[국제
사법 재판소 소재지]가 아닌 국민의 법정에서 형사 재판을 하고 싶다. 지난
세기 우리의 시인인 아부 알카셈 엘쉐비 Abu al-Kasem El-Chebbi는 『세계의 폭군
들에게 To the Tyrants of the World』에서 이런 표현을 썼다. "가시를 키우는 자 상처
를 얻으리라."

　　우리는 아직 전쟁에서 승리하지 않았다. 독재 체제는 아직도 유효하
다. 독재자를 축출하는 과정에서 삼백 명이 목숨을 잃었다. 거리에서 머리
에 총을 맞거나 구타당한 젊은 남성들이 거의 전부다. 남자들이 총부리를
겨누는 사이에 벤 알리의 군부 소속 악한들은 여성들을 겁탈했다. 부패로
얼룩진 지도층의 부도덕을 청산하고, 우리에게 일할 권리를 주며, 모든 시
민에게 더 나은 미래를 선사할 새로운 민주 헌법을 위해 투쟁을 추진하는
이유가 여기에 있다. 우리는 첫 번째 전투에서 승리를 거두었고 미국과 프
랑스의 벤 알리 후원자들은 그에게 "이제 탈출할 시간이다"라고 말했다.
상황이 바뀌어야 자기들이 현 상태를 유지할 수 있겠다고 판단한 것이다.

그리고 그것은 우리에게 계속 추진해나갈 용기를 준다. 서방이 지지하는 다른 독재자들인 알제리의 부패한 압델아지즈 부테플리카, 이집트의 호스니 무바라크는 두려움으로 바지에 오줌을 지릴지도 모른다. 그래서 1969년에 권좌를 잡은 무아마르 카다피는 국민들을 교육시키지 못했다. 그가 괴짜인지, 정신적으로 불안정한지 모르겠지만 그에게 의존하던 사람들은 아랍의 얼간이인 그가 권력을 지키기를 바랐다. 카다피는 이곳에서 벌어진 일에 화를 냈는데, 그로서는 당연한 일이었다. 어쩌면 카다피는 권좌에서 죽을지도 모른다. 하지만 우리가 성취한 것은 알제리와 마찬가지로 서방 정보기관들의 호위를 받는 무바라크와 카다피, 알리 살레 후손들의 목숨을 위태롭게 만든 것이나. 시하 감옥에서 사하라 사막 쇠수를의 비녕이 메아리치는 모로코 왕은 어떤가? 그가 얼마나 오래 버틸 것인가? 부패하고 극악무도하며 시대에 뒤떨어진 독재자들이여, 튀니스^{Tunis}의 종소리를 들어라. 그들이 여러분을 위해 경종을 울리고 있잖은가. 오바마와 사르코지 대통령이여, 튀니스의 종소리에 귀 기울여라. 여러분이 지지하는 고문자들을 향해 경종을 울리고 있다. 알제리와 카이로의 시민들이 혁명의 방아쇠를 당기려는 희망을 안고 자신들을 불사르고 있다.

     "가시를 키우는 자 상처를 얻으리라"

튀니지 청년들의 봉기는 진정한 정치적 혁명이다

타우픽 벤 브릭Taoufik Ben Brik[A]

튀니지의 언론인이자 작가.

최소한 50명이 목숨을 잃었다. 사람들이 매일같이 분신하고 있다. 전국의 모든 도시가 봉기한다. 군대는 분쟁에 휩싸였다. 위대한 튀니스에 통행금지령이 내려졌다. 무엇으로 이 혁명의 불길을 잠재울 수 있을까?

카세린Kasserine 시와 탈라Tala 시가 피로 물든 2011년 겨울, 시위가 과격해졌고 우리는 오랜 세월 갇혀 있던 튀니지에서 전례 없던 혁명의 시작을 목격했다. 혁명은 어떤 사회적 요구도 하지 않았다. 먹고 사는 문제에는 개의치 않았다. 이는 정치적인 혁명이었고 완전한 혁명이었다. 몇몇 사람들의 혁명이 아니라 마을, 읍내, 주택 단지 전체가 참여한 혁명이었다. 그것도 급진적인 정치적 혁명 말이다. 혁명이라 함은 협상의 여지가 없음을 말한다. 혁명은 집단의 이름 아래 개인주의를 반대하고, 법의 이름 아래 힘의 통치를, 평등의 이름 아래 특권을, 시민의 이름으로 '예속된 자'임을 거부한다. 혁명은 열의 없는 사람, 줏대 없는 사람, 망설이는 사람, 벼락부자들을 괴롭힌다. 튀니지인은 혼란의 와중이 아니라 (여전히) 혁명 중임을 믿고 있다. 그리고 벤 알리를 축출하면서 이렇게 말했다. "23년이면 충분해!"

너무나 자연스럽게도 정부의 반응은 억압을 강화하는 형태로 나타났다. 그 과정은 잔인했고 급기야는 대량 학살이 자행되고 말았다.

아무도 상황이 이렇게 전개되길 원치 않았다. 작은 저항이 이렇게 확대되길 바라지 않았다. 산산조각이 났고 대항할 의욕도 남아 있지 않다. 마그레브Maghreb['서방'을 의미하는 아랍어로 리비아, 튀니지, 알제리, 모로코 등 아프리카 북서부 일대의 총칭]의 마음씨 착한 작은 나라 튀니지를 걱정하고 보호해 줄 권력도 없다.

서둘러라! 정권이 피비린내가 진동하는 폭력에 무너지기 전에 벤 알리를 구하라! 유럽 의회 의원 엘렌 플로트르Hélène Flautre는 이렇게 말했다. "만약 튀니지 정부가 그 방향으로 표류한다면 시빙 보호국들의 명성에 해를 끼칠 것이고, 국내 여론은 서방 국가들이 자신들의 행동을 정당화하라고 요구할 것이다."

벤 알리를 살릴 것인가? 서방 세계는 분명 옛 카르타고 땅의 이 남자가 연속성 안에서 변화를 선택하도록 힘을 주고, 변화라고 해도 신뢰도에는 변화가 없다고 여론이 확신하기를 바란다. 이는 벤 알리의 지지자나 회유하기 쉽고도 충실한 반대 세력이 해낼 수 있는 일이다.

그런 일이 일어나도록 하려면 무엇이 진정 변해야 하는지 더 이상 말할 필요가 없다. 빈민화, 공적 자금 몰수, 마피아의 정부 장악, 노골적인 부패, 경찰에 대한 의존, 광범위한 고문, 조작된 재판, 범죄 은폐, 모든 기관들의 의존성……

앞으로 이야기할 주제들, 어조, 논쟁들이 모두 '무엇보다도 튀니지는 서민들의 평범한 나라다'라는 확실한 사실을 주장하고 선동해야 한다. 그래서 정부와 사회 간의 관계가 위태로운가? "어떤 정부가 그런 위기를 겪

  튀니지 청년들의 봉기는 진정한 정치적 혁명이다

지 않겠는가?" 저명한 정치 평론가 보렌 베세Borhène Bessaies의 물음이다. 젊은이들이 환멸을 느꼈는가? "그건 전 세계도 마찬가지다." 새로 임명된 통신부 장관 사미르 라비디Samir Labidi의 주장이다. 좌절한 지식인 행동가들이 반란의 징후를 보이는가? 고등교육부 장관이자 또 다른 벤 알리의 변호자인 베시르 테카리Béchir Tekkari는 위협을 축소하려고 시도한다. "언론에 나온 사람들은 다들 그렇게 한다. 정부를 비난하고 보편적인 가치를 호소하는 법이다." 그들은 꾸물거리기에는 너무 늦었다는 사실을 잊은 모양이다. 벤 알리는 난국에 부딪쳤다. 거리는 이제 할 말을 하기로 결정했으니까.

　　살인 미수, 집중 수색, 구타, 절도, 재산 약탈, 여권 압수, 통신망 두절…… 그들은 이 끔찍한 박해가 '우발적인 사고'라고 말한다. 그러고 나서 이 같은 권력 남용이 역효과였다는 사실에 동의한다고 뻔뻔스러운 얼굴로 말한다. 튀니지 권력층의 합법성에 도전하려는 시도란 '역효과를 낳기 마련'이라니, 이는 권력 남용에 대한 책임은 떠넘기면서도 목적을 정당화하는 방식이다. 결국 속박은 나쁘다기보다는 어리석을 뿐이며, 속박을 재주껏 피해가지 못하거나 거기에 자신을 맞추지 못하는 사람들은 영리하기보다는 성질이 못된 이들이라고 믿으라는 말이다. 그리고 벤 알리의 복귀를 확실히 하려고 그들은 그가 약속했던 약간의 환경 개선에 시간을 들인다. 그는 시위자들을 풀어주고 30만 개의 일자리를 창출하겠다고 했다. 또 부패 및 권력 남용을 조사할 심리위원회의 설치도 약속했다. 모하메드 간누치Mohamed Ghannouchi 총리야 상황을 빠르게 진전시키고자 노력하지만.

　　다음 문장의 숨은 의미는 꽤나 재미있다. 확신하건대 살인은 많은 사람들에게 영향을 미치지 않는다(벤 알리가 언젠가 말했듯이, "두건을 두른 소수 악한들 정도만" 영향을 받는다). 그러니 이들은 통치에 있어 전형적이기보다는 서투르다. 전술적인 조정을 해주어야 하고, 매우 도전적으로 다루기보다는 유연하게 다뤄야 한다. 특히 실제로 시위에 나선 사람들은 생계와 일상의 문제들을 걱정한다. 그들은 외국의 언론이 만들어낸 열 명 남짓한 주역들의 정치적 야망에는 그다지 신경을 쓰지 않는다. 그렇기 때문에 지금껏 비판해온 억압적인 경찰 정권 하의 죽을 만한 고통이 아니다. 진정한 혁명의 시작이 아닌 셈이다. 궁정 혁명이라고 해야 타당할 것이다. 미셸 알리오 마리, 프레데릭 미테랑, 브뤼노 르메르도 주장하지 않는가. "튀니지가 완전한 독재 국가라고들 말하지만…… 내가 보기엔 굉장히 과장된 것 같다. 사람들이 벤 알리에 대해서 오해하는 측면이 있다."

여러 관점들이 경합할 수 있는 공통 기반을 규정하기

벤 알리는 어떤 정책을 채택할지를 두고 논쟁을 벌이는 당파들 사이에서 선택하지 못하고 있는 것으로 추정된다. 그는 아직도 결정을 내리지 못했다. 이처럼 그는 신중하면서도 문제가 무엇인지 알고 가용할 수 있는 내부 자원을 소유한 사람이다. 외관에 변화를 주라는 명령은 교묘히 행해졌다. 통신부 장관이 자리를 떠났고, 새 내무부 장관이 임명되었고, 지역의 주지사들은 자리 빼앗기 놀이를 즐긴다. 독재자들이 이 게임을 즐기지는 않을지 몰라도 자주 하는 편이다. 그리고 이른바 정권 이양 때는 공백이 있다. 벤 알리로서는 공백이 어디로 이어질지 알지 못한다.

한 가지 확실한 점은 이번 대격변의 진짜 주역인 반란자들이 과정에서 배제되리라는 사실이다. 지금까지 튀니지 정부는 자유 무역의 이익에 빚을 졌고, 국제 지정학계에서 다루기 쉬운 파트너 역할을 맡을 의사가 있었다. 만일 외부의 압력이 이런 정부가 존속할 만큼 강하다면 의심의 여지

  튀니지 청년들의 봉기는 진정한 정치적 혁명이다

가 없다.

하지만 오늘날의 젊은 반란자들은 아직 활용할 만한 여지가 더 남았다. 그들은 그곳을 점령할 수 있을까? 만약 그들의 사례를 개인과 집단의 기본적인 권리에, 모든 이에게 적용되는 법과 가치를 공유하며 민주주의가 생동하는 곳에 둔다면 그들은 국민과 정치계 양측에 뿌리내릴 수 있을 것이다. 이것은 여러분의 경주마만 이기기를 바랄 문제가 아니고, 경쟁이 일어나는 상황을 다양한 방식으로 바라보며 민주적인 용어로 공통점을 정의하는 문제다. 당파에 상관없이 다원적이고 분립된 국민 의회를 만들자는 요구는 환영받을 것이다. 하지만 그 의회가 정치적 다원성을 인정하며, 다양한 참가자들을 아우르고, 국민들 안에 뿌리를 둔 공인 기관이라고 보증해줄 사람이 있을까?

튀니지 혁명 :
반식민 투쟁의 원천

공화국 현지인들의 정당PIR: Parti des Indigènes de la République

2005년 프랑스에서 조직한 같은 명칭의 운동을 기반으로 탄생했다. 인종 불평등에 대해
투쟁하고자 하는 사람 누구에게나 열린 자율적인 단체의 장이다.

튀니지의 아랍인들은 독재자를 끌어냈다. 이는 모든 아랍인의 위대한 승리이며, 더 나아가 전 세계인의 승리다. 튀니지인의 폭동은 거대하고 결연했으며 자발적이고 자유로웠다. 이 환상적인 폭동은 대중이 사슬을 내던지기로 마음만 먹는다면, 대중의 의지력을 멈출 수 있는 것이라고는 하나도 없다는 사실을 다시 한번 입증한다.

이 승리는 전 지구적으로 부활한 반식민 투쟁의 일부다. 이는 억압받는 민족에 이익이 되도록 지역적인, 국제적인 힘의 균형을 이동시키는 데 도움이 될 것이다. 튀니지인은 미셸 알리오 마리의 이름으로 대중 시위 진압을 기술적으로 지원하는 등 마지막까지 벤 알리를 지원했던 프랑스 정부에 '호된 일격'을 가했다. 독재자는 사라져버렸다. 그것이 혁명의 목표였고, 우리가 달성한 것이다. 튀니지의 정치 체제가 뿌리 깊은 변화를 이루기 전에, 그리고 튀니지인이 착취하고 억압하는 자들로부터 자유로워지기 전에 해야 할 일들이 많이 남았다. 하지만 장벽이 무너지기 시작했다. 튀니지에서 집회는 계속될 것이고 독재 기관들은 해체되는 데다 반식민 운동의

동력이 막강해질 것이다.

우리(이민자, 식민지 이민의 후손)는 노동자 구역이나 다른 어떤 곳에서 든 현재 진행 중인 튀니지 혁명을 지지하며, 앞으로도 지지할 것이다. 그들의 승리는 우리의 승리이므로.

우리는 요구한다. 다른 무엇보다도 프랑스 당국은 어떤 식으로든 튀니지인의 국내 문제에 간섭하지 말아야 한다는 것을. 또 식민지 건설 및 현재까지 벤 알리 독재 정권에 보낸 끊임없는 지지에 대해 정중히 사과해야만 한다. 최근 프랑스 제국주의 정치가 되살아나기라도 한 양 성명을 발표한 외교부 장관도 즉각 사임할 것을 촉구한다. 우리는 프랑스 내 벤 알리 가족과 벤 알리 정권 관련자들의 재산을 몰수하고 튀니지인에게 반환할 것을 요구한다. 프랑스에 거주하는 벤 알리 가족과 정권 관련자들에게 취할 법적 절차도 요구하는 바이다.

노동자 구역의 사람들, 식민지 이민의 후손들이여, 튀니지 국민들은 우리에게 해방의 길을 제시했다.

연대하라.

마피아 같은
독재 정권[A]

몬세프 마르주키|Moncef Marzouki

튀니지 야당 지도자로 『집행유예 중인
독재자들*Dictateurs en sursis*』을 뱅상
제세Vincent Geisser와 공동 집필했다.

징치적이고 사회적인 반란의 열풍이 지난 3주 동안 튀니지 전역을 강타했
다. 23명의 목숨을 앗아간 과격한 진압은 벤 알리 정권이 처음으로 위협을
느꼈음을 반증한다. 하지만 튀니지인들의 단결된 힘과 끈기는 유럽인들
사이에 여론을 형성했고, 유럽의 정치 지도자들이 튀니지의 참모습을 깨
닫게 할 기회를 제공했다. 20년이 넘도록 그들의 관점은 튀니지 정부와 많
은 프랑스 동조자들이 퍼뜨린 견해를 받아들인 탓에 왜곡되어 있었다.

1. "튀니지 정부는 확실히 민주 정권이 아니다, 그렇다고 독재 정권도 아
   니다. 기껏해야 권위주의 정권 정도다." 아니다. 최근의 사건들이 증
   명해주지 않는가. 튀니지 정권은 최악의 경찰 및 마피아 독재 정권이
   다. 카르타고에 벤 알리가 있다면 이는 백악관에 알 카포네가 있는 것
   과 같은 이치다.

2. "튀니지가 이룬 경제 기적은 벤 알리 덕분이다." 1990년대의 튀니지
   는 사실 30년간 부르기바 재임 동안의 상대적 번영 덕택이다. 부르기

바 정부는 교육 및 가족계획에 쏟아 부은 막대한 투자, 연간 경제 성장률 7%를 달성한 건전한 시장 경제 구축으로 특징지을 수 있는데, 벤 알리는 이 유산을 물려받았다. 20년에 걸쳐 벤 알리는 튀니지를 마피아 같은 과격파들의 부패 경제로 바꿔놓았다. 누구라도 알 수 있게 말이다.

3. "벤 알리는 이슬람의 위협을 근절했다." 2008년 니콜라 사르코지가 주장했듯이, 만약 우리가 그를 지원하지 않았다면 지중해 남부 해안가에 탈레반 정권 체제가 들어설 위험이 있었다. 벤 알리는 사실 보수 부르주아 성향의 이슬람주의 정당인 엔나흐다Ennahda[아랍어로 '부흥'이라는 뜻으로, 엔나다Ennadha, 엘나다El Nahda라고도 함]를 탄압했고 그 과정에서 심각한 인권 침해가 발생했다. 엔나흐다는 지하드의 폭력과 아무 관계가 없었다. 또 다른 예로 정치적으로 문젯거리인 '이슬람주의자들beards'을 어디에서도 볼 수 없다. 시위 현장에서 외치는 세속적인 슬로건들을 보라.

4. "신뢰할 만한 야당이 없다. 튀니지 야당은 약하고, 분열되었고, 무력하다." 독재 정권 하에서 살고 있거나 살아본 사람들만이 안다. 민주주의 안에서만 야당이 존재할 수 있고, 독재 정권에서는 (무장을 했든 안했든) 저항만이 있을 뿐이란 사실을. 벤 알리가 90%가 넘는 지지율로 선출되고 세 차례나 재선될 때, 그는 스스로 '야당'을 조직했다. 역사상 가장 억압적이고 사악한 정권으로 손꼽힐 튀니지 정권에 항거한 수백 명의 용감하고 정직한 시민들에게 재갈을 물리고, 투옥하고, 고문했다는 의심을 잠재우기 위함이었다.

5. 다섯 번째 진부한 오해는 순진한 체하는 질문이다. "벤 알리 말고 다

른 대안이 있는가?" 만약 튀니지 시민이 프랑스 시민에게 같은 질문을 한다고 치자. "사르코지의 대안은 누구인가?" 자연스럽고 당연한 대답이 나올 것이다. "다음 대통령 선거에서 프랑스인이라면 어느 누구라도 뽑을 수 있다." 튀니지인도 프랑스인 친구에게 같은 대답을 할 수 있어야 한다. "벤 알리의 후임은 튀니지인이 자유롭고 투명한 선거에서 어느 누구든 뽑을 것이다. 독재 정권 하에서 우리가 사형선고를 받았다고 누가 말하겠는가?"

벤 알리는 튀니지의 안정을 보장하는 인물로 오랫동안 묘사되어 왔다. 하지만 현재 튀니지에서 반란이 빌빌하고 있는데, 그가 바로 튀니지의 안정을 깨트리고 반란의 원흉이 된 주요인이다. 그의 사퇴만이 불안을 잠재울 유일한 방법이다. 프랑스 여론과 정치인들은 각성하고 튀니지 정부를 제대로 보기 바란다. 만일 그들이 깨어 있지 않으면 프랑스는 튀니지에서 받는 호의를 잃게 될 진정한 위험에 당면할 것이다. 프랑스는 더 이상 법치 국가로의 평화로운 이양이 진행 중인 튀니지나, 동일한 민주적 가치를 공유한 안정적이며, 번영하는 곳을 창조하려는 유럽-지중해 지역에서 역할을 더 이상 담당할 수 없을 것이다.

A   이 기사는 2011년 1월 12일자 *Le Monde*지에 처음 게재되었다.

    마피아 같은 독재 정권

존엄한 혁명

사드리 키아리Sadri Khiari

2003년 초 프랑스로 망명한 튀니지 운동가. '공화국 현지인들의 정당'의 초창기 멤버이며,
『하층민들의 정치를 위하여 *Pour une politique de la racaille*』, 『드골에서 사르코지까지,
프랑스에서의 식민지 반혁명 *La contre-révolution coloniale en France de de Gaulle à Sarkozy*』을
출간했다.

벤 알리가 튀니지에서 도망친 후로 사람들이 똑같은 질문을 내게 하곤 한다. "'안정'으로 유명한 튀니지에서 어떻게 그런 위대한 대격변이 일어났는가? 어떻게 철권으로 지배하던 독재자가 그렇게 갑작스럽게 권력에서 추락했는가?"

갖가지 설명을 해줄 수 있다. 그래도 내가 가장 중요하게 느끼는 점만을 설명하겠다. 폐위된 대통령을 에워싼 마피아 같은 패거리에는 어떤 일치된, 혹은 동의를 구할 구조적인 토대가 없었다. 다시 말해 국민을 상대로 한 도덕적 권위가 없었다. 이제 도덕적 권위가 전혀 없는데도 살아남을 수 있는 정치 체제란 없다. 벤 알리와 아내, 그의 가족은 심지어 특권 계층에게도, 심지어 정권의 혜택을 입은 이들에게조차도 두려움은 물론 완벽한 경멸의 대상이었다.

벤 알리는 1987년 11월 권력을 잡자 곧바로 국민을 억압하고 통제 및 감시 하에 두며, 국민을 피후견인으로 전락시키는 거대한 기구를 건설하기 시작했다. 이따금씩 프랑스 언론이 정계 활동가나 노조원들의 체포, 야

당 인사들의 고문, 인권 운동가들에 대한 잔혹한 협박 소식을 알려왔지만, 경찰이 국민들을 주 대상으로 광범위하게 벌인 행위는 보도하지 않았다. 경찰의 압력이 계속되었다. 이는 내무부 장관뿐만 아니라 민주헌정연합 RCD: Rassemblement Constitutionnel Démocratique[튀니지의 집권 여당] 소속 사람들이 포함된 다수의 비공식 국민군milice한테서 비롯되었다. 민주헌정연합은 평범한 정당이 아니다. 민주헌정연합은 국가를 확장한 곳이고, 맡은 역할은 국민을 통제, 감시, 처벌하고, 매수해 타락시키며, 사회 각계각층의 돈을 갈취하는 것이다. 이 밖에도 행정기관들의 문제도 있다. 튀니지에서 행정기관은 일반적으로 생각하듯 시민에게 봉사하는 기관이 아니라 국가의 최상부에서 내려온 지시 사항들을 이행하는 데 모든 권력을 행사하는 곳이있다. 즉 진압과 통제, 감시, 피후견인화를 대행하는 기관이었다. 사법부가 한 일들이 완벽한 사례가 된다.

나는 공무원 전체를 비난하는 것이 아니다. 공무원들은 대부분 형편없는 급여, 열악한 근무 환경, 전권을 쥔 상사들에 좌지우지되면서도 성실히 일하는 괜찮은 시민이다. 나는 단지 모든 사람을 정부와 은밀히 결탁하고 정부를 지지하는 첩보원으로 만든 요인인 경찰 체제를 비난하는 것이다.

확실히 하자. 벤 알리의 경찰과 관료주의 체제는 단순히 공포와 복종을 이끌어내려고 고안된 것이 아니다. 그것들은 우리 모두에게 내재된 인간적인 요소를 죽이려고 고안되었다. 이 방법은 '공포'보다 더 치명적이고 더 효과가 좋다. 벤 알리는 튀니지인의 존엄을 파괴할 거대한 기구를 만들었으며, 거기에 '모욕'이라는 끔찍한 기술마저 개발했다. 살아남겠느냐 아니면 단지 평화를 찾겠느냐는 문제로 벌인 타협이나 심지어 결탁, 부패, 그

　　　　존엄한 혁명

모든 부끄러운 술책은 단지 우리의 존엄을 조직적으로 앗아가기 위한 체제들의 일부였을 뿐이다. 온 사회는 정부가 국민을 완벽하게 경멸했다는 점을 알아야 한다. 우리 사회는 스스로 경멸하는 법을 배웠다. 그리고 모든 사람은 자기 자신을, 그 밖에 모든 이들을 경멸하게 되었다.

다시 한번 말하겠다. 억압과 공포는 도덕적 권위가 전혀 없는 정부를 보호해줄 수 없다. 그들에게 도덕적 정당성이 없었다는 점을 감안하면 알리와 그의 패거리는 도덕성 파괴, 연대 깨뜨리기, 존경심 말살, 경멸 확산, 지속적으로 모든 사람에게 굴욕을 주는 것 외에는 선택의 여지가 없었다. "너는 아무것도 아니며, 너는 어떤 것도 될 수 없다", "너는 인간 이하다"는 벤 알리 정부의 사회적, 도덕적 메시지였다. 확실한 엘리트주의자였던 부르기바는 튀니지 국민을 개인들의 무리에 지나지 않는다고 보았고, 그들을 하나의 국가로 바꾸는 것이 자신의 임무라고 여겼다. 벤 알리는 정확히 반대로 했다. 그는 국가를 개인들의 무리로 바꾸려고 했다. 하지만 국가가 '무리가 되기'를 거부하자 그는 무너지고 말았다. 카르타고의 궁전에서 날아온 진흙은 한 번도 튀니지 전체를 파묻는 데 성공한 적이 없다. 나의 관점에서 가난, 사회적 어려움, 민주적인 자유에 대한 추상적 필요성, 심지어 공포와 복종을 이끌어내는 억압 방식에 대한 이야기는 지난 몇 달 동안 튀니지에서 무슨 일이 일어났는지에 대해서 작은 일면만을 보여줄 뿐이다. 모하메드 부아지지^{Mohamed Bouazizi}[1]가 단지 일자리가 없고, 경찰이 과일 장사로 돈 몇 푼 벌지 못하게 했다고 해서 그렇게 끔찍한 방식으로 자기 목숨

1　2010년 12월 당시 청과물 노점상을 하던 26세의 대졸 청년으로 경찰의 부당한 대우에 항거하며 분신자살했고, 이 사건을 계기로 재스민 혁명이 촉발되었다.

을 끊은 것이 아니다. 그는 경찰이 그의 얼굴에 침을 뱉고는 벤 알리 정권이 우리에게 매일같이 해왔던 "너는 개나 다를 바 없다. 나는 너를 내 맘대로 할 수 있다!"라는 말로 모욕을 주었기 때문에 몸에 불을 지른 것이다. 부아지지는 극도로 가난했다. 더 이상 인간이 아니라는 사실을 받아들일 수 없었다. 그의 영혼이 평화로이 잠들기를 기원한다. 우리 모두 그를 기억한다. 우리 가운데 일부는 일자리가 있고 안온한 삶을 산다고 하더라도, 우리는 그를 우리 자신으로 여긴다. 튀니지의 혁명은 독재자를 내몰았다. 그리고 혁명의 추진 동력은 부아지지가 부정했던 존엄의 회복에 대한 열망이다. 튀니지인이 임금 인상을 요구했는가? 언론의 자유를? 어떤 권리, 아니면 또 다른 무엇을 요구했는가? 아니나. 국민은 자신들의 존엄이 벤 알리가 곧 물러나야 한다는 뜻이라고 외치며 자신들의 존엄을 표현했다. 그리고 그가 물러나도록 만들었다. 비록 그가 이해했다손 치더라도, 그는 가격 인하, 인터넷 무료 접속, 선거, 3년 이내 사임 약속 따위의 양보안에 시간을 낭비하지 않았을 것이다. 지금껏 위뷔 왕처럼[2] 군림했으니까. 그의 삶은 위기에 처했고 그도 그것을 깨달았다.

상황이 종료됐는가? 결코 아니다. 혁명의 열기는 수그러들지 않았다. 존엄은 여전히 전국의 경멸과 싸우는 중이다. 튀니지인은 인간으로서의 삶의 질을 지키려고 노력했고 겨우 지킬 수 있었던 한 때의 개인이 더 이상 아니다. 이들은 (아마 이들에게서 빼앗아왔을) 승리의 케이크를 신나게 나누는 벤 알리 정권 관련자들과 일부 정치인들의 생각을 증오하는 집합체다.

<hr>

2 **위뷔 왕Ubu roi**: 프랑스 극작가 알프레드 자리Alfred Jarry의 풍자극. 폴란드의 왕위를 찬탈한 위비가 온갖 엽기와 악행을 일삼다 프랑스로 도망친다는 내용.

튀니지인은 오직 자신들만을 신뢰하고 있으며, 이는 옳다. 혁명의 두 번째 막은 전 대통령이 창조한 조직의 파괴(민주헌정연합부터 시작해서)에 초점을 맞출 것이다. 그리고 제헌의회의 민주 선거는 수십 년 전부터 빼앗겼던 정치 주권을 튀니지 국민에게 되돌려줄 것이다. 그 다음은, 두고 볼 일이다.

알제리와 튀니지의
사회 반란

야신 템랄리 Yassin Temlali

알제리의 작가이자 연구원.

튀니지와 알제리에서 일어난 오늘날의 사회 반란은 동일한 사회적, 경제적 불만에서 촉발되었다. 이 불만은 주로 경제 체제가 열악하게 병합된 청년 계층에 영향을 끼친 문제였다.

그들은 양국에서 똑같은 형태로 대응했다. 치안 부대와 무력 충돌했고 국가의 상징물을 공격했다. 하지만 차이점도 있으니, 꽤 짚어볼 가치가 있다. 알제리의 청년 반란은 오랑 주Oran와 수도인 알제Algiers에서 시작되었고, 이후 동부와 서부, 산악과 고원지대로 퍼져나갔다. 2001년 4월 '검은 봄'[1]이 지나간 이후 시골 지역은 빈번한 사회 시위로 수년간 소동에 휩싸였다. 하지만 이제 투쟁의 횃불은 전통적으로 반체제적인 알제리의 대도시 두 곳으로 집중되었다. 특히 22년 전에 일어났던 1988년 10월 인티파

---

1   **검은 봄:** 동부의 카빌리Kabilie 지역에서 고등학생이 경찰의 총에 맞아 사망한 후 시위가 전국 규모까지 확산되며 많은 사상자를 낳은 사건.

다의 진원지인 수도를 시민들에게 넘겨주었다.

한편 튀니지의 시위가 지역적으로 광범위하기는 했지만, 중부(시디 부지드Sidi Bouzid 주)와 서부(카세린Kasserine 주, 가프사Gafsa 주 등)의 혜택을 받지 못한 지역들에서 중점적으로 이뤄졌다. 벤 알리 정권은 해안을 근거지로 하며 내륙을 희생하더라도 수도와 사하라를 각별히 아끼는 모습을 보였기 때문이다. 튀니스, 마누바Manouba 주, 아리아나Ariana 주, 벤 아루스Ben Arous 주나 캡본Cap-Bon 반도의 관광 지역(나뷜Nabeul 주 등)에서는 실질적인 '폭동'이 일어나지 않았고, 사하라에 위치한 주들(수스Sousse 주, 스팍스Sfax 주 등)에서는 사회적인 동요가 적은 편이었다. 이 모든 지역에서 시위는 일부 학생들이 벌이는 데서 모이거나, 시디 부지드와 가프사의 정치 및 노조 활동가들에 속하는 청년 폭도의 지지를 받아 하는 경향이 있었다. 시골 지역의 시위는 튀니스보다 민주적인 투쟁 측면에서 관련이 덜한 측면이 있고(가프사 시 같은 경우는 매우 예외적이다), 두 튀니지 국민들 간의 심각한 지역 불균형을 상기시켜 준다. 튀니스에 대체로 투자와 직업의 기회가 집중되었던 반면, 주로 농경지로 구성된 지방은 '튀니지의 기적'의 수혜를 상대적으로 덜 받아 왔다.

알제리는 도시와 시골, 북부와 남부 사이의 발전 정도에 있어 그 차이를 무시해도 좋을 정도다. 하지만 국가의 부와 임금 노동자들의 줄어드는 소득 사이, 지금 필요한 대량의 일자리와 타락한 공직자들이나 선거와 관련된 이유로 외국 기업들에 주어진 대형 프로젝트들에 탕진하는 공적 자

---

2   **인티파다intifada:** 팔레스타인 사람들의 반이스라엘 저항운동. 인티파다는 봉기, 반란, 각성 등을 뜻하는 아랍어이다.

금 사이의 충격적인 대조가 사람들의 마음에 그림자를 드리웠다. 심해가는 불평등에 대한 자각은 점차 커져서 아메드 우야히아^{Ahmed Ouyahia} 내각의 오만으로 정점에 치달았다. 그들은 외환 보유고, 탄화수소 연료 수출에서 나온 수입, '통제 자금'(지난 10년 동안 의회의 어떤 면밀한 조사도 뛰어넘는 '비밀 자금'이었다)에서 나오는 수령액 등 놀라운 통계치를 내는 기회를 절대 놓치는 법이 없었다. 이로서 당국에 대한 격렬한 분개(예를 들어 행정기관 공격으로 표출된)와 알제리의 폭동이 나타내는 특징들을 모두 설명할 수 있겠다.

알제리 : 누군가에게는 반 사례, 누군가에게는 모범 사례

시디 부지드에서 있었던 인티파다는 갑작스러운 일이 아니었다. 그보다 앞선 2008년 1월 가프사 주의 탄광 지역에서 장기간(5개월)에 걸친 인티파다, 2010년 8월에는 리비아 국경 부근인 벤 게르단^{Ben Guerdane}에서 정부의 국경 무역 제한 조치에 반발하여 격렬한 시위가 벌어졌다. 하지만 2008년 1월까지 벤 알리 정권은 이 같은 사회적 항의를 노조 차원으로 격하시키는 데 성공했다. 국제통화기금과 유럽연합으로부터도 좋은 평가를 받았고, 상대적으로 평화로운 시기를 맞게 되자 정권은 자신들의 '발전 모델'이 전 국민의 지지를 받고 있으며 튀니지인은 '마지막 권리', 즉 자크 시라크가 2003년 12월에 튀니스에서 언급한 '먹을 권리'에 대해서나 걱정할 뿐이라고 확신했다. 튀니지 정부는 이슬람주의 조직이 해체된 1990년대, 비정상적, 야만적 억압으로 매우 약해진 듯하던 엔나흐다가 약진하는 계기가 된 민주화 운동과 맞서 싸운 2000년대를 거치며 오랜 기간(1987~2008년) 사회적으로는 상대적으로 평화로운 시기를 누렸다.

　직간접적으로 정부와 관련된 언론들은 기습 단속을 정당화하려고 걸

핏하면 안전이 위협받는다는 허상을 들먹였다. 그랬던 것이 서쪽 이웃나라에서 이슬람주의자들의 반란이 힘을 잃어가자 벤 알리가 교훈으로 들먹이던 '반 사례counter-example'도 효력을 상실했다. 나아가 2001년부터 경험한 알제리의 대중 봉기는 다음과 같은 사실을 증명해준다. "만약 '테러와의 전쟁 필요성'이 혼란스러운 국가의 사회 전선을 더 이상 질식시키지 않는다면, 튀니지 같은 '안전한' 국가에서도 진실일 것이다." 가혹할 정도로 억압적인 분위기를 감안한다면, 2001년부터 계속된 튀니지의 민주화 사태는 (타우픽 벤 브릭 기자를 지지하는 행동에서) 놀라우리만큼 높은 수준의 정치적인 집결을 이뤄냈다.[3] 사람들은 수백 명의 행동가들과 '경찰 독재'에 대항하는 광범위한 전선을 형성하고 검열에 반대하는 블로거, 예술가 등 새로운 참가자들을 환영했다. '민주주의자들'이 무장 이슬람주의, 또한 '공화국 수호'라는 명분 아래 이슬람주의자들과 싸우는 정권을 어떻게 다룰지를 두고 오랜 차이로 깊이 반목했던 알제리에서 그와 같은 투쟁 전선은 없었다. 튀니지 인권연맹LTDH: Ligue tunisienne des droits de l'homme과 '양심수' 위원회의 초지일관이 튀니지의 시민적 자유에 국제적인 관심을 지속적으로 끌어 모았다. 위성 TV와 인터넷으로 선전된 집단 투쟁은 당국이 조장하는 운명론의 해독약으로 작동했다. 현재 시디 부지드, 가프사, 카세린 사람들과 연대하면서 활동을 조직하는 사람들은 정치적 성격의 연합 및 제3 부문의 운동가들이다. 그들은 자신들의 목소리가 국제 언론에서도 보도될 것을 확신한다.

---

3   타우픽 벤 브릭은 2009년 10월 29일 시민을 폭행했다는 혐의를 뒤집어쓰고 2010년 1월 9년형을 선고받았다. 그러나 튀니지 국내외의 석방 운동 결과 6개월 만인 4월 27일 출옥했다.

벤 알리 정권이 정권과 국민 사이에서 중재자가 되어 줄 중요한 주체들(신뢰할 만한 정당들, 자발적인 단체들)을 제거하는 동안, 하비브 부르기바의 오랜 염원이었던 튀니지 노동총연맹UGTT: Union générale tunisienne du travail 길들이기에는 성공하지 못했다. 1956년 프랑스로부터의 독립 이후 정부 권력의 균형추이자 급진 좌파가 목소리를 내는 공간인 노동총연맹은 튀니지의 밑바닥 청년들의 연좌시위(2010년 12월 25일 및 2011년 1월 7일 본부 밖에서 벌인 시위를 포함)에서 단순한 지지 이상을 보여주었다. 또한 노동총연맹은 세계 언론에 자신들의 목소리를 내보내는 방식으로도 지원했다. 세계 언론은 '노조를 출처로 하는' 뉴스늘을 계속해서 수집했다. 튀니지 노동종연맹은 2004년과 2009년 (내부 위기라는 비용을 지불하고) 대통령 선거에서 벤 알리를 지지했고, 압데살렘 제라드Abdessalem Jerad 사무총장 주위에 모인 자들은 대부분 독립적이라는 말과는 거리가 멀었다. 하지만 조직 산하에는 행정부 쪽보다 훨씬 솔직한 발언으로 시디 부지드의 인티파다를 환영하는, 충분히 급진적인 중간급 지도자들(건강 및 교육 부문 등의 공무원 조합 소속)이 있었다. 그리고 수십 명의 조합원들이 최근 몇 년 동안 민주적 투쟁에 관여한 사실은 널리 알려진 바다.

그들의 급진성은 왜 중앙 지도부가 당국이 가하는 압력에 완벽하게 굴복하지 않는지, 왜 그들이 대중 봉기를 지지하는지, 왜 보다 위대한 자유를 요구하는지(2011년 1월 4일 성명서) 등을 설명해준다. 이와 같은 발언을 1999년 부테플리카 집권 이후 정권에 굴복한 알제리 노동자연맹UGTA: Union générale des travailleurs algériens 한테서는 들을 수 없다. 장관들은 대부분 두 '공식 정당들'인 민족해방전선FLN: Front de libération nationale과 민족민주동맹RND:

Rassemblement national démocratique 당원들이다. 정부에 대한 굴복은 많은 당원들이 강성 노조로 옮겨가는 사태를 초래했다. 이는 알제리 노동자연맹이 나라 안에서 벌어지는 시위에 거의 관심을 두지 않는 이유다. 그들은 2011년 1월 7일에 공개적으로 단 한 번의 성명만을 발표했을 뿐이다. 그 성명에서도 알제리 노동자연맹은 현 위기 상황을 이용하려는 '투기꾼들'을 비난한 정부의 입장을 옹호했다.

새 시대인가,
아니면
그대로인가?

야신 템랄리 Yassin Temlali

알제리의 작가이자 연구원.

살짝 외관을 바꾸고 대중의 보복 심리에 부응하려고 몇몇 불명예스런 인사들을 희생양으로 삼은 후, 공식 정당인 민주헌정연합이 민주적인 정권 이양을 달성했는가? 도취감이 점차 분노로 바뀌면서 급진적인 정치 변화의 징후가 불분명해졌다. 새 체제의 민주헌정연합은 권력에 집착한 야당의 분열 덕을 봤다. 이제부터 각 세력들의 대치 상황과 혼돈 속 튀니지에서 그들의 입장을 간단하게 알아보고자 한다.

지네 벤 알리의 타도가 또 다른 '변화의 시대Era of change'에 그치지 않고 '신기원new epoch'의 시작이 되기까지 몇 가지 급진적인 정치 변화의 징후들이 있다. 현 튀니지는 공식 정당의 백전노장인 후아드 메바자가 통치하고 있다. 그는 불과 2010년 11월만 해도 전 대통령이 2014년 대선에 출마하도록 촉구했던 인물이다. 한편 최근 몇 주 동안 가두시위를 억압한 모하메드 간누치는 단순한 '기술 관료'의 이미지일지도 모르나 역시 민주헌정연합 정부의 이미지에서 분리될 수 없다. 이 두 사람이 2개월 앞으로 다가온 대통령 선거를 조직하기로 했다. 폭동이 있었던 한 달 동안 압도적으로 거부당한 정권과 관련되어 있다는 점은 이들에게 부담이 될 것이다. 2010년 12월 18일 이후 체포된 시위자들이 석방되고 있지만 일부 정치 투사들은 여전히 투옥 중이다. 그들 중에는 튀니지 노동자공산당PCOT: Parti Communiste des Ouvriers Tunisiens의 아마르 암루시아Ammar Amroussia 총재, 파헴 부카 도우스Fahem Boukeddous 기자, 2008년 1~6월 가프사 탄광 지역의 대중 봉기 지도자인 하산 벤 압달라Hassan Ben Abdallah가 포함되어 있다. '중립'을 표명한 군부는 재편성된 현 체제 유지를 보장하는 쪽으로 결정한 듯하다. 군부는 전 내무부 장관들을 몇몇 체포했지만, 마찬가지로 지난 23년 동안 경찰의 월권행위에 연루된 전 공직자들은 보호하고 있다. 국제통화기금과 세계은 행이 격찬했지만 엄연히 실패가 입증된 '튀니지 모델'에 대해서도 재고하지 않았다. 이 지역에서 가장 오래된 독재주의 정권 하나를 몰락시킨 폭동의 불길이 유럽 경제에 심각하게 의존하는 경제 체제 때문에 뒤처진, 혜택 받지 못한 변방에서 점화되었다는 사실은 이미 거의 잊혀졌다. 단지 부패만 비난할 뿐이고, 대중의 징벌도 벤 알리와 그의 가족한테로 한정되어 있다. 마치 튀니지 자원의 약탈이 몇 사람만이 해낸 일이고, 당 내에는 그들이 베푼 수혜에서 득을 보거나 보호를 받은 사람이 아무도 없기라도 한 것처럼 말이다.

새로운 국면에서 야당이 두 진영으로 나뉘었다. 한 진영은 연립정부로 가는 온건한 정권 이양 지지자들로 구성되었다. 모하메드 나지브 체비Mohamed Nedjib Chebbi의 민주진보당PDP: Parti Democratique Progressiste, 무스타파 벤 자파르Mustapha Ben Jaafar의 노동 및 자유민주포럼FDTL: Forum Démocratique pour le Travail et les libertés, 아흐메드 브라힘Ahmed Brahim의 타즈디드Ettajdid ['쇄신. 부흥'이라는 뜻의 아랍어로 공산당의 후신]가 온건파에 해당한다. 모하메드 나지브 체비와 무스타파 벤 자파르의 특징이라면 둘 다 대통령 선거 출마가 가로막힌 전력이 있다는 것이다. 입후보하려면 사전에 선출직 의원 수십 명의 지지를 받도록 법이 요구하기 때문이다. 아흐메드 브라힘의 경우 2009년 선거에서 벤 알리에 맞섰으나, 득표율 약 1.57%의 초라한 성적을 거두는 데 그쳤다. 하지만 세 사람의 배경은 차이가 크다. 모하메드 나지브 체비는 급진 좌파, 특히 튀니지 노동자 공산당이 뿌리를 둔 마오쩌둥주의자 성향 단체인 '튀니지의 노동자El Amel El Tounsi' 출신이다. 무스타파 벤 자파르는 민주헌정연합의 전신인 하비브 부르기바의 데스투르 사회당PSD: Parti Socialiste Destourien 소속의 전 운동가였다. 그러나 나중에 탈퇴하여 다른 반체제 인사들과 1978년 사회민주운동MDS: Mouvement des Démocrates Socialistes을, 1994년 노동 및 자유민주포럼을 창당했다.

두 번째 진영은 적절한 이양을 하려면 '벤 알리 체제의 해체'가 필요하며, 이어 선거를 실시하여 새 헌법을 제정할 제헌의회를 구성해야 한다고 본다. 이 진영에는 튀니지 노동자 공산당, 이슬람주의 운동 엔나흐다가 자리 잡고 있다. 여야 연립정부라는 선택지를 거부하지 않는(엔나흐다 수장 라셰드 간누치Rached Ghannouchi의 발언, 2011년 1월 15일자 『알자지라Al Jazeera』) 엔나흐다는 현 총리의 이미지에 내재된 민주헌정연합의 상징에 휘둘리지 않는다(엔나흐다 소속 하비브 엘루즈Habib El Louz의 발언, 2011년 1월 16일자 『알자지라』). 이러한 태도는 일부 민주 투사들(예를 들어 자유를 향한 국가위원회CNLT: Conseil national pour les libertés의 시헴 벤세드린Sihem Ben Sedrine)과 공유한 바다. 튀니지 인권연맹Ligue tunisienne des droits de l'homme의 전 의장인 몬세프 마르주키가 이끄는 공화의회당CPR: Congrès pour la République은 '10월 18일 민주주의 전선'을 함께했던 전 파트너의 급진적인 입장을 얼마간 공유하는 듯하다. 엔나흐다 지도부와 마

   새 시대인가, 아니면 그대로인가?

찬가지로 그는 연립정부의 개념을 받아들였지만 민주헌정연합 체제의 큰 틀에 대해서는 받아들이지 않았다(2011년 1월 15일자 『엘와탄*El Watan*』).

첫 번째 그룹이 공인된 정당들(1988년부터 민주진보당, 2002년부터 노동 및 자유민주포럼, 옛 명칭인 튀니지 공산당까지 고려하면 1981년부터 타즈디드)로 이뤄졌으며, 사회 문제들을 맡은 정권 이양의 공로자로 역사에 남기를 희망한다는 데 의미가 없는 건 아니다. 이 정당들은 현재의 헌법 이념이 민주화를 이루는 변화를 시작하기에 전체적으로 부적절하지 않다고 본다. 그리고 모하메드 간누치 총리를 "부패하지 않은 인물"로 여긴다(민주진보당 정치국 아티아 아트무니*Attia Athmouni*의 발언, 2011년 1월 16일자 『르 주르날 뒤 디망슈*Le Journal du Dimanche*』). 그들은 일반적인 사면 발표, '이미 (정식으로) 찬성을 표했던' (엔나흐다를 배제할 공식화) 운동에 대한 인식 말고는 여야 연립정부에 참여할 어떤 자세도 되어 있지 않았다. 물론 그들은 벤 알리 시대에서 물려받은 법률의 무기(선거법 등)를 고치자는 제안을 하지만, 완전히 새로운 체제에서 하자는 말은 아니다. 두 번째 그룹의 경우 행동에 많은 제약을 받았을 뿐 아니라(민주진보당, 타즈디드), 그들의 존재 자체가 노골적으로 부정되었고, 이러한 부조리한 상황이 지속될지도 모른다며 의구심을 품고 있다. 노동자 공산당과 엔나흐다는 튀니지의 헌법이 독립 이후 55년 동안 튀니지를 통치한 두 대통령의 판단으로 만들어졌음을 지적한다. 벤 알리가 야당을 보다 관대하게 대하겠다고 약속하고, 이어 가혹한 압제를 가했던 1987년 11월 7일이 눈에 선하다.

이슬람주의 운동 합법화를 두고 지지자와 반대자 사이의 분분한 의견들이 곧 야당의 새로운 분열을 이끌어낼 수도 있다. 추측컨대 민주진보당, 노동자 공산당, 공화의회당(노동자 공산당과 공화의회당은 불법 정당이다)은 엔나흐다로 인식되는 것을 꺼리지 않을 것이다. 하지만 이는 종교 단체에 정치적 정당성을 주자는 주장에 반대하는 다른 세력들, 예를 들어 타즈디드에도 꼭 해당되는 사례는 아니다. 이 주제에 대한 전 공산당의 의견은 다른 비공인 단체들, 예컨대 지난 2009년 대선 기간에 민주발의회Initiative démocratique에 협력했으며 튀니지 노동자 공산당의 분파인 좌파사회당Parti Socialiste de Gauche의 지지를 얻고 있다. 그들은 엔나흐다가 튀니지의 특정 비종교주의secularism 단체를 끝장내고, 여성의 인권을 위협할지 모른다는 예감에 두려워하는 단체들을 찾아 지지를 구할지도 모른다. 한편 겉모습만 바뀐 후아드 메바자 정권은 이슬람주의자들의 손에 권력자의 허수아비들이 판치는 곳을 만들고, 강대국들을 설득하여 '제자리를 찾음과 동시에 하딩들의 분열이 시작되도록' 꾸민 변화를 공인하도록 바랄 수도 있다. 벤 알리가 1987년 11월 7일 쿠데타를 일으킨 이후 성공적으로 해냈듯이 말이다.

　　　　　새 시대인가, 아니면 그대로인가?

알제리 청년 운동의 급진화

오마르 키타니Omar Kitani

알제리의 노동자 사회당에서 활동하고, 제3세계 부채 탕감 위원회CADTM: Committee for the Abolition of the Third World Debt의 서포터이다.

처음으로 모든 주, 지역, 마을이 동시에 봉기하다 그리고 같은 '요구 사항'을 내걸다

알제리 노동자들의 거주지에서 강력한 시위가 있었던 2010년의 마지막 주에 폭동이 시작되었다. 일부 마을의 주민들이 주택이 할당된 방식 몇 가지에 항의하려고 거리로 나와 주택 위기 문제를 제기했다. '빈민촌'으로 알려진 같은 주택 지구들은 이미 2009년에 몇 달이나 정치적인 뉴스를 만들어냈다. 호된 투쟁을 겪은 알제리 정부는 사람들의 결연한 태도에 한 발 물러섰고, 그들에게 새로 조성한 단지의 집을 제공하기로 결정했다.

1월 4일 화요일, 알제리 서부 곳곳에서 폭동이 발발했다. 이번에는 시위자들이 이틀 전에 발표된 기본 식료품 가격의 전반적 인상에 항의했다. 다음날은 1988년 10월 폭동의 본거지로 유명한 알제리 도심의 바브 엘우에드Bab El-Oued 차례였다. 이틀 동안 알제리 전체가 활활 타올랐다. 이와 같은 대중 봉기는 이전에도 결코 없었다. 처음으로 알제리의 모든 주, 지역, 마을이 동시에 봉기했고 같은 요구를 내걸었다.

주요 참가자들은 15세부터 30세 사이의 젊은이들이다
그리고 그들은 거의 모든 국민들의 공감을 얻어냈다

청년층 실업률이 25%가 넘고(정부 주장은 이보다 훨씬 낮은 10%이다) 이 연령대가 전체 인구의 65%를 차지한다는 점을 감안하면 충분히 예상했던 일이다. 젊은이들을 노동 시장에 투입할 최상의 방법을 찾으려는 시도의 일환으로 다양한 신자유주의 교육 이론들을 테스트하는 실험실이 된 교육 체제는 사회적으로 희망이 없는 수백만의 '훈련받은' 청년 실업자들에게 악영향을 끼쳤다. 그것은 명백하게 실패했다. 학생 넷 중 한 명이 직업학교에 들어간다는 연구가 이를 입증한다. 보다 일찍 학교를 떠난 수천 명의 젊은이들이 훈련받을 기회를 얻지 못하고 있다. 심지어 문화협회도 최근 몇 년 동안 협회를 조직할 권리, 협회의 권리에 대한 금지가 한계에 다다랐다.

기초식량 가격의 인상 : 낙타의 등을 부러뜨린 지푸라기

지금 알제리에 영향을 끼치는 식료품 위기는 2007년 몇몇 개발도상국들, 즉 이집트, 튀니지, 모로코, 멕시코, 아이티, 파키스탄, 모잠비크, 방글라데시, 볼리비아, 나이지리아 등이 겪었던 식량 위기의 연장이다. 수백만 명의 사람들이 분노와 배고픔을 표출하려고 거리로 나섰다. 이는 세계 자본주의적 생산 방식 내에 존재하는 구조적 위기이고, 대형 식품 가공 회사들이 식품 생산 과정의 매 단계(생산, 가공, 유통)마다 목을 죄어온 일이 계기가 되었다. 결과적으로 세계적인 회사들이 식량 가격을 통제하는 방식으로 세계 시장 상황을 결정할 수 있게 되었다.

비록 국가가 일부 기본 식료품 가격에 보조를 해주었지만 2007년 알제리에서도 시위 운동이 벌어졌다. 하지만 운동이 다른 나라들처럼 '식량

  알제리 청년운동의 급진화

폭동'의 형태를 띤 건 아니었다. 알제리에는 임금과 구매력에 의문을 제기하는 노동자 및 노조 투쟁이 급증했다. 무기한 계속되는 파업은 모든 부문에서 임금 인상을 추진할 것을 요구했다. 이 같은 노동자 투쟁의 발발은 세계 및 국내 시장의 식량 가격 상승이 직접적인 원인이었다. 늘 그렇듯이 정부의 유일한 대응은 진압이었다. 몇몇 노조 활동가들을 체포하거나 해고시켰다가는 노동자들의 결연함에 몸을 굽히는 식이었다. 노동자들은 이렇게 소폭의 인금 인상 성과를 거두긴 했으나, 더 큰 폭의 식량 가격 상승으로 곧 무의미해졌다.

2010년, 당국이 11, 500건 이상의 폭동을 기록하다

알제리에서 폭동은 흔한 일이다. 신자유주의가 권력을 쥐고 모든 의사소통과 표현의 통로를 차단하고 있는 이 나라에서 젊은이들이 의사를 표현할 수 있는 유일한 방식이기 때문이다. 2000년 이후로 대중 시위와 파업은 훨씬 빈번해졌다. 일부에서는 10여 년 동안 이슬람주의 테러리즘이 '잠잠해진' 탓이라고 설명한다. 이 간단한 설명은 지배계급이 알제리의 정치적 배경을 특징짓는 운동의 실제 이유들을 감추려고 곧잘 사용한다.

국제통화기금이 강요한 긴축 정책 및 1990년대 정부의 신자유주의 정책 추진이 21세기 초반부터 '결실을 맺기' 시작했다. 수백만 명의 남녀 실업자들, 그들을 흡수할 수 없는 '자유' 노동 시장에 놓인 수십만 명의 젊은이들, 공공 서비스의 해체 또는 파괴, 사회 전 부문의 궁핍화……. 이것들이 지난 10년 동안 사회 투쟁이 증가한 진정한 요인들이다. 2001년 카빌리에서 벌어진 시위는 새로운 대중 시위 사이클의 시작을 알렸다. 그리고 시위는 어떤 수단으로도 끝나지 않는다. 시위를 촉발시킨 요인인 반민중적인 정책과 경제적인 선택이 여전히 유효하기 때문이다.

시위의 광범위함과 급진성, 정부는 균형을 잃고 말았다

폭동 첫날 정부와 신자유주의 정당들은 현재 일어나고 있는 일에 대해서 아무런 말도 하지 않았다. 둘째 날, 좌파 정당들만 입을 열어 젊은이들을 지지했을 뿐이다. 셋째 날, 시위가 국가적 차원으로 확대되자 정부와 우파 정당이 침묵을 깼다. 그들은 소요에 대한 나름대로의 설명을 내세웠지만, 이 위기가 그들이 내세우고 지지해온 신자유주의 정책에서 비롯되었음을 인정하는 사람은 없었다. 국가는 사과는커녕 도·소매상인들을 비난했다. 그들의 관점에서 가격 상승의 원인이 투기에 있었기 때문이다. 다른 신자유주의 정당들(정부에 속하지 않은 정당들)은 정부가 2009년 말 채택한 '경제 애국주의' 정책을 주류 언론을 통해 공격했다. '경제 애국주의'는 단지 보여주기 위한 용도로 채택된 이후 실질적인 정책을 도입하지 않았다. 처음에 우파는 청년 폭도들을 '지지하며' 일부는 시위의 물결을 타려는 시도를 하고(시위에서는 2012년 국회의원 선거를 요구했다), 또 일부는 신자유주의 개혁을 속행하고자 했지만 자신들이 위험한 짓을 하고 있음을 즉각 깨달았다.

폭도들의 목표물이 소요의 계급적 특질을 드러내다

젊은이들은 조직을 만들지 않았고 정치적 요구를 명확하게 공식화하지 않았다. 하지만 그들의 목표물들이 폭동의 계급적 특질을 드러냈다. 그들이 가장 먼저 목표물로 삼은 곳은 경찰서였지만, 다음에는 알제리에 진출한 르노Renault, 푸조Peugeot, 다키아Dacia, 폭스바겐Volkswagen, 토요타Toyota, 스즈키Suzuki 판매장들, 제지Djezzy·네지마Nedjma·삼성Samsung 같은 다국적 휴대폰 업

    알제리 청년운동의 급진화

체들, BNP 파리바BNP Paribas. 소시에테 제네랄Société Générale 같은 국제 은행들을 모두 공격과 약탈의 대상으로 삼았다.

다국적 기업들은 알제리에서 그들의 이익을 위협하기 시작한 폭동을 진화하고 나쁜 여론을 형성하고자 자신들의 미디어 영향력을 활용하여 대응했다. 다국적 기업들이 버팀목으로 사용하는 알제리의 주류 언론들은 논조를 바꾼 듯했다. '부패Pourrissement'라는 머리기사를 내건 프랑스어 주류 신문 하나는 다키아 자동차 광고면의 4분의 1을 할애하는 곳이었다. 알제리 내 외국 자본력의 위상을 가히 알 만했다. 다른 신문사들도 모두 이와 같은 회사들의 광고비에 의존해 생존하기는 마찬가지다.

유럽 국가들도 알제리의 구조에 나서달라는 국제적인 자본 소유주들의 명령을 받았다. 프랑스는 폭동의 규모에 눌린 알제리와 튀니지 경찰을 돕고, 회사들의 토지와 자산을 지켜주려고 경찰 지원 병력을 파견하기까지 했다. 미셸 알리오 마리는 이 귀족 나리들이 튀니지와 알제리에서 일어난 반란자들의 분노에 노출되어서는 안 된다고 단호하게 말하기까지 했다. 한편 정부는 진압으로 대응하기로 결정했다. 1,500명의 젊은이들이 체포되고, 수백 명이 부상당했으며, 다섯 명은 총격으로 사망했다. 정부는 2010년에만 35개의 교도소를 지었다. 한편 특별 장관위원회는 식량 생산에 사용되는 원자재 수입업자들에게 유리한 경제 조치들을 취하기로 결정했다. 실제로 이는 2011년 8월 31일까지 해당 품목들에 대해 지불해야 할 41%의 수입 관세를 철폐 또는 면제해주는 조치였다. 이 회사들은 부가 가치세(17%)도, 소득세도 면제받았다.

성급한 경제 조치는 거대 민간 기업의 총수들에게 또 다른 선물

정부의 조치는 폭동 셋째 날 세비탈Cevital[설탕, 식용유 등 식품 산업이 주력인 알제리 최대 민간 그룹]의 최고 경영자와 총수가 마련한 기자 회견장에서 고용주들과 식품 가공 산업이 내세운 요구 사항들과 부합했다. 그들은 '유익한', '도움이 되는', '앞을 내다본', '중요한' 조치였다고 표현하며 매우 만족해했다. 은 접시에 담긴 3억 유로를 받았으니 만족할 만한 근사한 이유가 되는 셈이다. 우리는 분명하게 말해야만 한다. 자본주의 국가의 역할은 국가를 관리하는 사회 계층에 봉사하는 것이라고.

이러한 경제 조치들은 위기의 해결책이 아니다. 정부가 뭐라고 말하든 이번 위기는 식량(설탕, 식용유)에만 한정되지 않는다. 그보다는 지난 20년간의 신자유주의가 불러온 구조적이고 다차원적인 위기다. 신자유주의는 공적인 경제 체제와 농업을, 더불어 알제리가 세계 식량 위기에 대응할 수 있는 유일한 기회를 저버렸다. 국내외 무역 모두 독점 민간 기업들에게 넘어간 상태다. 이것들은 이미 훼손된 알제리의 자본주의를 더욱 악화시킬 새로운 위기로 한 발 내딛는 조치들이다.

알제리와 튀니지: 하나의 투쟁!

세부 사항들을 무시한다면 알제리와 튀니지의 대중 봉기 사이에는 차이점보다 유사점이 더 많다. 둘 다 가장 혜택받지 못한 사회 계층에 영향을 미친 사회적, 경제적 위기로 촉발되었다. 반응도 거의 같았다. 사회적 폭발이 폭동의 형식을 띠었고, 참가자가 대부분 청년 실업자들이었다. 요구 사항도 같았다. 일자리, 주택, 자유, 튀니지의 경우에는 벤 알리의 퇴진까지. 위기의 원인 또한 신자유주의와 국제적인 금융 기관들(IMF와 WTO)이 지시

    알제리 청년운동의 급진화

한 긴축 정책으로 갔았다.

　　알제리와 튀니지 정부 둘 다 이 정책들을 충실히 이행하고 있다. 만약 국제통화기금이 긴축 정책을 있는 그대로 시행한 대통령에게 노벨상을 수여한다면, 부테플리카와 벤 알리 사이에서 선택하기 어려울 것이다. 하지만 벤 알리가 25년 동안 IMF를 위해 일해온 점을 감안하면 아마도 그가 상을 탈 것이다. 그가 튀니스에서 행한 독재정치는 다른 개발도상국 대통령들에게 그의 선례를 따르도록 끊임없이 부추기는 신자유주의 고안자들도 기쁘게 했으리라. 이들은 1970년대에 칠레의 '피의 아우구스토 피노체트'를 원조했던 전력도 있다. 단지 삶의 권리를 요구한 대가로 튀니지 시민 50명이 사망했는데도 벤 알리는 청년층의 폭동을 진압하는 데 군부를 동원하여 훨씬 강력하게 대처했다. 알제리와 튀니지 국민들은 이런 국제통화기금의 졸개들을 제거해야 번영을 누릴 것이다.

체포된 청년들을 석방하기

많은 노조들, 정치적인 학생 조직들, 인권 연맹들, 좌파 지식인들은 용기 있게 우리 당(노동자 사회당PST: Parti Socialiste des travailleurs), 대중 투쟁과의 연대를 위한 위원회Comité pour la solidarité avec les luttes populaires 등 젊은 폭도들과의 연대를 호소했다. 그들은 노동자와 젊은이들에게 네지마 학생협회association estudiantine Nedjma를 조직한 베자이아대학Université de Béjaïa이나 학생 행진을 개최한 알제대학Université d'Alger처럼 대학에서 연대회합을 조직해 사람들을 공격하는 신자유주의를 차단하자고 요구했다. 마을 투쟁과 노동자-학생 투쟁 사이에도 다리를 놓는 중이다. 하지만 운동의 슬로건은 6일 만에 끝난 폭동을 고려하면 감옥에 갇힌 젊은이들을 석방하는 것이 옳다. 그들은 이

중 압제의 희생양이고 우리는 그들을 석방시키기 위해 뭉쳐야만 한다.

또한 신자유주의 정책을 폐기할 방법도 생각해야 한다. 신자유주의는 사람들의 가장 기본적인 요구조차 만족시키지 못하는 한계와 무능력을 드러냈다. 노동자, 여성, 젊은이, 그 밖의 모든 혜택받지 못한 계층의 열망과 매일매일의 요구를 충족시켜줄 다른 사회적, 경제적 체제가 필요하다. 그것만이 위기의 해결책이다.

    알제리 청년운동의 급진화

공개서한

아민 알랄Amin Allal
프랑스 엑상프로방스Aix-en-Provence의 사회
정치 대학교Institut de Sciences Politiques에서
정치학 박사 과정을 밟으며, 모로코와
튀니지에서 현지 연구를 한다.

모든 이들에게,

벤 알리가 탄 비행기의 이륙 전후 튀니스의 상황을…… 기자들이 보도하듯
'실시간으로' 알려드립니다.

2011년

1월 13일 목요일

튀니스 공항을 나서면 어제부터 주요 도로를 따라 배치된 군대를 볼 수 있
습니다. 불안한 고요가 튀니스와 그 일대를 감싸고 있습니다. 학교는 그저
께부터 폐쇄되었고 소수의 사람들만이 일터로 향했습니다. 사람들은 저녁
8시에 통금이 실시됨에 따라 서둘러 집으로 향합니다. 온 국민이 대통령의
연설을 기다리고 있습니다. 연설이 여러 차례 예고되었지만, 이제 8시로
미뤄진 상황입니다.

    제 주위에 열 명쯤 되는 친구와 가족들이 대통령이 첫 문장을 마무리
하자 (신경질적인) 웃음을 터뜨렸습니다. 평소와 달리 대통령은 튀니지 아랍

어를 구사하고, 불안정하고 초조해 보이며, 어색한 농담을 하려고 기를 씁니다. 심지어 2014년까지 그의 임무를 마칠 수 있게 허락을 구하는 인상마저 줍니다. 벤 알리 대통령은 전 대통령 부르기바처럼, 때로는 서투른 드골처럼 보이려고 애쓰는데요. "저는 여러분을 이해합니다", "더 이상 검열하지 않겠습니다", "무력 사용도 없을 것입니다", "이해합니다" 등 독재자는 코너에 몰려 겁에 질린 것 같습니다.

연설이 끝나자, 여당 출신의 몇몇 활동가들이 단결해 기쁜 마음을 자동차 경적이 만든 화음과 더불어 "대통령이 변화를 고했다"라고 노래 부릅니다. 이 사람들은 통금을 무시할 수 있지만 경찰은 우리에게 귀가하라고 합니다. 수천 명의 블로거와 트위터리안들이 즉각 인터넷에서 반응을 보이고, "우리의 승리를 빼앗기지 않겠다"고 다짐하면서 밤을 지새웁니다.

1월 14일 금요일

약 3천 명의 '정치 구호를 외치는' 사람들이 중앙노동조합^{Centrale Syndicale} 본부 앞 모하메드 알리 광장^{place Mohamed Ali}에 모였습니다. 중앙노동조합 지도부는 야당 노조들 및 연맹들과 나란히 몰려들었습니다. 우리는 9시 30분에 발걸음을 옮겼고 점점 많은 사람들, 특히 젊은이들이 합류했습니다. 10만 명이 넘는 시위자들이 내무부 청사 밖에서 세 시간이나 "벤 알리 물러나라", "우리에게 빵과 물을 달라!", "벤 알리 No!"를 외쳤습니다. 상황이 전혀 통제되지 않았습니다. 여당에서 온 관계자들이 일부 반격을 시도하고 시위를 해산하려고 했지만, 아무 성과가 없었습니다.

경찰관들이 완전히 흩어졌다가 다시 돌아와 군중을 향해 최루 가스를 발사합니다.

집에 도착하고 나서 우리는 정부가 해산되었다는 소식을 접했습니다. 군대는 거리에 있지만 어떤 것도 할 수 없을 정도로 무력합니다. 경찰관들은 실탄을 발사하고 사망자 수는 늘어나고 있습니다.

오후 5시

대통령이 탈출을 시도한다는 소문이 돕니다.

오후 8시

상하원 의장을 동반한 자리에서 총리의 공식 발표가 있었습니다. 대통령이 물러났습니다. 임시로 총리가 대통령직을 대행하겠다고 합니다.

1월 15일 토요일

독재자가 피신했지만 분위기는 오늘도 험악합니다. 군대는 어디에나 있고, 동시에 어디에서도 찾을 수 없습니다. 마피아 집단의 폭력배들이 약탈을 지휘합니다.

바드 자지라Bad Jazira에는 포격이 계속되기에 저는 친구네 집으로 피신을 가야 했습니다. 헬리콥터들이 튀니스를 계속해서 돌아다닙니다. TV에서는 모든 것이 일상으로 돌아가고 있고, 공항도 다시 문을 연다고 알립니다. 여기는 그런 분위기와는 거리가 있습니다. 사람들이 스스로 조직을 구성하고 마을의 '안전위원회'로 합류합니다.

오후

튀니스와 근교의 동네들을 운전해서 지나가다가 약탈한 사람들이 자신들의 목표물에 관해 말하는 걸 똑똑히 들었습니다. 부유층이나 대통령의 친족이 소유한 슈퍼마켓들을 주로 목표물로 삼았다고 합니다. 몇몇 경찰서에 화재가 났지만, 대부분이 여당 조직 소유의 건물에 불이 났습니다. 궁극적으로 사회 기반 시설은 거의 파괴되지 않았고 린치를 당한 사람도 없습니다.

군부는 주요 도로들을 장악하고 도둑과 도난 차량을 단속하고 있습니다. 군인들은 교통을 통제하고 민주헌정연합 인사들과 일부 부패 경찰들을 체포했습니다. 여당 출신 인사들이 '안보'를 핑계로 그들을 협박할지도 모를 위험은 제거된 것 같습니다.

사람들이 거리를 통제하며, 민주헌정연합 인사늘은 숨어 있습니다. 비상사태는 아직 해제되지 않았습니다.

오늘의 재미있는 슬로건을 소개해드립니다. "국민들은 대통령용으로 테플론[1]의자를 원한다. 다음 대통령이 눌어붙지 않도록."

저녁

우리가 바브 지드^{Bab Jdid}의 거리를 통제합니다.

대부분 이웃의 젊은 남성들로 구성된 '시민 조직들'(민주헌정연합은 없습니다. 적어도 이 자리에는 없지요)이 모든 거리의 모퉁이마다 자리 잡았습니다. 머리 위에 계속 맴도는 군 헬기를 향해 자신들의 신분을 알리는 하얀 깃발을 들고, 거리의 '안전'을 고집하며 막대기로나마 무장한 상태입니다.

---

1   **테플론Teflon:** 듀폰 사가 개발한 합성수지의 상품명으로 테플론 프라이팬은 코팅 표면에 아무 것도 달라붙지 않는 프라이팬의 대명사다.

이 남자들에게 지금의 행동은 학습 과정과도 같습니다. 그들은 새로운 책임을 맡는 법을 배우고 있습니다. 그리고 그렇게 보이지 않는다 해도, 여성들도 멀리 있지 않습니다. 여성들도 거리를 통제하고 있습니다. 사람들은 조용히 정치에 대해 이야기를 나눕니다. "절대 다시는 안 된다. 다시 바보가 되지 않겠다." "우리가 그를 내몰았다. 그는 도망 중이다. 하지만 우리는 그를 정의의 심판대에 올리겠다."

자동차가 지나가거나 첩자들이 어디에서 포격이 날아오는지 알려줄 때는 신이 납니다. 저기 믿기 힘든 장면이 펼쳐지네요. 지나가던 경찰차가 멈췄고, 사복 차림의 경찰들에게 신분증을 만들어달라고 요청했습니다. 요청을 받아들이는군요.

포격 소리가 멀리서, 때로는 가까이에서 들려옵니다.

카르타고에서는 합법적인 야당들과 협상을 벌여 임시 연립정부 구성에 나섰습니다. 임시 정부는 헌법에 따라 60일 이내에 대통령 선거를 추진할 예정입니다.

오늘의 주요 소식은 평화로운 시민들의 운동이 권위주의적인 정권을 물리쳤다는 사실입니다.

1월 16일 일요일

여전히 발포가 계속되고 있습니다. 하지만 "일상으로 돌아가자"가 슬로건이고, 현실화되고 있습니다. 튀니스 도심에서는 식당들이 하나씩 문을 열었습니다.

사람들은 희망으로 가득 찼습니다. 더 이상 금기란 없으며 사람들은 목이 쉬도록 이야기를 나눕니다.

이슬람주의자들은 오랫동안 정치적인 표현에 제한을 받아왔지만, 집결 기간에도 상황이 완화될 기미나 징조는 거의 보이지 않았습니다. 지난 정부의 실정을 어떻게 판단하면 좋을까요? 보병들의 대다수를 공급하는 젊은 세대가 차지할 역할은 또 무엇일까요? 이제 비상사태를 해제하고, 군대를 복귀시키며 선거를 실시할 차례입니다. 벌써부터 기본적인 질문들이 무수히 안건에 올랐습니다.

이쯤에서 그만 줄일까 합니다.

아민 알랄이었습니다.

    공개서한

2011년 1월, 튀니스

©Nasser Nouri

2011년 1월, 튀니스

2011년 1월, 튀니스

무바라크, 당신의 비행기가 대기 중입니다[(A)]

아담 샤츠Adam Shatz

『런던 리뷰 오브 북스*London Review of Books*』의 수석 편집자이고, 『네이션 *The Nation*』의 전 문학 편집자다. 레바논과 알제리에서 『뉴욕 리뷰 오브 북스*New York Review of Books*』에 보도했고, 『네이션』, 『뉴욕 리뷰 오브 북스』, 『빌리지 보이스*the Village Voice*』, 『어메리칸 프로스펙트*American Prospect*』, 『뉴욕 타임스』에 정치, 음악, 문화 등 많은 분야의 기사를 다루었다.

지난 해[2010년] 이집트에서 보도할 때 카이로의 전담 운전기사였던 마흐무드는 정치에 대해서는 별로 말하지 않았다. 그 조심성이 이해가 가지만 그는 직접적으로 묻지 않는 이상 자신의 의견을 숨기곤 했다. 그러던 그가 공항에 나를 내려주었을 때 무바라크 정권에 대해 날카로운 공격을 쏟아내기 시작했다. "이집트인은 천성적으로 정말 끈기가 있거든요. 하지만 인내심도 다 되어 갑니다. 국민들이 폭발할 겁니다."(그는 잠시 침묵하더니 자신의 이름을 언급하지 말아달라고 했다. 사실 그의 이름은 마흐무드가 아니다.)

나는 마흐무드의 경고가 개발도상국의 택시 운전기사들한테서 전해들은, 일종의 수정구슬의 예언 같았다. 개발도상국에서는 독재정치, 부패, 가난이 사람들에게 폭동의 모든 이유를 제공함에도 그들의 삶은 늘 그렇듯이 지긋지긋한 일들로 계속된다. 좌파 투사들, 개혁적인 정치인들, 무슬림 형제들, 인권 운동가들이 지난 두 주 동안 내게 이야기해주기를, 정권은 시위를 꽤 성공적으로 진압해왔다고 한다. 이집트인은 일상의 걱정거리들에 발목을 잡혀 정치적으로 집결할 여력이 없었고, 2005년 '키파야Kifaya[아랍어로 '충분하다'는 의미로, 2005년 대선 때 무바라크의 연임에 반대하며 야당이 사용한 구호]시위'가 끌어올렸던 희망도 무너진 탓이다.

하지만 그것도 칼레드 사이드Khaled Said가 살해되기 전의 이야기다. 알렉산드리아에 사는 28세의 칼레드 사이드는 지난 6월 사복 경찰들이 그를 수색할 때 영장을 요구하자 구타당해 죽음에 이르렀다. 이 사건은 이집트 최대 야당인 '무슬림 형제단Muslim Brotherhood'이 단 한 석도 얻지 못하고 부정 선거로 얼룩진 12월 총선 전의 일이다. 또 2011년 첫날 알렉산드리아 콥트Coptic 교회에서 23명이 사망한 폭탄 테러가 일어나기 전이었다. 폭탄 데러 후 정부 관리는 "이집드에 종파 간 길등은 없나"고 주장했나. 그리고 칼레드 사이드의 죽음은 튀니지에서 알리 정권에 대항한 민중 봉기가 있기 전이기도 했다.

어제 수천 명의 시위자들(남녀노소, 노동계, 중산층, 종교인과 비종교인 할 것 없이)이 1981년부터 이집트를 통치해온 무바라크에 항의하는 '분노의 날'을 맞아 거리로 쏟아져 나왔다. 시위는 카이로에만 그치지 않았다. 알렉산드리아, 수에즈, 최근 몇 년 동안 노동자 폭동의 중심지인 마할라Mahalla의 나일 델타Nile Delta 마을에서도 시위가 벌어졌다. 튀니지의 폭동에 자극받은 시위자들은 카이로 도심 타흐리르 광장Tahrir Square에 걸린 무바라크의 사진을 찢는 등 어제까지만 해도 상상하지 못했던 놀라운 도전과 용기를 보여주었다. 집권당인 국민민주당NDP: National Democratic Party 당사 밖에는 천 명의 군중이 구호를 외쳤다. "여러분의 비행기가 대기 중이다(벤 알리는 비행기를 타고 튀니스에서 사우디아라비아로 도피했다)." 통상 이집트에서 시위 참가자들은 수백 명(또는 수십 명) 정도에 그치고 경찰이 수적으로 훨씬 우세하곤 했지만, 이번에는 정반대였다.

　　기습당한 경찰은 최루 가스, 물대포, 고무탄, 실탄을 발사했고 수에즈에서 사망자 3명, 체포자 800명 이상이 나왔으며 정부는 카이로에서 시위를 금지시켰다. 예상한 대로 정부 측 무바라크 대변인들과 언론이 무슬림 형제단의 항의를 비난했다. 하지만 아무도 그 주장들을 심각하게 받아들이지 않았다. 형제단은 심지어 공식적으로 참가하지도 않았다. 이번 시위를 주로 계획한 사람들은 칼레드 사이드를 기리는 캠페인에 참여한 인터넷 활동가들이었다. 비록 부아지지는 스스로 희생양이 되긴 했지만, 칼레드 사이드는 이집트의 모하메드 부아지지였다. 많은 이집트인들은 칼레드 사이드의 이름으로 한데 모였다(이집트 정부는 현재 페이스북을 차단했다. 페이스북은 시위를 준비한 '우리는 모두 칼레드 사이드다' 페이지가 있는 커뮤니티 사이트이다).

　　무슬림 형제단의 유령을 불러내려는 무바라크 정권의 노력에도 불구하고, 이집트인들은 튀니지인들과 마찬가지로 이슬람 정권을 위해 시위를 벌이지 않았다. 그들은 정직한 정부를 위해 시위했다. 교육 개선과 사회 기반 시설 확충에 힘쓰고, 가난과 물가 상승을 억제하는 나라, 긴급 법안과 국민을 상대로 경찰 고문을 중단하는 나라, 또 팔레스타인에서 미국과 이스라엘을 대신하는 입찰 행위 중지, 부정 선거 척결, 무엇보다도 그들에게 거짓말하지 않는 정부를 위해서 말이다. 그리고 그들의 차이가 무엇이든 국민들은 무바라크도 그의 아들 가말Gamal Mubarak도 아닌 그들의 신념으로 뭉쳤다(가말은 후계자 수업을 받는 중이며 모든 조건을 충족할 역량이 되기는 한다). 한 젊은 활동가가 지난해에 내게 이런 말을 했다. "우리는 급진적인 대개혁이 필요합니다. 이집트에는 이런 속담이 있지요. '썩은 생선으로는 달콤

한 음료를 만들 수 없다.'"

　이것이 운전기사 마흐무드가 말했던 폭발인가? 그것은 두고 볼 일이다. '분노의 날'이 혁명을 일으킨 건 아니다. 하지만 1997년 '식량 폭동'이후 가장 인상적인 민중의 분노 표출이었다. 식량 폭동은 8백 명의 목숨을 희생한 공권력과의 충돌이었고, 오늘날 벌어진 일들의 예행연습이었던 셈이다. 무바라크가 받는 절대적인 보호의 원천인 미국이 잘 알고 있듯이, 이집트 혁명은 이 지역에서 엄청난 결과를 가져다주었다. 이집트는 미국과 가장 돈독한 아랍 동맹국이고 '평화 과정'과 가자지구 치안 유지의 핵심 파트너이다. 튀니지는 그다지 중요하지 않지만 이집트는 핵심이다. 그래서 경찰이 다흐리르 광장에서 시위대를 해산시켰을 때 힐러리 클린턴이 썩은 물고기에 양념을 뿌리는 데 최선을 다한 것이다. "이집트 정부는 안정적이며 이집트 국민들의 정당한 요구와 이익에 응답할 방법을 찾고 있습니다." 그날 늦게 신년 국정 연설에서 버락 오바마는 튀니지 국민들을 추켜올리면서도 그들의 사례를 반복하려는 이집트인들에 대해서는 언급하지 않았다. 그리고 이집트 수도에서 약속으로 가득했던 위대한 연설은 아직 실행되지 않고 있다.

A　'Mubarak's Last Breath', *London Review of Books*, Vol. 32, No. 10, pp. 6-10.

옮긴이의 말

비싼 등록금을 두고 벌어지는 논쟁은 비단 우리나라만의 문제가 아니다. 등록금 인상 반대 시위로 시작된 세계 젊은이들의 분투가 녹아들어 있는 이 책은 그들이 직접 들려주는 이야기라서 더욱 값지다. 자세히 들여다보면 등록금에만 한정하지 않고 교육이나 실업, 복지, 경제 분야에 이르기까지 이 시대 청년들이 처한 어려움, 학생들의 자각과 문제 제기를 엿볼 수 있다. 영국, 이탈리아, 프랑스, 그리스가 주축이 된 유럽부터 미국의 공교육 수호 투쟁, '아랍의 봄'의 불쏘시개가 된 튀니지를 중심으로 아프리카까지, 대륙별 청년들의 활약상이 두루 담겨 있다. 다만 아시아 학생들의 이야기가 없어 글을 옮기며 아쉬웠다.

나라마다 배경과 내용에는 조금씩 차이가 있다.

영국에서 학생 시위의 배경은 등록금 인상 및 교육예산 삭감이다. 정부가 대학 지원금을 줄이는 대신, 2012년 9월 학기부터 등록금 상한선을 연간 3,290파운드(약 590만 원)에서 9,000파운드(약 1,600만 원)로 올리는 방안을 발표한 것이다. 이에 2010년 10월에 대규모 시위로 유럽을 흔들기 시작하더니 이들의 등록금 투쟁은 본격적인 시행을 몇 달 앞둔 현재까지도 여전히 진행형이다. 특히 대학생들이 주요 지지층인 자유민주당은 총선 때 대학 등록금을 폐지하겠다고 했다가, 여당인 보수당과 연합 정부를 구성한 후에는 오히려 등록금 인상안에 찬성한 것을 두고 학생들의 비판을 받았다.

이탈리아는 '젤미니 개혁안'이 시작점이다. 교육부 장관의 이름을 가져다가 이름 붙인 이 개혁안은 긴축정책에 따른 교육예산 삭감, 교육관련 일자리 축소가 핵심 내용이다. 특히 2013년까지 교사 및 행정직 13만여 명을 감축하는 내용이 있어 교수 및 교사, 행정직원들도 학생들과 더불어 시위의 주체가 되었다.

그리스는 영국 못지않게 유럽에서 강력하게 시위를 벌이는 나라다. 디폴트 위기로 유럽발 재정 위기의 한가운데에 자리한 그리스는 악화일로인 실업률과 유럽연합-국제통화기금-유럽중앙은행 트로이카의 강력한 긴축정책 요구가 교육 정책에 반영되어, 이에 따른 학생들의 불만이 터져 나오고 있다. 다른 나라들도 그게 다르지 않지만, 경제 위기의 원인에 대한 정부와 국민들 간의 입장 차이가 커 갈등의 골이 더욱 깊어 보인다. 학생들, 또는 이들과 입장을 같이하는 사람들의 생각을 이 책에서 살펴보자.

프랑스 편에 글을 쓴 한 저자는 "프랑스에는 혁명의 전통이 있다"고 했다. 이런 표현이 가능하다면, 프랑스는 혁명 강국이라 할 만하다. 'IT강국도 아니고 웬 혁명 강국?'이라고 할지도 모르겠으나 '프랑스' 하면 떠오르는 자유로운 이미지도, 오늘날 유럽 시민들이 누리는 자유와 권리도, 지난날 프랑스를 축으로 이 지역에서 치른 대가와 눈물이 없었다면 불가능했을 유산이라 할 것이다. 1968년만큼은 아닐지 몰라도 프랑스 학생들이 이번에도 한몫을 하고 있다.

튀니지는 단순히 등록금 투쟁이라고 하기에는 다른 나라들과 규모와 내용 면에서 차원이 다르다. 말 그대로 혁명이다. 튀니지의 나라꽃인 재스민을 붙여 '재스민 혁명'이라고 부른다. 책에도 소개되었듯이 젊은 청년의 안타까운 죽음이 사건의 발단이 되었지만, 그 이면에는 30%에 육박하는

  옮긴이의 말

청년 실업과 치솟는 물가, 억눌러왔던 국민들의 분노가 이미 임계점에 도달해 있었기에 작은 불씨에 격렬한 폭발음을 냈음직하다. 학생 시위는 반정부 혁명으로 이어져 24년간 집권해온 대통령이 물러나는 사태로 번졌다. 거기에 그치지 않고 비슷한 상황에 처했던 주변국 국민들에게도 영감과 용기를 주어 알제리, 이집트, 리비아 등 북아프리카와 중동의 반정부 투쟁으로 이어지는 아랍의 봄을 잉태했다. 이 모든 일이 2010년 말부터 2011년 초까지, 불과 몇 달 사이에 벌어진 일이다.

　　이 책에는 직업학교 학생부터 박사과정에 이르는 다양한 학생들의 글이 다수를 차지하고, 교수나 학자, 언론인 등 학생들을 지지하는 사람들의 글도 포함되어 있다. 각자 따로 쓴 글을 모아놓은 탓에 입장 차이가 드러나거나, 때로는 비슷한 내용이 반복되는 경우도 있지만 일관되게 흐르는 이 책의 메시지를 전달하는 데 무리가 없다. 이 책을 관통하는 주제는 연대다. 혼자서 외치는 소리는 외로이 폈다 지는 꽃처럼 금세 잦아들고 말겠지만, 개개인의 각성과 목소리가 한데 어우러져 만들어낸 소리는 큰 울림이 되어 퍼져나갈 에너지를 품고 있다. 그 울림이 어느 지점에선가 공명하지 않을까? 영국 편에 인용된 한 인권 운동가의 말이 이 책의 메시지를 잘 전달해 줄 것 같아 소개한다.

권력은 요구하지 않으면 아무것도 내주지 않는다.
과거에도 그랬고 앞으로도 그럴 것이다.

인명 설명 및 색인

 인명 설명 및 색인

사항 색인

사항 색인

KNOW THY ENEMY